国家哲学社会科学成果文库
NATIONAL ACHIEVEMENTS LIBRARY
OF PHILOSOPHY AND SOCIAL SCIENCES

非市场服务测度与绩效评价研究

罗良清 著

科学出版社

内 容 简 介

伴随社会和经济的不断发展，非市场服务生产活动的重要程度不断提高，非市场服务产出对国民经济的贡献越来越大，对非市场服务的测度工作也成为世界各国学术界关注的一大焦点。本书在深入剖析非市场服务的概念、内涵与外延的基础上，充分借鉴国内外学术界、国际组织和各国政府的最新研究成果与实践经验，从核算与绩效测度两个视角，对非市场服务进行深入研究与测度，并通过对比非市场服务和 GFS2014 的核算范畴，提出利用 GFS2014 的核算框架记录和反映非市场服务的信息。

本书适合统计局、财政局统计部门、其他政府部门、公共企业、高校和医院等事业单位参考，供其进行绩效评价、管理决策和学术研究交流之用。

图书在版编目(CIP)数据

非市场服务测度与绩效评价研究 / 罗良清著. —北京：科学出版社，2021.6

(国家哲学社会科学成果文库)

ISBN 978-7-03-068250-5

Ⅰ. ①非…　Ⅱ. ①罗…　Ⅲ. ①社会团体-投入产出分析-研究 ②公用事业-投入产出分析-研究　Ⅳ. ①F223

中国版本图书馆 CIP 数据核字(2021)第 039509 号

责任编辑：方小丽 / 责任校对：严　娜

责任印制：霍　兵 / 封面设计：黄华斌

科学出版社 出版

北京东黄城根北街 16 号

邮政编码：100717

http://www.sciencep.com

北京盛通印刷股份有限公司 印刷

科学出版社发行　各地新华书店经销

*

2021 年 6 月第 一 版　开本：720 × 1000　1/16

2021 年 6 月第一次印刷　印张：19 1/2　插页：4

字数：327 000

定价：158.00 元

(如有印装质量问题，我社负责调换)

作者简介

罗良清 1963年出生。1986年毕业于江西财经学院计划统计系(现江西财经大学统计学院)，获经济学学士学位，并留校任教。2002年获东北财经大学博士学位。现为江西财经大学统计学科带头人，江西财经大学统计学院首席教授，二级教授，博士生导师。研究方向为国民经济核算及贫困测度。国务院政府特殊津贴专家、国家社会科学基金统计学科评审组专家、“赣鄱英才555工程”人文社科类领军人才、江西省高等学校教学名师、江西省高等学校中青年学科带头人。兼任教育部高等学校经济学学科教学指导委员会委员、中国统计教育学会副会长、全国工业统计学教学研究会副会长、中国商业统计学会副会长、全国企业经济统计学会会长、中国统计学会常务理事、全国统计教材编审委员会委员、江西省统计学会副会长等。先后在《管理世界》《统计研究》等权威学术期刊上发表学术论文70余篇；主持1项国家社会科学基金重大项目，主持完成1项国家自然科学基金课题和2项国家社会科学基金课题。主持完成各类省部级课题及国内国际横向合作课题30余项，完成多项国务院原扶贫开发领导小组办公室、各省区原扶贫开发办公室的贫困核查项目；出版学术专著、教材10余部。学术成果分别获全国统计科学研究优秀成果奖一等奖1项、二等奖2项、三等奖1项，江西省社会科学优秀成果奖三等奖1项。

《国家哲学社会科学成果文库》

出版说明

为充分发挥哲学社会科学研究优秀成果和优秀人才的示范带动作用，促进我国哲学社会科学繁荣发展，全国哲学社会科学工作领导小组决定自 2010 年始，设立《国家哲学社会科学成果文库》，每年评审一次。入选成果经过了同行专家严格评审，代表当前相关领域学术研究的前沿水平，体现我国哲学社会科学界的学术创造力，按照“统一标识、统一封面、统一版式、统一标准”的总体要求组织出版。

全国哲学社会科学工作办公室

2021 年 3 月

前　言

非市场服务的测度研究工作，无论是在经济核算理论研究中还是改革实践中都具有重要的意义。首先，非市场服务测度可促进相关经济管理理论的发展和完善。非市场服务测度涉及的研究内容非常广泛，需要多方面的理论作为指导依据，而理论又来源于实践，对非市场服务的测度研究工作可有效促进相关理论的发展和完善。与其他机构部门相比，政府机构部门具有截然不同的生产方式及生产特点，并且在不同经济体制的国家或不同的社会经济发展阶段，政府部门的主要职能也是不尽相同的，进而其相应的核算方法体系必定与其他部门的核算方法体系存在较大差异，这些差异都需要在测度过程中进行分析研究。非市场服务的测度研究工作可有效促进政府管理理论、生产理论、核算理论和测度理论等相关理论的发展与完善。

非市场服务测度可促进经济核算方法的改进和扩展。非市场生产部门以免费或无经济意义的价格提供服务给消费者，没有或缺少市场价格，且非市场生产的成果形式一般难以界定，许多如公共品的非市场服务产品具有不可分性，因此国民经济核算体系中都是假定非市场生产的营业盈余为零，以生产成本来估算非市场服务产出，即投入代产出法。伴随着非市场服务生产的不断发展，尤其是“新公共管理运动”的兴起，投入代产出法的缺陷逐渐显现出来。对非市场服务科学的测度，不应该单一地从投入角度或产出角度进行测算，而是要将非市场服务生产的投入测度与产出测度有机结合起来，以达到对非市场服务部门绩效水平的科学度量与客观评价。因此，非市场服务测度构建的是一个多角度或多维度相结合的框架体系，即投入与产出、生产过程与生产结果、生产与消费等多角度相结合的测度框架体系。对非市场服务的研究可以有效扩展经济核算的方法体系，丰富经济测度的内容。

对非市场服务核算与测度的研究还可有效丰富政府绩效管理理论。非市场服务测度是一个在非市场服务核算的基础上，再进一步对非市场生产的绩效水平进行评价分析的动态研究过程。而当前绝大部分非市场服务还是由政府机构部门提供的，所以非市场服务核算与绩效测度的主要对象是政府机构部门和事业单位。该领域的研究成果有助于相关部门绩效管理工作的有序、高效开展。

本书的主要内容和基本观点可概括如下。

(1)非市场服务测度涉及的基本问题。

通过分析非市场服务测度的研究背景，明确测度的必要性以及可行性依据，并对本书成果的主要内容、结论以及创新之处进行概括性描述；通过分析非市场服务的内涵、特点，以及其生产主体的概念界定及职能，从而确定非市场服务测度的基本内容及范围;在对非市场服务测度特性分析的基础上，构建非市场服务测度工作所需遵循的相关原则。

(2)非市场服务测度的理论与方法。

结合已有研究基础，针对研究中可能存在的问题，对非市场服务测度的理论与方法进行重构和探讨，以期将它们实现于后续章节的应用性研究中。为了能够探究到既有效又可行的方法，必然要首先找到可支撑其方法实现的理论基础。与已有研究对理论的孤立阐述不同的是，本书试图对可能的相关理论建立一个逻辑间的联系，主要是尝试从价值论的角度对非市场服务存在的理论基础，以及非市场服务测度的理论基础进行研究，以建立一个整体且系统的理论支撑体系，进而找到新的测度方法的突破口。具体研究路线为：第一，从生产活动产生的现实背景出发，探寻到作为生产活动中的非市场活动产生和发展的现实依据与理论基础，进而明确非市场服务活动存在的价值性。第二，在明确非市场服务存在价值性的基础上，分别从内部价值和外部价值来探讨非市场服务测度的价值性。第三，在上述对非市场服务存在价值性和测度价值性的研究的基础上，对非市场服务的测度边界和测度方法进行阐述和比较研究，以明确我国现阶段对非市场服务测度的可实现路径。

(3)非市场服务测度的国际经验和中国实践。

本书梳理了意大利教育服务产出的测度实例、丹麦统计局医疗卫生服务的产出测算实例、荷兰统计学会针对一般政府部门的服务产出测度的经验做法等，在此基础上提出我国非市场服务测度的实践借鉴和对比。目前我国的国民教育以公立教育为主，民办教育为辅，并且与公立教育活动相比，民办教育的办学规模及办学经费在整个教育事业中所占的比重很小。初等教育和中等教育中的公立教育服务产出的核算，可参照高等教育服务产出的核算方法。民办教育的教育服务产出核算可按照一般服务的核算方法，采用营业收入法进行核算。医疗卫生服务属于针对个人消费提供的服务，即医疗卫生服务是对不同的病人提供各不相同的治疗服务。在我国实践中，医疗卫生服务的产出是核算期内病人接受完整治疗的服务总量。在一般政府服务产出的核算实践中，从合理性和可操作性角度对各种方法进行考量，优缺点各异。基于国内外的核算实践，目前我国主要还是使用投入替代法来测度一般政府服务产出。

(4) 教育服务产出测度与绩效评价研究。

教育服务作为非市场服务的重要组成部分，教育服务产出的正确测度，对 GDP 核算、一国的生产率效率分析和绩效评价等都具有非常重要的意义。本书系统探讨了教育服务产出测度的基本理论和方法，并试图提出教育服务产出测度的改进方法和思路，并对中国的教育服务绩效进行系统的实证测算。在教育服务产出测度的基本理论和方法部分，首先，科学界定教育服务产出的内涵，分析教育服务及教育服务产出的特点和属性。其次，对教育经济学关于教育产出的核算方法、现行国民经济核算中对教育服务产出的核算方法进行系统的梳理和分析。最后，对教育服务产出测度中的核心问题——物量测算和质量调整进行研究，特别是对教学服务产出的质量调整问题，分析教学服务产出质量的影响因素，探讨班级规模(师生比)对课堂教学质量的影响及解决不同教学单位产出加总的两种思路。在我国教育服务绩效评价部分，对我国各地区初等教育、中等教育及高等教育的教育服务绩效进行全面、系统的静态和动态分析，以期全面、准确地测算我国各层次的教育服务绩效，为相关教育部门提供重要参考。

(5) 医疗卫生服务产出测度与绩效评价问题研究。

本书对我国当前非市场服务产出在医疗领域的测度问题和绩效评价问题进行了研究。本书在对医疗卫生服务的定义进行界定的基础上，讨论医疗卫生服务的内涵、外延、性质特点以及基本分类，同时概括医疗卫生服务市场的特点；引出医疗卫生服务产出的概念和测度范围，对现有的产出测度基本方法进行介绍、比较和评述，特别对完整治疗法的前景进行展望；阐述医疗卫生服务绩效测度方法的理论基础，归纳国内外研究者在投入产出指标选取上的现状和改进方向，遵循绩效评价的原则，构建医疗卫生服务绩效评价的指标体系；应用数据包络分析(data envelopment analysis，DEA)方法对我国各地区的医疗卫生服务绩效进行评价，提出一系列相应的提高医疗卫生服务绩效的措施和建议。

(6)其他一般政府服务产出测度与绩效评价问题研究。

对于其他一般政府服务,本书从测度方法和绩效评价两个角度进行研究。在对其他一般政府服务的测度范围进行界定的基础上，详细讨论行政管理服务、国防安全服务以及社会保障服务的主要特征，针对这些特征，剖析现行的政府服务产出测度方法在应用上的不适用或存在的缺陷，进而对其他一般政府服务测度方法的改进思路进行深入探讨。另外，还对其他一般政府服务的绩效评价问题进行实证研究。

(7)GFS2014 框架下的非市场服务核算。

本书在对非市场服务的内涵、核算外延与核算方法进行解析的基础上，提出在已有的、比较成熟的几大宏观经济核算体系中，政府财政统计核算体系(a system of government finance statistics，GFS)是最接近非市场服务部门核算范畴的核算体系;通过对非市场服务核算与 GFS2014 的核算范畴进行对比研究,进一步明确两者的核算界限，提出可以利用 GFS2014 的核算框架记录和反映非市场服务的信息，从而规避或完善非市场服务核算集中代表性思路中存在的限制和不足;进一步地,解读 GFS2014 框架下如何核算非市场服务,以资产负债表、政府运营表、其他经济流量表、现金流量表记录和核算非市场服务各个重要方面与环节的统计信息；为验证核算框架的可行性，对试点乡的非市场服务部门进行案例试编,试编结果显示 GFS2014 框架可以用于记录和反映非市场服务的规模、结构、流量、存量等统计信息，用于对该地区的非市场服务部门进行绩效评估和分析。

(8)政策建议与研究展望。

充分借鉴非市场服务核算与测度的国际经验，积极开展基于我国国情的理论研究和实践探索；根据教育、医疗、一般政府服务等不同类型非市场服务的特点，开展有针对性的研究；在核算思路上，积极与国际接轨，探索在GFS 国际规范的框架下对非市场服务的信息披露机制。

由于作者水平有限，加之非市场服务测度问题研究的复杂性，书中关于非市场服务测度问题的探讨是探索性的，许多内容需要精细化，企盼能与更多的专家学者一起对它进行完善和发展。本书的出版得到了各方面的帮助。感谢江西财经大学统计学院的各位领导和同仁！感谢各位从事非市场服务测度研究的专家学者，本书在写作过程中参考了很多相关资料和前人研究的成果，参考文献和注释如有遗漏，敬请谅解。感谢科学出版社的大力协助，尤其是方小丽编辑的辛勤工作！

由于作者水平所限，书中难免有不足之处，敬请读者批评指正。

罗良清

2021 年 2 月于蛟桥园

目 录

Contents

第 1 章

非市场服务测度涉及的基本问题

为了正确、科学地测度非市场服务产出，首先必须要明确测度背景、测度对象及其特点、测度内容、测度原则等基本问题。因此，本章首先通过分析非市场服务测度的研究背景，明确测度的必要性以及可行性依据；其次通过分析非市场服务的内涵、特点，以及其生产主体的界定及职能，从而确定测度的基本内容及范围；最后在对非市场服务测度特性分析的基础上，构建非市场服务测度工作所需遵循的相关原则。

1.1　研究背景、意义及框架

伴随着非市场服务的理论及核算方法的产生及发展，非市场服务的测度研究逐渐形成并发展起来，并在经济核算理论与实践以及非市场生产管理等领域发挥着重要作用。

1.1.1　非市场服务测度的研究背景

1. 非市场服务理论产生的背景

亚当·斯密无疑是历史上最早阐明服务业特殊性质的经济学家，在其著作《国民财富的性质和原因的研究》中，开创性地将人类劳动区分为生产劳动和非生产劳动，并从价值角度分别对其进行了定义。亚当·斯密虽未直接指明服务劳动为非生产劳动，但他当时认为的非生产劳动者主要是由政府官员、家仆等人员构成，而这些人员都可属于当今服务业从业者范畴，其非生产劳动成果都是服务。亚当·斯密还进一步对非生产劳动的性质进行了分析研究，认为从使用价值角度看，非生产劳动是“有用”的，而从价值形态角度看，非生产劳动不是“生产”的。

马克思批判性地继承了亚当·斯密关于非生产劳动的理论观点。马克思认为：首先，与其他一般商品的使用价值一样，服务也具有使用价值。其次，服务劳动本身就是服务的使用价值。在为获得服务的交换行为中，劳动是交换对象，服务则是交换的目的所在。最后，提供服务的劳动是非生产性的，因为提供服务的劳动并没有物化于商品之中，而是直接进入了消费过程(蒋萍等，2005)。马克思的服务理论形成的社会背景是当时的生产社会化水平较为低下，大多数的生产都是独立完成的，同时由于生产力水平较低，社会总产品中非物质性产品所占比重较小，进而认为只有物质性生产活动可以创造财富，才算是生产劳动，而将非物质性生产活动即服务劳动排除在外，认为它不能创造财富，只能参与社会的收入分配，所以认为服务劳动是非生产性的。

随着社会劳动分工的日益细化，货物生产与服务生产之间结合得越来越紧密，而且科学技术和生产力水平不断提高，人们的消费结构发生了较大变化，人们对服务的消费需求不断扩大，甚至逐渐超过对货物的消费需求，同时服务生产部门的就业人口比重不断提高。在此背景下，现代服务理论得以形成并发展。

现代服务理论的形成和发展过程中，非市场服务理论也逐渐孕育而生。非市场服务理论产生的一个重要历史背景是，20 世纪 30 年代初西方资本主义国家爆发的经济大危机推动西方经济理论学说发生了一次重大转变。凯恩斯在 1936 年发表的《就业利息和货币通论》中，彻底否认了亚当·斯密学派提出的市场经济在“看不见的手”的调节下可完全自我完善的市场机制，一改亚当·斯密以来的自由放任经济，而主张资本主义经济应完全纳入政府的“全面干预”之下。

在市场经济体制中，市场交易主体包括法人和自然人，他们都符合“理性经济人”的假设，即各交易主体都是以追求自身利益最大化为交易目的的。各交易主体在市场价格机制的约束下进行生产活动，并按照等价交换原则进行市场交易活动。通过这些市场活动，各主体最终实现自身个人利益最大化，同时促进社会整体利益的增加。因此，市场经济体制的优势在于，它能对有限的社会资源进行优化配置，使社会生产达到最优状态，从而带来相应的社会效益和经济效益。

虽然市场经济体制的优势十分明显，但与其他经济体制一样，市场经济体制也存在着一定的缺陷，如市场供给的商品和服务具有外部性、公共商品和服务具有非竞争性和非排他性的特征、市场信息不对称等。市场经济体制的这些缺陷在世界经济大危机之后越来越难以回避。解决的办法只能是，政府发挥弥补市场缺陷的能力，介入市场失灵的领域，并对该领域的经济活动进行干预，因为政府有弥补市场缺陷的能力。比如，政府以非市场的方式解决具有外部性的商品和服务的供给问题，使资源达到最佳配置状态；对于公共安全、司法、基础设施等私人无法提供的公共产品，可由政府部门生产及供给。公共产品中的公共服务是指由政府或公共机构提供的服务，而大部分的公共服务都属于非市场服务，并且主要由政府部门提供。

基于以上背景，非市场服务理论得以产生并快速发展。

2. 非市场服务核算产生的背景

我国的非市场服务核算方法体系主要产生于两方面背景之下：一是国民经济核算体系（system of national accounts，SNA）的建立和发展过程的大背景；二是中国国民经济核算体系的建立和发展过程。

1）SNA 的建立与发展历程

SNA 正式诞生于 1953 年（简称 SNA1953），当时是以联合国统计委员会的名义公布了“国民经济核算体系及其辅助表”，进而“提供了一个具有普遍适用性的、报告国民收入和生产统计的框架”，国民经济核算工作开始进入有序状态。SNA1953 的重点在于国民收入和生产的核算工作，它对核算内容的体系化只是基础性的、初步的。

伴随核算理论及方法的不断发展，SNA 也得以不断完善。自 SNA1953 之后，联合国等组织对 SNA 进行了三次重大修订，其成果分别是《国民经济核算体系（1968）》《国民经济核算体系（1993）》《国民经济核算体系（2008）》，以下对应简称 SNA1968、SNA1993 和 SNA2008。

从SNA1953到SNA1968，SNA处于基本框架体系的建立与初步完善时期，核算的重点内容主要集中于市场交易活动方面，并且由于非市场交易活动具有无市场价格、缺乏计量单位等特点，非市场服务核算是其中的薄弱环节。

与SNA1968相比，SNA1993的基本核算内容并没有显著扩展，主要变化体现在国民经济核算原理的更新、澄清、简化、协调一致等方面。但SNA1993关于非市场服务的产出核算提出了指导性建议，对政府和为住户服务的非营利性机构生产的各种非市场服务进行估价时，采用加总其生产期间的成本的核算方法，且假设生产的非市场货物和服务的净营业盈余总是为零，即非市场服务产出等于中间消耗、雇员报酬、固定资本消耗与其他生产税(减去生产补贴)几项之和。

SNA2008是SNA1993的更新版本，是目前SNA的最新版本。与SNA1993相比，SNA2008的核算框架并没有发生根本性变化，其更新之处主要体现于以下两个方面。

一是在核算当中引入20世纪90年代后愈发显著的经济特征，详细阐述了越来越成为热点话题的重要观点，并说明了如何在国民账户中处理这一系列广泛主题。

二是对核算方法进行了优化，如SNA2008引入了“补充”项目和“补充”表，使国民账户体系的应用更加灵活，同时注重SNA与其他国际统计标准的协调一致，进而增强了国民账户在统计体系的中心地位。

SNA2008关于广义政府和公共部门方面的更新主要包括：首先，为了进一步开发关于政府的核算标准，澄清并改进了相关原则；其次，对政府和公共部门与经济体其他部门之间的界限做了进一步的澄清；最后，澄清了关于公营公司支付的超级红利、对公共企业的注资等项目的处理方法等。而对于非市场服务的估价，则继续按照SNA1993中相应的方法进行。

2)中国国民经济核算体系的建立与发展历程

中国国民经济核算体系的发展先后经历了物质产品平衡表体系(system of material product balance，MPS)模式阶段、MPS与SNA并存阶段和基于SNA模式的发展阶段三个阶段，这是始终与中国经济体制和经济管理模式的演变过程相适应的。

中国国民经济核算体系的第一阶段是MPS模式阶段，这与当时中国的计划经济体制模式相适应。但伴随中国经济体制的发展变化，尤其是改革开放后中国服务业的逐步发展，MPS 模式的缺陷日益突出。MPS 模式的主要缺陷表现为生产范围过于狭窄，仅局限于五大物质生产部门，而无法反映大部分提供服务产品的非物质生产部门的生产活动情况，进而也无法反映整个国民经济循环全貌，其核算结果更无法进行国际比较。所以 MPS 模式越来越无法满足中国国民经济核算工作的需要，中国国民经济核算体系的发展进入第二阶段。

第二阶段是 MPS 与 SNA 并存阶段。自 20 世纪 80 年代开始，为适应中国经济体制改革的需要，中国国民经济核算体系开始由 MPS 向 SNA 转型。在总结中国核算实践经验和理论研究成果的基础上，国家统计局于 1992 年发布了《中国国民经济核算体系(试行方案)》(简称《试行方案》)，并要求全国分步实施。为实现相关核算内容的前后衔接，该方案仍然保留了 MPS 的部分相关内容，而基本框架、内容和方法等方面则与 SNA 体系相一致，体现了计划经济体制向市场经济体制转型时期的特点和要求。

自 1993 年开始，中国完全取消了 MPS 模式的核算工作，这标志着中国 MPS 与 SNA 并存的核算体系的终结，并开始与国际接轨，完全参照 SNA 模式进行国民经济核算工作，中国国民经济核算体系的发展进入第三阶段。此后，中国国民经济核算的内容日益完善，核算方法不断改进，在国民经济管理中发挥着越来越重要的作用；并且，伴随中国在世界经济中的重要性日渐凸显，中国国民经济核算及其结果已经引起国际社会的广泛关注。在此基础上，国家统计局从 1999 年开始总结 1992 年后中国核算制度改革和实践的成果经验，深入研究并吸取联合国 SNA1993 所提出的最新国际标准，对原体系进行了修订，于 2002 年发布了《中国国民经济核算体系(2002)》(简称核算体系 2002)。

核算体系 2002 对《试行方案》进行了全面、系统的修订。在核算体系 2002 中，所有常住机构单位由政府部门、住户部门、非金融企业部门和金融机构部门等四大机构部门构成。其中，政府部门主要包括各种行政单位和非营利性事业单位，其主要职能是向社会和公众提供公共服务，并通过转移支付对社会收入和财产进行再分配，其资金主要来源于征税和其他方式。由于当时我国民营非营利组织还比较少，而多数的为住户服务的非营利性机构单位都是政府管理的事业单位，核算体系 2002 中将所有为住户服务的非营利机构单位全部划入政府部门，没有单独列出。因此，核算体系 2002 中的非市场服务的主要内容是指向社会和公众提供的公共服务，服务生产的主体主要是政府部门，核算的方法也与 SNA1993 中的相一致。

从核算体系 2002 发布至 2016 年的十多年间，随着中国国民经济核算体系的不断改进和完善，以及新国际核算标准 SNA2008 的发布，国家统计局于 2017 年发布了《中国国民经济核算体系(2016)》(简称核算体系 2016)。

与核算体系 2002 相比，核算体系 2016 的主要变化包括以下五个方面(中华人民共和国国家统计局，2017)。

第一，调整了基本框架，包括不再单独设置国民经济账户、将价格指数和不变价核算单设一章、调整了资产负债表的结构、增加了资产负债交易变化表和其他变化表、充实了扩展核算，以及取消了投入产出核算中的直接消耗系数和完全消耗系数计算方法等与国民经济核算体系联系不够密切的内容。

第二，更新了基本概念和核算范围，包括引入了“经济所有权”“知识产权产品”“雇员股票期权”等概念，明确了“实际最终消费”的概念，按照 SNA 定义修订了“生产者价格”概念，并扩展了生产和资产的范围。

第三，调整和细化了基本分类，包括单独设置了“为住户服务的非营利机构”部门、增加了产品分类、调整了 GDP 支出项目分类、细化了非金融资产分类以及修订了金融资产分类。

第四，修订了“总产出”“劳动者报酬”“生产税净额”“资本形成总额”“财产收入”“社会保险缴费”“社会保险福利”等基本指标。

第五，改进了核算方法，包括改进了居民自有住房服务产出、间接计算的金融中介服务产出、中央银行产出和非寿险服务产出的核算方法，以及调整了研究与开发支出的核算方法。

在以上的变化当中，有三个方面的变化是值得我们尤为关注的。

首先是关于政府主要职能方面，核算体系 2016 采用了 SNA2008 中对政府机构的命名，即“广义政府部门”，并且政府主要职能除了包括核算体系 2002 中的向社会和公众提供公共服务与对社会收入及财产进行再分配两项职能之外，还包括从事非市场性生产的职能。

其次是单独设置了为住户服务的非营利机构部门。核算体系 2002 中没有将为住户服务的非营利机构部门单独列出，而核算体系 2016 中则单独设置了为住户服务的非营利机构部门，而不再将其全部划入政府部门。这样设置的原因在于，从事非市场生产但又不隶属于政府部门的非营利机构越来越多，且数量具有日益增长的趋势，它们在促进经济发展、维护社会和谐等方面发挥着重要作用。

最后是增加了卫生核算的内容。“卫生核算是以卫生保健活动为核心的扩展核算，其目标是借助于国民经济核算原理对全社会卫生保健活动进行宏观核算，一方面显示与卫生保健有关的支出及其资金来源情况，另一方面显示卫生保健产业活动及产品供求情况。通过卫生核算，可以描述卫生保健自身的生产、分配、消费、投资过程，分析其对国民经济各个方面的贡献和影响。”卫生保健活动是非市场生产活动中的重要内容之一，关于如何对其进行测度等相关内容，在后面的章节中将详细讨论。

3. 非市场服务绩效评价的产生背景

正如之前所分析的，市场经济体制并不是完美无缺的，也存在着自身无法克服的缺陷，所以需要政府介入对市场失灵的经济活动进行干预。但政府的干预活动会由于市场存在缺陷以及非市场供求关系导致的非市场缺陷等而进入高成本、低效率及分配不公平等状态，即发生政府失效。政府失效产生的后果主要包括：第一，政府行为无法达到预期的公共目标；第二，政府活动的收入与成本分离导致政府活动进入高成本、低效率的状态；第三，政府行为的后果导致市场资源配置效率下降(罗良清，2003a)。

以上这些政府失效产生的后果，在第二次世界大战(简称二战)后西方国家的社会经济生活中逐渐突显出来。二战后，西方各国政府在凯恩斯主义的指导下，采取混合经济政策和福利国家政策，向公众投入大量资源用于公共物品和服务，并以立法管制的手段大量干预经济，最终导致政府支出猛增但效率低下。尤其是发展到 20 世纪 70 年代，石油危机之后西方各国大面积地表现出经济衰退的迹象，并且此时各国财政赤字规模逐渐扩大，难以支撑福利制度运行，社会问题愈发显著，公众越来越不满意政府行为，改革的呼声日益高涨。因此，自 20 世纪 70 年代中后期，英国、美国、新西兰等西方国家为了解决政府所面临的管理、财政和信任危机，掀起了一场声势浩大且旷日持久的行政改革运动(刘笑霞，2011)。

与此同时，在企业管理领域正普遍推广以绩效评价为核心的理念和方法，并使得企业的效率和效益获得了显著提高。受此启发，绩效评价方法被引入政府管理领域，用于评价政府部门的绩效。最先应用绩效评价方法于政府公共管理的国家是英国，并且应用后英国政府部门的效率得到了明显提高。随后，丹麦、挪威、芬兰、澳大利亚和新西兰等众多国家都纷纷效仿，从而使得政府绩效评价在政府部门的管理工作中日益重要。

对以上非市场服务测度研究背景的梳理表明，非市场服务的测度研究工作是社会经济活动发展的必然性要求，同时具有充分的可行性。

1.1.2 非市场服务测度的研究意义

伴随社会和经济的不断发展，非市场服务生产活动的重要性程度不断提高，非市场服务产出对国民经济的贡献越来越大，对非市场服务的测度工作也成为世界各国学术界关注的一大焦点。所以非市场服务测度的研究工作，无论是在经济核算理论研究中还是改革实践中都具有重要的意义。

首先，非市场服务测度可促进相关经济管理理论的发展和完善。非市场服务测度涉及的研究内容非常广泛，需要多方面的理论作为指导依据，而理论又来源于实践，对非市场服务测度的研究工作可有效促进相关理论的发展和完善。比如，从非市场服务的提供者角度来看，目前非市场服务最主要的提供者还是政府机构部门。而政府机构部门提供的非市场服务内容涉及面非常广泛，除包括行政管理、安全、社会保障等服务外，还包括教育和医疗卫生服务。所以与其他机构部门相比，政府机构部门具有截然不同的生产方式及生产特点，并且在不同经济体制的国家或不同的社会经济发展阶段，政府部门的主要职能也是不尽相同的，进而相应的核算方法体系必定与其他部门的核算方法体系存在较大差异，这些差异都需要在测度过程中进行分析研究。所以非市场服务测度的研究工作可有效促进政府管理理论、生产理论、核算理论和测度理论等相关理论的发展与完善。

其次，非市场服务测度可促进经济核算方法的改进和扩展。由于非市场生产部门是以免费或无经济意义的价格向消费者提供服务的，因此其没有或缺少市场价格，并且非市场生产的成果形式一般难以界定，许多非市场服务产品具有不可分性，所以 SNA 中都是在非市场生产的营业盈余为零的假定下，按生产成本来对非市场服务产出进行估计，即采用投入代产出法核算非市场服务产出。伴随非市场生产的不断发展，尤其是“新公共管理运动”的兴起，投入代产出法的缺陷逐渐显现出来。非市场服务测度不是单一的从投入角度或产出角度进行的测算，而是通过将非市场服务生产的投入测度与产出测度相结合，以达到对非市场服务生产绩效水平的度量与评价。所以非市场服务测度构建的是一个多角度或多维度相结合的框架体系，即投入与产出、生产过程与生产结果、生产与消费等多角度相结合的测度框架体系，进而可有效扩展经济核算的方法体系，丰富经济核算的内容。

最后，非市场服务测度还可有效促进政府绩效水平的提高。非市场服务测度是一个在非市场服务核算的基础上，再进一步对非市场生产的绩效水平进行测度分析的动态研究过程。而当前绝大部分非市场服务还是由政府机构部门提供的，所以非市场服务绩效测度的主要对象是政府机构部门。当然，非市场服务绩效测度不完全等同于政府绩效评价，二者无论是在内涵及外延上，还是在测度角度上都是存在差别的，关于这一方面的内容将在 1.3 节中详细讨论。

从宏观层面来看，非市场服务绩效测度的主要内容是对政府部门在管理公共事务和提供非市场货物与服务各方面所涉及的投入、产出和效果进行测算与评价。所以非市场服务绩效测度主要具有以下三个方面的功能。

在政府投入方面，绩效测度可有效减少收入与成本分离、软预算约束等因素给政府生产所带来的不良后果，节约政府部门的生产成本，并可建立有效的财政资金管理机制，从而提高财政资金的使用效率，促进政府公共资源使用过程的公开化、透明化，优化政府资源配置。

在政府产出方面，通过绩效测度可判断政府各部门服务产品质量的优劣，并认清个体消费者、群体消费者以及公共消费者的消费需求的差异和特点，进而可促进政府部门的服务产品质量和生产效率显著提升。

在政府绩效管理方面，绩效测度不仅可以客观评价政府各部门的工作绩效，提高政府部门的整体效能，还可以作为政府部门绩效改革工作的“风向标”。通过绩效测度工作的公开化和透明化，可增进政府与公众之间的沟通与了解，有助于提高政府部门的信誉与形象。

1.1.3 研究框架及主要创新

1. 研究框架及主要结论

本书共包括八章内容，各章的主要内容及结论如下。

第 1 章为非市场服务测度涉及的基本问题。该章通过分析非市场服务测度的基本问题，提出非市场服务测度是在非市场服务理论、核算方法以及绩效评价工作的产生和发展过程中逐渐形成的；非市场服务的测度研究工作，无论是在经济核算理论研究中还是改革实践中都具有重要的意义；非市场服务具有价格非市场性、非营利性、公共性以及外部性等特点，当前非市场服务最主要的生产供给者是政府部门，政府部门主要具有政治、社会、经济和文化教育四方面职能；非市场服务测度的内容主要包括非市场服务的生产过程核算、生产结果核算以及绩效度量三个部分；非市场服务测度的原则应与 SNA 保持一致，还应与我国当前现实环境相适应。

第 2 章为非市场服务测度的理论与方法。该章结合前述所提及的已有研究基础以及研究中可能存在的问题，对非市场服务测度的理论与方法进行重新建构和探讨，以期将它们实现于后续章节的应用性研究中。历史经验和理论严格证明，非市场服务存在的目的在于满足人类个体需求，国家发展目标的实现必须与人类个体需求相结合，并最终为满足人类个体需求而服务；现实条件和理论研究证明，非市场服务测度的必要性不仅在于它的内在价值和外在价值都是不可小觑的，更重要的是它对于宏观经济各指标的重要影响，如果忽略或不对其价值进行测度，将会导致如 GDP 等宏观经济指标被误读或低估；基于非市场服务存在价值和测度价值，提出现阶段对其进行测度的可实现路径。具体提出从非市场服务测度的目的、原则和范围、测度边界以及测度方法四个方面进行分步研究，并就不同类型非市场服务测度存在的共性关键性问题进行分析和解决的思路。

第 3 章为非市场服务测度的国际经验和中国实践。该章梳理了国外非市场服务产出测度的实例。政府部门提供的教育服务即公立教育，是我国最主要的教育形式。依据教育服务测度的国际经验，荷兰、澳大利亚等国家选择产出指标以测算教育服务产出的方法在我国不适用，我国核算教育服务产出可采用营业收入法按一般服务的核算方法进行处理。我国医疗卫生服务的产出按照核算期内病人接受完整治疗的服务总量来核算。而对于一般政府的非市场服务核算，我国目前还是使用投入替代法来核算一般政府服务产出。

第 4 章为教育服务产出测度与绩效评价研究。教育作为非市场服务的重要组成部分，其产出的正确测度，对 GDP 核算、一国的生产率效率分析和绩效评价等都具有非常重要的意义。我国各层次教育整体呈现非 DEA 有效状态，初等教育的综合效率呈现出西部—东北—中部—东部依次递增的阶梯状格局。中等教育的综合效率呈现出西部—东北—中部—东部依次递增的阶梯状格局。高等教育的综合效率呈现出东北—西部—中部—东部依次递增的阶梯状格局。在全要素生产率分析中发现，初等教育和中等教育的全要素生产率均呈现下降的趋势，下降主要是由技术退步所导致。高等教育的全要素生产率呈现攀升的趋势，主要是技术进步促进了高等教育全要素生产率的提高。

第 5 章为医疗卫生服务产出测度与绩效评价问题研究。该章对我国当前非市场服务产出在医疗卫生领域的测度问题和绩效评价问题进行了研究。研究发现：第一，各地区经济发展水平不一，从而医疗卫生资源的投入力度存在差异。第二，各地区医疗卫生资源的投入或多或少均存在浪费的情况，在北京、江苏、浙江等经济较发达地区表现尤其严重，其医疗卫生服务综合效率甚至达不到全国平均水平。在现有的医疗卫生服务产出规模下，这些经济发达地区应当适当放缓乃至减少医疗卫生投入，不宜再盲目扩大医疗卫生服务的生产规模，以扭转医疗卫生资源投入大量冗余的局面。第三，医疗卫生服务综合效率低下不全是医疗卫生服务规模效率低造成的，部分地区的本质原因是医疗卫生服务技术不足。第四，我国地区间的医疗卫生服务技术差距在逐步缩小。第五，地区的医疗卫生服务生产存在规模不经济。

第 6 章为其他一般政府服务产出测度与绩效评价问题研究。该章分别从测度方法和绩效评价两个角度对其他一般政府服务进行研究。研究发现：第一，我国各地区三种服务综合效率水平皆偏低，究其原因，行政管理服务和社会保障服务综合效率水平偏低是由技术效率水平偏低导致的，公共安全服务综合效率水平偏低则由规模效率低下引起。第二，我国不同省份的其他一般政府服务效率水平各异，将其进行区域比较可知，我国西部地区行政管理服务综合效率明显落后于其他三大区域，但是其公共安全服务综合效率要高于其他三大区域，东部地区公共安全服务综合效率较低；就社会保障服务而言，东部地区综合效率要高于其他三大区域，东北地区的综合效率较低。

第 7 章为 GFS2014 框架下的非市场服务核算。研究发现：第一，非市场服务部门与 GFS2014 的核算主体——公共部门具有高度的重合，因此 GFS2014 是最接近非市场服务部门核算范畴的宏观经济核算体系；第二，正因为两者具有高度的重合，GFS2014 的核算框架可以用于反映非市场服务部门中占主体地位的公共部门的规模、对经济的影响广度与深度等统计信息，可以规避或完善现有的非市场服务核算的几种思路的限制与不足；第三，GFS2014 通过资产负债表、政府运营表、其他经济流量表和现金流量表构成核算框架，用于记录和核算非市场服务部门中占主体地位的公共部门的各个重要方面与环节的统计信息。

第 8 章为政策建议与研究展望。建议充分借鉴非市场服务核算与测度的国际经验，积极开展基于我国国情的理论研究和实践探索；根据教育、医疗、一般政府服务等不同类型非市场服务的特点，开展针对性的研究；在核算思路上，积极与国际接轨，探索在 GFS 国际规范的框架下对非市场服务的信息披露机制。

2. 主要创新之处

(1) 在研究分析非市场服务内涵和特点、非市场服务测度的内容和特性的基础上，建立了非市场服务测度工作应遵循的主要原则，并基于价值论的角度建构非市场服务的相关理论体系，从非市场服务存在的必然性到对它进行价值测度的必要性，最后到价值测度的可实现性路径三个方面层层深入地进行理论探讨，以形成严谨的理论逻辑架构。

(2) 提出我国非市场服务的可行性核算方法。分别系统梳理了教育、医疗卫生、其他一般政府服务等各个非市场服务领域的国际核算经验，提出适合我国国情的产出测度理论和方法体系。具体来说，对教育服务产出的物量核算和质量调整提出了改进方法和思路，特别是提出了不同教学单位产出加总的两种思路，力图解决不同教育提供者的差异造成的不可加总性；结合我国医疗保险制度改革的现状和将来的改革方向，指出病例组合的思想相较传统的投入替代法和产出指标法更加合理，完整治疗法的可操作性会在不远的将来变得越来越强，符合我国医疗实际现状的完整治疗法可能成为现有方法的改进方向；其他一般政府非市场服务方面，考虑到投入替代法并未体现劳动生产率的变化，对五种增长率调整法进行了系统梳理，为后续研究提供了一些有益的启示。

(3) 基于所构建的非市场服务核算框架，对非市场服务各个方面进行绩效评价。具体来说，采用 DEA 方法，结合全要素生产率分析对我国各层次的教育服务部门绩效进行了系统的测度，结论用于解决目前教育资源短缺问题、优化教育资源合理配置、提升教育服务部门绩效水平等；对各省区市公共医疗系统进行绩效评价，发现地区间医疗卫生资源的投入力度存在差异，医疗卫生服务综合效率普遍不高，医疗卫生服务生产存在规模不经济现象，结论可用于解决公共医疗改革中规模与效率的优化问题；对我国其他一般政府服务进行较为全面的绩效评价研究，分别测算我国行政管理服务、公共安全服务和社会保障服务的综合效率、纯技术效率和规模效率，并在此基础上进一步进行区域差异性比较。

(4) 在对非市场服务的内涵、核算外延与现有的几种核算思路的优缺点进行解析的基础上，提出 GFS2014 是最接近非市场服务部门核算范畴的核算体系。对非市场服务部门与 GFS2014 的核算主体进行对比研究，两者在核算范畴上具有较高的重合。因此，GFS2014 的核算框架可以用于记录和反映非市场服务部门中占主体地位的公共部门的规模、对经济的影响广度与深度等统计信息；可以解读 GFS2014 框架下以资产负债表、政府运营表、其他经济流量表、现金流量表记录和核算非市场服务部门中占主体地位的公共部门的各个重要方面与环节的统计信息。

1.2　非市场服务测度涉及的概念及范畴

要对非市场服务进行科学、准确的测度，首先要对以下基本问题予以解释：什么是非市场服务、它有怎样的特点、它的生产主体是谁，以及非市场服务测度的范围、内容是什么。

1.2.1 非市场服务

1. 非市场服务的相关概念

在核算体系2016中，生产被定义为“在机构单位负责、控制和管理下，利用劳动和资本等要素，将某些货物和服务投入转化为另一些货物和服务产出的过程”。所有生产是一个投入—产出过程，投入包括劳动和资本等要素，产出则为生产过程的成果，即各种产品，包括货物和服务两部分。

货物是一种能够确定其所有权的有形生产成果，并且这种所有权可以通过市场交易从一个所有者转移给另一个所有者。货物不仅可以用于满足个体消费或社会消费的需要，而且可以用于生产其他货物或服务。货物的生产活动和交换活动是完全独立分开不重叠的，这是区别于服务的一个重要特征。货物可能从未发生交换，也可能发生多次交换，但货物的生产活动是与其随后可能发生的交换活动相分离的。这种分离不仅体现在时间上，还体现在空间上。如汽车的生产和销售是两项独立生产活动，即汽车什么时候销售、在哪销售都与其生产没有直接关系。所以货物也表现出两个突出的特性：可存储性和可运输性。

与货物相对应，服务是一种无形生产成果。这类产品可以改变消费单位的状况，也可以促进产品或金融资产的交换活动。在SNA2008中，服务总体上可以分为两类：一类是变化促成服务，是指生产者按照消费者需求进行的活动，以实现消费单位状况的改变。另一类是增值服务，即当一个机构单位为另外两个机构单位之间的货物、知识载体产品、某些服务或金融资产的所有权变更提供了便利时，就产生了增值服务。增值服务是由批发商、零售商和各类金融机构所提供的。服务与货物的不同之处在于，服务发生交易时不能脱离生产活动。所以服务生产完成的那刻，消费者也一定获得了服务。这也是服务通常被称为无形产品而货物被称为有形产品的原因。因此服务与货物有着完全不同的特性，即服务的生产过程与消费过程是同时进行的，服务不可存储和运输。

以上是从产出的外在形态差异的角度，将产出分为货物与服务两部分。如果从产出不同的估计方法角度，产出又可被分成三大类，分别是市场产出、为自身最终使用的产出和非市场产出。

市场产出是指准备按市场价格进行产品销售而获得的产出。其中，产品的市场价格有显著经济意义，会极大地影响产品的供需数量。市场产出的价值主要包括以下五个方面：一是按市场价格出售的产品的价值；二是为交换获得其他产品或资产的产品的价值；三是作为实物支付的产品的价值；四是计划用于上述某种情况的制成品和在制品存货的变动价值；五是供给产品所需支付的运输费、服务费、金融资产获得和处置的附加费等费用。

为自身最终使用的产出是指用于生产者自身最终消费或资本形成的产品价值。其价值也主要包括五个方面：一是常住单位生产的，并被同一单位消费的货物的价值；二是付酬家政人员(保姆、厨师、司机等)为住户提供的服务的价值；三是居民自有住房服务的虚拟价值；四是常住单位生产的，并被同一单位在生产过程中使用的固定资产的价值；五是准备用于上述某一用途的制成品和在制品存货的变动价值。

在核算体系 2016 中，非市场(总)产出指“由政府或为住户服务的非营利机构生产的，免费或以没有显著经济意义的价格提供给其他机构单位的货物和服务或提供给全社会的公共服务的价值”。按照此定义，非市场产品也包括非市场服务和非市场货物两种形式。但无论是政府部门还是为住户服务的非营利机构部门，都主要从事的是服务性生产活动，提供的产品主要是服务的形式，因此确定了非市场产品的最主要内容和形式是非市场服务。

相应地，非市场服务是指由各非市场服务部门生产的，以没有显著经济意义的价格或免费提供给其他机构单位的服务。非市场服务主要提供者是政府和为住户服务的非营利机构，如公共管理部门、社会保障部门和社会组织，它们的经费支出都主要来源于国家财政和其他赞助，或即使有部分营业收入，也不足以弥补自身经营活动成本。非市场服务产出是非市场服务的价值形态，即为各非市场服务部门生产的，免费或以没有显著经济意义的价格提供给其他机构单位的服务的价值。

从非市场服务的生产者或提供者的角度来看，当前非市场服务主要由以下三大类服务构成。

第一类为教育服务，是由从事各种教育教学活动和与教学有关的科研活动的相关机构部门所提供的非市场服务。该类教育服务主要是指公立教育服务，是由政府组织生产和提供的非市场服务产品，是以无显著经济意义的价格向住户个人提供的准公共品。

第二类为医疗卫生服务，是由为了人类的健康而进行预防、治疗、卫生保健等生产性活动的机构部门提供的非市场服务，具体提供单位包括公立医院、疗养院、卫生防疫站、妇幼保健站、药品检验所、医学科研机构及其他医疗卫生部门。该类服务属于由政府组织生产和提供的用于住户个人消费的纯公共品或准公共品。

第三类为其他一般政府服务，是由除教育部门和医疗卫生部门之外的其他政府机构部门提供的非市场服务。此类服务是提供给社会全体成员的纯公共服务，用于应对国家各部门组织进行管理的需求，涵盖了很大范围的服务活动，主要包括行政管理服务、国防安全服务和社会保障服务等。其中，行政管理服务提供的主要部门为各级权力机关、行政管理机关、司法检察机关及外事机构等，主要用于维护社会经济稳定运行、制定相应法律法规、保护环境等；国防安全服务主要由国防机构、军队和警察等部门提供，该类服务的需求主要是源于社会全体成员对社会安全稳定的渴望，所以国防安全服务是纯公共品，它在消费过程中一般具有非竞争性和非排他性；社会保障服务主要涉及社会救助部门、社会福利部门、社会保险部门和社会优抚部门等。

当然，以上三类服务只是非市场服务的最主要内容，并非全部内容。因为从非市场服务的提供者角度来看，非营利性机构、公共公司以及其他机构部门都会提供一定数量的非市场服务。

2. 非市场服务的特点

不同类别的服务，对应的服务对象也是不尽相同的。非市场服务的对象可以是个体消费者，也可以是部分群体消费者，还可以是全体居民消费者。所以非市场服务根据服务对象的不同，一般可以分为以下三种类型(罗良清，2003a，2003b)。

(1)提供给个体消费者的非市场服务。该类非市场服务主要是提供给不同个体消费者的，如医疗卫生服务中不同患者有不同医治方案。该类服务的内容通常与消费者的主观意愿相一致，服务提供者与服务消费者之间客观上存在着协议关系。该类服务一般具有“私人品”的消费效用可分割性的特征，但它必须由政府组织提供，以体现国家的“政治选择”。

（2）提供给部分群体消费者的非市场服务。该类非市场服务则是同时向某一部分或某一组消费者提供的服务，如教育、交通、娱乐等服务活动。该类服务不是只针对某一人或个体机构单位，而是面向某一群组的人或机构单位，组内的所有消费者从一种服务的生产过程中同时受益。这是一种“准公共品”，具有拥挤成本。即当一项服务的消费者人数超过一定数额时，将影响消费者的福利享受，从而导致拥挤成本出现，如教育服务。

（3）提供给全体居民消费者的非市场服务。该类非市场服务一般称为公共服务，因为它是向全体居民或整个社会提供的，如社会秩序的维护、国防、外交事务等服务。该类服务具有消费的集体性、间接性和连续性等特点。与提供给个体消费者和部分群体消费者的非市场服务的不同之处在于，公共服务为了满足国家组织管理需要覆盖社会全体成员，是不能由私人提供的。它是“纯公共品”，既不存在消费的竞争性，也不存在排他性，同时消费效用不可分割。

正如之前所分析的，非市场服务既然属于服务当中的类型之一，那么它首先应当具有一般服务所普遍拥有的以下特点。

（1）服务的生产和消费不能分离，即当服务的生产过程结束时，服务也已完全提供给了消费者，这与货物的生产过程和消费过程依次先后进行是显著不同的。因而服务的生产过程和消费过程一般无法严格区分，并且它不能脱离生产而单独进行交易，呈现出无形产品的形式。

（2）服务的所有权不能准确确定，这是由服务的上一特点决定的。由于货物的生产过程和消费过程是先后依次进行的，货物的产权可以比较明确地归属于其相应的生产者。既然服务的生产过程和消费过程是同时进行的，而且又无法严格区分，进而也就决定了服务的产权难以确定。

（3）服务不可存储和运输。服务之所以被称为无形产品，主要是由于其无实体形态，无法存储和运输。这就决定了服务的消费过程必定要受到时间、空间等条件的限制，如患者在享受医疗卫生服务时，就受到了地域空间的限制。

更为重要的是，非市场服务还具有区别于其他服务类型的显著特点。

（1）非市场服务的价格是非市场性的。

非市场服务是与市场服务相对而言的，市场服务是以具有显著经济意义的市场价格在市场中进行交易的。由于市场交易遵循的是等价交换原则，其商品的提供者与需求者按商品的市场供求状况所确定的价格进行交换。生产者通过出售商品以补偿生产过程中所消耗的成本并获取相应的社会平均利润，使得社会再生产和扩大再生产成为可能；而购买者通过购买商品，以满足消费欲望并增进个人福利。市场等价交换的最终结果将促进全体成员的福利增加和社会进步。

由于非市场服务通常是免费提供或其价格不具有显著经济意义，因此该服务所获得的收入是不足以弥补其生产成本的，从而导致提供该服务的机构部门不可能完全参与竞争市场，其交易不遵循等价交换原则，不可能在市场运行规律下谋求生存和发展。

(2)非市场服务具有非排他性和非竞争性。

非市场服务交易不在市场中完成，也不遵循等价交换的原则，各种非市场服务皆不受供需情况的约束，不管服务受众是否愿意花费更多代价，所有对象接受的服务方式和内容都是相同的。因此非市场服务对其消费群体都具有非排他性和非竞争性。

(3)非市场服务是非营利性的。

所有非市场服务都是以免费或低于成本的价格提供给服务对象的，其产量的供给不受市场价格的约束，主要由非市场服务部门的预算和生产能力决定，且与服务的需求基本无关，所以非市场生产的目的不是获取利润。比如，非市场服务的主要提供者是政府部门，政府提供非市场服务为的是追求其特定社会和政策目标的实现。

(4)非市场服务具有外部性。

外部性是指经济主体在自己的活动过程中对活动外个体产生了非市场化影响。非市场服务的价格是非市场性的，其交易不遵循等价交换原则，这些特点都决定了非市场服务具有外部性。这种外部性主要表现为非市场服务对社会产生的实际影响，它是不能通过用交易价值衡量产出的方法全面反映出来的。

1.2.2 非市场服务的主体

1. 广义政府部门

无论是在理论上还是在实践上，政府部门在非市场服务生产供给中始终保持着主体地位，公共经济和公共事务领域的所有事务几乎都被政府垄断着。这种局面的形成可能主要有以下两方面原因(蒋萍等，2005)：一方面原因是非市场服务，尤其是提供给全体居民的公共服务，一般都具有投资成本高、周期长和收益率低等特点，并且一般都存在着免费搭乘的现象，所以企业及个人没有能力或者没有动力来从事非市场服务的生产供给；另一方面原因是，由于政府部门具有可动员大量社会资源的能力，并具有广泛的代表性，政府部门有条件、有能力提供具有规模经济优势和非营利性的非市场服务。

在 SNA2008 中，广义政府部门主要由中央政府单位、省级政府单位和省之下的地方政府单位，以及受政府单位影响和控制的从事非市场生产的非营利机构与社会保障基金构成。其中，政府单位是唯一一类通过政治程序设立的、在特定区域内对其他机构单位拥有立法、司法或行政权的法律实体。作为非市场生产主体的政府单位，不仅免费向社会提供如公共管理、司法和国防等公共服务，而且以免费或没有显著经济意义的价格向住户或其他机构单位提供货物和服务。

从以上广义政府部门的含义中可了解，广义政府部门是由多个子部门所构成的。相应地，SNA2008 还提供两种关于广义政府子部门的分类方法，这两种分类方法的主要区别在于中央及各级地方政府部门中是否包含了社会保障基金。其中一种分类方法是将广义政府子部门分为中央政府、省级政府和地方政府三个子部门，并且每个子部门都分别包含了社会保障基金和非营利机构，而另一种分类方法则是将社会保障基金从中央政府、省级政府和地方政府三个子部门中提出来，而单列为第四个子部门。

从国民经济核算的角度，非市场服务的主要提供者除了政府部门之外，还有为住户服务的非营利机构。为住户服务的非营利机构是指以免费或没有经济意义的价格向住户提供货物和服务的不受政府控制的非市场非营利机构。虽然近年来，为住户服务的非营利机构有了长足发展，但无论是在非市场服务产出的数量还是质量上，都与政府部门的服务产出还存在着较大差距。当前，几乎所有的非市场服务尤其是公共服务，都还主要是来源于政府部门的生产，所以本书是以政府部门的非市场服务测度为研究重点进行的。

2. 我国政府部门的主要职能

我国的政府职能与其他国家政府职能是存在较大差异的，而非市场服务的生产在很大程度上属于政治选择。不同国家政府职能的差别必定导致各国非市场服务的生产范围、内容等方面存在很大差异，所以要正确、科学地进行非市场服务测度，还必须对我国政府职能的具体内容进行深入分析。

根据职能作用领域的不同，政府职能可分为政治职能、社会职能、文化教育职能和经济职能四方面职能。按照此种政府职能的分类，马国贤(2005)对我国政府职能进行了较为详尽的分析与阐述：首先，我国政府的政治职能主要是指通过建立符合社会主义制度要求的政治秩序，来维护和巩固无产阶级的政治统治，具体包括建立法律法规、确立各政治机构的功能、维持社会和司法秩序、保护人民生命及财产安全等对内职能，以及维护国防安全、从事外交活动并维护对外关系等对外职能；其次，我国政府的社会职能主要用于管理社会公共事务，提供公共服务，即我国政府的管理服务职能，具体包括进行城市规划与管理、对公共设施的建设与管理、为公众提供健康与卫生保障以及为就业人员提供就业与社会保障等职能；再次，我国政府的文化教育职能的主要内容是与建设社会主义精神文明相一致的，是现代政府的一项重要职能，具体包括支持纯科学的发展，建设发展基础科学和社会科学，发展教育事业，为艺术、文化的发展创造条件以及管理文化产品市场等职能；最后，政府经济职能主要是指政府在经济管理工作方面的职能，我国的政府经济管理职能是从弥补市场缺陷、改良市场规则的角度提出来的，具体包括管理经济行政事务、确立产权制度和保护各类所有者的合法权利、限制垄断和促进竞争、建立和健全金融管理体系以及实施宏观经济管理等职能。

综合以上分析，从政府职能角度来看，我国政府部门具有涉及面较为广泛、职能较为具体的特点。

3. 政府绩效

关于绩效的定义，目前学术界众说纷纭。刘笑霞(2011)将当前学术界的绩效定义归结为三种类型：行为观、结果观以及综合观。其中，行为观中主要将绩效解释为执行或完成一项活动、任务或职能的行为或过程；结果观则认为绩效并非行为本身，而应当是指行为结果；而综合观则是行为观和结果观的结合体，弥补了两者的局限性，认为在评价个体和组织的绩效过程中，不仅要考虑投入(行为)，还应当考虑产出(结果)。

与绩效的综合观定义相对应，政府绩效应当是政府部门在履行其职责过程中的投入与其产生的结果即产出的综合性内容。例如，李文彬和郑方辉(2010)认为，政府绩效是一个囊括了投入、产出和结果等多方面的具有多维性与综合性内涵的概念。

结合之前对我国政府部门的职能以及构成的研究分析，发现我国政府部门具有机构较为庞大、涉及面较为广泛的特点，从而也决定了我国的政府绩效具有以下特点。

(1)政府绩效具有多维性结构。

从横向来看，政府机构部门包括了中央政府、省级及地方政府等多个子部门，而各子部门提供的具体服务内容和形式各不相同，并且各种服务的对象也不是完全相同的。比如，行政管理服务与医疗卫生服务之间，无论是服务的内容还是形式都存在着较大差异，另外在服务对象方面也是不同的，行政管理服务是提供给全体消费者的，医疗卫生服务一般提供给部分群体消费者，甚至有可能只提供给个体消费者。从纵向来看，政府部门的各子部门又存在着投入与产出、过程与结果以及生产与消费等多个层面的差异。这些横向方面和纵向方面的差异，决定了政府绩效的内容及测度标准都具有多维性的结构。

(2)政府绩效具有变动性。

政府绩效的内容和测度标准还会由于区域环境、经济环境以及制度环境等外部环境因素的变化而发生变动。在不同的环境内，人们对于绩效内容的关注程度是不同的，有的环境内更关注效率，而有的环境内则更关注效果，还有可能有的环境内几方面同时关注。所以在对政府进行绩效测度时，要根据所处的环境特征来选择相应的测度指标及测度标准。

(3)政府绩效具有综合性。

政府部门包含了多个职能和性质各不相同的子部门，所以政府绩效还应当是所有子部门绩效全面的综合性的反映。但由于政府绩效具有变动性和多维性的特点，各子部门绩效无法直接加总，因此如何建立相应合理的模型和方法，来对政府各子部门的绩效进行综合测度分析，成为非市场服务绩效测度的关键点和难点。

1.2.3 非市场服务的测度范畴

1. 非市场服务测度的基本内容

非市场服务测度是指，在对非市场服务的生产过程和生产结果进行全面核算的基础上，建立相应的测度方法体系对获得的核算数据进行绩效测度与分析，以达到对非市场服务绩效进行综合性度量的统计工作过程。在此思路下，非市场服务测度的内容主要包括非市场服务的生产过程核算、生产结果核算以及绩效度量三个部分。按照统计工作流程的四阶段来划分，前两个部分内容包含了统计指标的设计、数据资料的搜集和统计整理三个工作阶段，即包含了非市场服务核算指标的设计、核算数据的搜集以及整理工作阶段，这是非市场服务测度工作的前提和基础，而最后一部分绩效度量则属于统计分析工作阶段，即运用相应的度量模型及方法对非市场核算数据资料进行综合分析，以测度出非市场服务生产的绩效水平，这是非市场服务测度工作的核心及目的所在。

非市场服务的生产过程核算主要包括三方面内容：一是根据各非市场生产部门所从事的非市场服务生产活动的特点及性质，选择或设计相应的生产过程核算指标。该类核算指标主要包括各部门生产过程中投入的劳动、资本及其他货物和服务等方面的指标，并且，其中许多指标可以直接从国民经济核算指标体系中进行选取，其他指标则必须根据各部门的核算需要进行设计。二是数据资料的搜集过程，包括从现有的国民经济核算数据中搜集次级数据资料和专门组织统计调查获得原始数据资料两种方式。三是对搜集到的数据资料进行统计整理，具体包括对数据资料分组、汇总以及数据变换调整等工作。

类似地，非市场服务的生产结果核算也主要包括三方面内容：一是根据各非市场生产部门提供的非市场服务的类型及特点，选择或设计各自相应的生产结果核算指标。各部门提供的服务类型、特点各不相同，导致该类核算指标中存在许多物量指标，使得指标的汇总工作无法进行，所以还必须设计相应的质量转换指标，以将各类物量指标转换为产出价值量指标。二是指标数据资料的搜集过程，也包括从现有的国民经济核算数据中搜集次级资料和专门组织统计调查获得原始资料两种搜集方式。三是对数据资料的统计整理过程，具体工作内容包括根据分析需要对数据资料进行分组，并对各部门的生产结果指标进行质量调整，将其转换为非市场服务产出指标，后再加以汇总整理。生产结果核算的关键点，也是非市场服务测度的一大难点在于，如何将各部门不同类型的服务物量指标进行质量调整，转换为相应的产出价值量指标。

非市场服务的绩效度量是非市场服务测度的核心内容，是测度研究工作的主要目的。绩效度量的主要内容包括，根据非市场服务测度的研究目的和工作要求，构建相应的分析模型及方法体系，对非市场服务的生产过程核算数据和生产结果核算数据进行综合性分析，最终测度出非市场服务生产的绩效水平。绩效度量工作应包括两个层面的度量，一是各非市场生产部门各自绩效水平的度量，二是非市场生产部门总体绩效水平的度量。

2. 测度范畴

非市场服务测度是对非市场生产过程及结果的再现，非市场服务的测度范围必须与非市场的生产范围保持一致。非市场服务的生产部门在进行非市场生产的同时，还有可能进行一些市场生产活动，在进行测度时必须进行严格区分，只有各部门的非市场生产活动的内容才在测度的范围之内。

在非市场服务的生产过程核算方面，由于非市场服务的主体主要由中央政府部门、省级政府部门和地方政府部门等多个子部门构成，并且各部门提供的服务内容不仅包括行政管理服务、教育服务、医疗卫生服务、国防安全服务和社会保障服务等多种非市场服务，同时还有可能从事一定的市场生产活动，并提供一定数量的市场货物和服务。因此非市场服务的生产过程核算主要是对各部门非市场生产过程中投入的劳动、资本及其他货物和服务进行核算，而这些部门由于从事市场生产而发生的投入都应排除在核算范围之外。另外，政府部门的非市场投入中除了劳动、资本及其他货物和服务等可测度类型之外，还存在一些无法测度或难以测度的投入类型，可归结为不可测投入，如科技投入，不同的科技投入量生产出的非市场服务产品的质量水平是不相同的，但它一般无法准确测度，至少就目前的测度技术而言，只能将其归入不可测投入当中。如果不考虑那些不可测投入，非市场服务的生产过程核算范围与国民经济核算中对应的投入核算范围是基本一致的。

在非市场服务的生产结果核算方面，由于它是对各部门的非市场生产活动成果进行的全面核算，首先必须将各部门的市场生产活动成果排除在核算范围之外。并且由于非市场生产活动具有明显的外部性，其测度范围应该是整个非市场服务生产过程所引发的结果，即消费产出。但从消费者获得的角度分析，发现消费产出中不仅包括非市场服务本身形成的生产成果，即直接产出，还包含其他非市场服务生产以外的环境因素导致的结果。而其他非市场服务生产以外的环境因素导致的结果难以从消费产出中分离出来，具有不可测度性，所以本书中非市场服务的生产结果核算只是从生产者角度对直接产出进行核算。

如前所述，虽然本书是以非市场服务的主要提供者，即政府部门为测度对象的，但非市场服务的绩效度量并不完全等同于政府部门的绩效度量。这二者无论是在度量的内容范围方面，还是在度量方法角度方面都是存在显著区别的。

首先，政府部门不仅从事非市场生产活动，还从事一定的市场生产活动，政府部门提供的服务产品包括非市场服务和市场服务。所以政府部门的绩效度量应当是对政府部门全部生产活动绩效水平的度量，生产活动既包括非市场生产活动，也包括市场生产活动。而非市场服务的绩效度量主要是对政府部门从事非市场生产活动而产生的绩效水平进行测度。

其次，政府绩效度量的方法体系一般是从政府会计角度建立的，而本书对非市场服务进行的绩效度量主要是从非市场核算的视角开展的，这也决定了非市场绩效度量范围必须始终与非市场生产过程和结果的核算范围保持一致。

1.3 非市场服务测度的特性与原则

在进行非市场服务的测度研究之前，还必须准确、全面地把握非市场服务测度的特性及应遵循的原则。

1.3.1 非市场服务测度的特性

非市场服务测度的主要内容包括非市场生产的过程和结果核算以及绩效

度量三部分，其测度过程是对非市场服务的生产过程及其产生后果的数量描述过程。而无论是非市场服务本身，还是它的生产及交易过程都具有自身独特的性质特点，这些性质特点也决定了非市场服务测度具有以下特性。

(1)测度得到的价值是估计值。

非市场服务主要是由政府生产的并以免费或没有显著经济意义的价格提供给消费者的，因而它无法按等价交换原则在市场中进行交易，也就无法形成市场交易价格，所以非市场服务测度没有充分的市场意义价格可参考，测度得到的非市场服务产出的价值是以货币价值量表示的估计值，并不等同于货币交易所表示的货币价值。比如，行政管理服务是不存在市场货币交易的，其价值就是个估计值，而并非货币交易价值。

(2)测度的结果是直接产出。

非市场服务测度的结果只是直接产出，而不是消费产出。直接产出是指非市场服务本身形成的生产成果，而消费产出反映了非市场服务整体生产过程所引发的结果。因为消费产出不仅包含直接产出，还包含其他非市场服务生产以外的环境因素导致的结果，而后者难以从消费产出中分离出来，具有不可测度性。比如，中、小学的非市场教育服务产出可以用学生人数来测度，而不能用平均受教育年限来代表，因为平均受教育年限的提高，不仅是中、小学教育服务生产的结果，还依赖于个人的主观因素以及家庭、社会等因素。

(3)测度的方法是多样性的。

非市场服务的主体涵盖的部门较为广泛，且各部门的生产过程以及提供的非市场服务的类型及特点都具有多样性。比如，一般政府部门提供的服务为纯公共品，具有明显的不可分性、非排他性以及非竞争性，而针对不同个别消费者而提供的非市场服务，如医疗卫生服务，又具有“私人品”的可分性和排他性等部分特征。就算是同为纯公共品的国防安全服务和社会保障服务，二者的生产活动过程也是存在较大差异的。因此，非市场服务的测度方法是多样性的。

(4)测度的重点在于综合性。

非市场服务测度的重点在于将各部门的生产过程与生产结果的核算指标进行有效综合，从而对部门的绩效水平进行科学度量，这也是测度的目的所在。非市场服务测度的综合性主要体现在两个层面：一是部门内部的综合，即将某一部门非市场服务的生产过程与结果进行综合，以反映该部门的绩效水平；二是各部门之间的综合，即将所有部门的生产过程总量与生产结果总量进行综合分析，以反映部门总体的绩效水平。这个综合过程中存在一个难点是，如何将具有多样性的各部门产出实物量指标进行有效综合。

1.3.2 非市场服务测度中应遵循的原则

1. 非市场生产的核算原则必须与 SNA 保持一致

无论是非市场服务测度的范围和指标口径，还是测度的估价原则等都必须与 SNA 保持充分的一致性，主要原因在于以下两个方面：一方面，是为了保证非市场服务测度的内容与市场服务核算的内容具有可比性，从而能保证国民经济核算的完整性，因为非市场生产及其成果也是国民经济的一个重要组成部分；另一方面，SNA 数据是非市场服务测度的一项重要数据来源。SNA 当中是以投入代产出法来计算非市场产出的，这样非市场生产部门的一些投入指标数据可直接或间接地从 SNA 数据中获得。另外，部分非市场产出指标数据，也可以根据 SNA 当中的指标数据间接推算出来。

1）平衡原则要与 SNA 保持一致

非市场服务测度必须遵守 SNA 的平衡原则，即生产范围划到哪里，生产、分配和使用就在哪里分界，所有的国民经济活动都需要遵从项目相等、口径一致、有支有收、不重不漏的原则。当然，对国民经济核算的继续研究不能拘泥于传统的 SNA 框架体系和现有的一些结论，应该发扬光大 SNA 的核算思想，做出一些有创新性的突破和改革研究。

2）估价原则要与 SNA 保持基本一致

很明显，基本一致指的并不是完全一致。如 SNA 对产品的核算的目的并不在于确定在其范围内产生的这些流量和存量的效用，相反，它只是以货币单位测度账户中各个项目的现期交换价值，即货物和其他资产、服务、劳力可进行交换或能够交换的现金价值。然而对非市场服务产出价值的测度却有所不同，不仅要测度其现期交换价值，还应该考虑其长期效用价值。

3）价值指标与 SNA 保持基本一致

在 SNA 中，市场活动的产出核算一般使用的是价值指标，如各金融机构和非金融机构的货物或服务量都使用 GDP 来衡量。非市场服务的测度也应遵循以价值指标为主的基本核算原则。SNA 在对产品价值的测度中提出要按交易的市场价格来对产品进行价值测度，并认为多数情况下实际交换价值就是它们的市场价格。又由于非市场服务一般没有可观测的市场价格，SNA 提出当交易的市场价格不可观测时，可以按等价物市场价格作为市场价格的近似估计，如果仍然没有经常交易特定货物或服务的市场，有关货物或服务的交易估价则需要根据类似货物或服务的市场价格通过质量或其他差异调整来得到。不过 SNA 中所建议的对非市场服务按成本估价，不考虑任何营业盈余净额的投入代产出测度方法对我国而言是存在问题的。因此，这里要特别提出的是对非市场服务价值的测度不仅要遵循 SNA 中对产品成本估价的原则，同时要遵循其对产品产出估价的原则。

4）生产范围要与 SNA 保持基本一致

这里要特别说明的是，并非要完全保持一致，各国因实际情况不同，在实施中会有所差别。另外，很多非市场服务的生产范围很难界定，这也导致 SNA 将其排除。正如 SNA 自己所认同的，为了在广泛范围内满足分析和政策的需要，关于生产范围的界定其实是一种妥协，SNA 认为如果将大量的非货币流量与货币流量一起纳入账户，会使市场上发生的问题含糊不清，并降低数据的分析效果。当然，SNA 中也特别提到对教育服务这一非市场服务的处理建议，并提出尽管对教育成本的处理与 SNA 中生产范围是一致的，但无法使所有用户在所有情况下都满意，为此 SNA 鼓励用户以卫星账户形式开发替代的方法。

2. 与我国当前现实环境相适应的原则

与其他国家相比，我国非市场服务测度无论是在制度环境和经济环境方面，还是在技术环境等方面，都具有明显的差异。所以我国的非市场服务测度除了要与 SNA 中所提出的核算原则保持基本一致外，更为重要的是，无论在测度的目的和内容方面，还是在测度的方法和技术手段等方面，都必须与我国当前的现实环境相适应、相匹配。

1）各部门测度的目的保持一致

正如之前非市场服务测度的特性中所述，我国非市场服务的主体涵盖了中央、省级及地方政府部门等多个子部门，并且各部门都有可能提供以行政管理服务、国防安全服务、社会保障服务、教育和医疗卫生服务为主的多种服务内容，而各种非市场服务的生产过程以及特点都具有多样性，所以各子部门的各种非市场服务的具体测度方法、测度思路等可不尽相同。但各子部门的非市场服务测度都应当是以服务于各部门绩效管理，从而满足国家宏观管理的需要为目的。这个测度目的一致性的原则，必须体现于各子部门的核算指标选择、测度方法构建以及标准的制定等工作当中。

2) 测度内容都必须具有可测性

我国非市场生产涉及的主体、服务内容以及消费者等方面具有广泛性、多样性的特点，这决定了非市场服务测度涉及的内容较为广泛，其中包含一些不可测度的内容。比如，各部门在非市场服务的生产过程中，投入的管理技术水平是存在地区差异和部门差异的，但该部分投入由于无法找到有效测度方法对它们进行测度，一般认为该部分投入具有不可测性；又如，在非市场服务的产出测度中，由于消费产出中其他非市场服务生产以外的环境因素导致的结果不可测度，只能对非市场生产的直接产出进行测度。

3) 与我国当前数据基础水平相适应

我国统计制度尚在不断完善中，统计数据标准也仅仅在 2016 年采用了与发达国家一样的特殊数据标准，在数据收集和实现的过程中仍然存在不少问题，这导致我国数据库仍然不够健全，尤其是很多不具显著经济意义的产品价格数据更是缺乏，因此在测度方法体系的构建中要考虑当前可实现的数据基础，如没有直接数据可暂时采用间接数据进行计算，待后续我国总体数据完善之后再予以调整。

4) 与当前技术手段保持一致

当前大数据技术的发展，以及深度学习领域的不断拓展，给统计思维带来巨大变革，如何结合当前技术手段，借鉴有效的方法来收集数据、计算数据极为重要。尤其是对于非市场服务的数据获取较难的问题，是否可采用新的计算方法进行处理需与当前技术手段保持一致。

5) 测度方法必须具有可操作性

非市场服务测度的目的之一是满足我国各地区各部门的绩效管理实践工作的需要，所以其构建的测度方法在科学性的理论基础上，还必须具有可操作性。测度方法的可操作性不仅可保证不同专业背景和不同使用目的的使用者的正常使用，还可保证测度资料在不同时间和空间上的可持续性使用。

第 2 章

非市场服务测度的理论与方法

非市场服务作为区别于市场服务的一种活动形态，始终存在于各国的历史发展进程中。姑且不论非市场服务在不同的历史发展阶段扮演什么样的角色，肯定它的存在是毋庸置疑的。正如黑格尔基于哲学思辨的视角提出“存在即是合理的”观点，该观点认为凡是存在的事物就天然具有合理性，“存在”是“合理”这一价值判断的必要充分条件。然而，基于哲学角度的价值判断太过抽象，于是大多数人对于其价值的判断更多地来自经济学中对“价值”概念的理解，也即马克思政治经济学中的商品价值范畴。那么两种视角下所理解的“价值”到底哪一种是对的呢？理论上，如果对马克思的思想做深度诠释可以发现，其所提出的商品价值范畴，本质上与哲学意义上对“价值”概念的理解存在着内在的一致性和逻辑上的相关性。正如马克思政治经济学理论所提出的，无论是商品的“价值”还是“使用价值”，都应是哲学角度上所理解的“价值”这一普适性概念的具体原型。当然，不可否认的是在经济学中，直接与普适性“价值”概念更接近的是“使用价值”。而在对“使用价值”概念的分析上，马克思主要是通过对使用价值与交换价值的矛盾分析来揭示商品的“二重性”，并通过对商品价值产生的历史条件和过程的分析来揭示资本主义社会的秘密。如此，使得经济学中的“价值”远比哲学意义上的“价值”具有更强的实践性和外部影响性，以至于人们几乎忽略了哲学角度对“价值”的普适性理解以及两种价值理解之间存在的潜在联系。此后，在逐渐对价值概念的清醒认识中，人们对某些活动的价值认知也发生了变化，其中一个最为明显的变化在于对“非市场服务”这一活动价值的判断越来越明确。

这一点可以从备受国际公认的，基于经济原理的严格核算规则而进行经济活动测度的标准化手册 SNA 的发展变化中得以显现。SNA1953 关注的焦点仅仅在于国民收入与生产的市场核算。直到 1993 年，SNA 才开始对非市场核算做出初步的解释，并首次提出“非市场服务”的概念，即它指的是按免费或按经济意义不显著的价格提供的服务。但 SNA1993 仍然强调“需要把 SNA 及其有关的统计体系的生产范围局限于市场活动或与市场活动密切相关的活动”。这表明，SNA1993 本质上仍是一种以市场为主体的核算。2008 年，SNA 再次进行了修订，并提出了测算政府服务产出的方法，其中建议，对于免费的或以不具有显著经济意义价格提供的非市场生产的价值，应当按照生产总成本来估计，其建议的假设前提是没有市场生产的市场价格。这种以投入法来对非市场服务产出进行核算的方法在应用上被认为是存在不足的。如问题一在于，此核算方法将一般政府部门营业余额假定为零；问题二在于，它将生产率的增长假定为零；问题三在于，它不能区分物量和价格的变化。为解决投入代产出法所存在的诸多缺陷，又有研究者提出如产出指标法、采用卫星账户、调整后的减缩指数法等替代性的方法，但这些方法仍大多处于理论研究的初期阶段，将其应用于实践的更是寥寥可数。

本章将结合前述所提及的已有研究基础以及研究中可能存在的问题，对非市场服务测度与绩效评价的理论及方法进行重新建构和探讨，以期将它们实现于后续章节的应用性研究中。为了能够探究到既有效又可行的方法，必然要首先找到可支撑其方法实现的理论基础，与已有研究对理论的孤立阐述不同的是，本章将试图对可能的相关理论建立一个逻辑间的联系，以建立一个整体且系统的理论支撑体系，进而找到新的测度方法的突破口。具体研究路线为：第一，从生产活动产生的现实背景出发，探寻到非市场活动产生和发展的现实依据与理论基础，进而明确非市场服务活动存在的价值性。第二，在明确非市场服务存在价值性的基础上，分别从内部价值和外部价值来探讨非市场服务测度的价值性。第三，在上述对非市场服务存在价值性和测度价值性研究的基础上，对非市场服务的测度边界和测度方法进行阐述，以明确非市场服务测度的实现路径。

2.1　非市场服务存在的现实依据与理论基础

在研究之初首先需要明确的是非市场服务存在的价值性，这就不得不从其产生和发展的现实背景与理论研究中找到依据。然而，如果仅仅孤立地研究非市场服务又可能导致研究过程遗漏重要的信息，原因在于市场服务和非市场服务都是作为“服务”的载体而产生，往往同时并存，之所以有研究者将它们区别开来，更多的是期望从经济学意义上来探讨它们各自的价值，尤其是就 SNA 而言，其核算对象仍以市场交易活动为主，对于很多非市场服务活动，因其价值被认为不高，或很难估算其价值，导致它们或不被纳入核算范围内，或被直接等同于市场活动进行测度。即使是那些纳入核算范围内的非市场服务，在实际核算过程中也存在价值认定不明的情况，进而导致漏算或低估。因此，理解现实情况下非市场服务活动存在的价值性，无论从理论层面还是现实层面看都有其必要性，又由于 SNA 将服务定义为一种生产活动，下面有必要首先从生产活动产生的现实背景作为切入口来探寻非市场服务活动存在的价值性。

2.1.1　生产活动产生的现实依据

古希腊哲学家伊壁鸠鲁曾说，生命的唯一目的就是享乐。他认为，追求快乐是一种个人行为。然而近代思想家认为快乐应是大家共同努力下的集体行为。例如，当国家战火纷飞、疾病蔓延、医疗救助不及时，抑或国家经济陷入危机，个人的快乐将成为天方夜谭。也就是说，如果没有政府规划、经济资源和科学研究，个人追求快乐将没有太大成效，而这些都是集体行为下的表现。那么个人追求快乐的关键到底是什么呢？这可以从 18 世纪末的英国哲学家边沁所提出的“至善”的理想中找到依据。他认为“为最多人带来最大的快乐”即为“至善”，大到国家社会、企业和科研机构，小到每一个个体，它们都应以提升全球的快乐作为最终目标。例如，政治家应致力于社会和平和国家稳定，企业家应致力于企业繁荣和经济发展，科学家应探索社会和自然发展规律，其目的并不应为荣耀国王或国家，而是让每一个生命个体都享有更快乐的生活。然而现实情况是，在 19 世纪和 20 世纪，政府所关注的是能给他们带来更直接利益的短期而明确的目标。例如，要比较国家之间谁更强大，看的是它们的领土大小、军事装备、经济增长，而不是国民是否幸福快乐。又如，19 世纪末，德意志帝国的铁血宰相奥托·冯·俾斯麦率先在自己的国家建立了养老金和社会保障福利系统，其目的是维系和提升国民的忠诚度，并不是增加国民福利(赫拉利，2017)。他提供教育，是为培养温顺而有技能的国民，让他们能够忠实地为国家服务；同样地，他为国民提供免费的医疗服务，也不是为了让国民快乐，而是因为国家需要健康的将领、士兵和工人，以保障国家的安全和稳定，然而这种基于国家需求而设立的福利和保障系统却没有达到预期的效果。此后，人们开始思考边沁所提出的“至善”理念，并认为曾经为国家强大而建的社会保障系统，今天应为国民幸福和国民福利而设。政治家、思想家，甚至经济学家，进而开始思考：仅用 GDP 来评估一个国家的强大是否合适，是否可以加入或替换成 GDH(gross domestic happiness，国内幸福总值)予以评估。原因在于，对于每一个个体而言，其存在的意义并不是不断地生产物质财富，而更多的是希望借此获得精神上的愉悦和快乐。从表象上来说，生产之所以被误认为是重要的，其实只是因为通过它可以为个体幸福提供基本的物质保障，但从本质上来说生产仅仅是获取幸福的工具和手段而非个体追寻的最终目的。

可想而知，当政府最初因国家目标实施一系列生产活动而不是为了个人快乐时，个人就不得不通过自己的方式满足自身的需求来获得快乐，于是才产生了最初个人之间的交换行为，慢慢地出现了一群这样的有密切关系并进行大量交换的人，当交换不仅仅局限于一对一而扩展为一对多或多对一时，就产生了议价，进而使得被称为市场行为的活动开始产生，交易者的不同需求增多，不同的交易行为也随之产生，从最初的以物易物，发展到后来的货物和服务，以及服务与服务之间的交换，则出现了一个广义的市场行为，当其行为被置于特定的场所和特定的时间，就产生了经济学意义上的市场。很明显这些不同的市场受其交易商品的供求影响而变化，并迅速使相近或相邻地域的相同商品的价格几乎相等起来。然而，实际中却发现某些时候，这一供求力量长时间无法彼此达到均衡点。基于现实中上述市场行为可能产生的问题，开始有研究者提出“市场失灵理论”，并就单纯依靠市场行为所产生的一系列问题做了一一论证，如对外部而言，基于个人需求利益驱使的市场行为无法实现公共品或服务的有效配置；对内部而言，当某个群体通过减少其出售的物品的供给量，从而使得该物品的出售价格高于该物品的边际成本时，垄断就出现了，这必然使得这些资源无法实现有效配置。此外，研究者还提出，除了受限于纯公共物品和服务的提供外，还存在着市场难以适度供应的其他物品或服务，如自然灾害导致的物品供需不平衡等问题。依此而论，市场行为既受限于某些外部性问题，也不能解决某些内部性问题，这时就不得不借助政府的非市场性的生产活动来予以调节。

当然，基于前述研究可以知道，在过去很长一段时间甚至现在，很多国家政府主导的非市场性行为在目标实现上和个人目标仍存在差异，这就可能导致在现实情况下以政府为主导的非市场性行为仍然不能完全解决“市场失灵”所导致的问题，这一观点可以从“政府失效理论”中找到一些依据。此时，必然又会出现其他的生产活动，如由非营利组织所实施的非市场性行为的出现，它在目标实现上和个人目标更为接近。如此，主要由政府、企业和非营利组织共同实施的生产活动作用于人类共存的现实环境下，协调并行地实现人类追求自我享乐的终极目标，当然，即使如此，在实践中仍然可能存在问题，因为未来仍是未知和不可测的，然而对于不可测的活动却仍然需要具备可测的精神，因为与对错误概念进行精确测度的思想相比，更严重的是漠视和忽略真实活动的存在价值，而应选择对正确概念进行粗略估算的思想。

论及至此，可以发现无论是市场性还是非市场性的生产活动，它们出现的目的都在于满足需求，获得快乐，当然由于实施行为者有所不同，必然导致需求的目标在产生之初有所不同，然而当国家目标发展至今天，我们已经发现，两种目标已渐趋一致，即都以满足人类个体快乐为最终目标。那么在目标转向的过程中，由政府所主导的非市场性活动又是如何显现出它的价值并将其作用于个体目标的实现上呢？研究发现，对这一转变过程做出重要贡献的理论研究有人类发展理论、机制设计理论和新公共服务理论。原因在于，这三个理论能够完整且具逻辑性地揭示出这一转变路径的起点和终点，即人类发展理论揭示了人类存在与发展的本质在于个体不断变化的需求，而机制设计理论则提供了满足个体变化需求的制度环境，新公共服务理论则进一步提出在可选择的机制下满足个体变化需求的可实现方式。

2.1.2 生产活动发展的理论基础

1. 人类发展理论

詹姆斯·W. 范德赞登、托马斯·L. 克兰德尔和科琳·海恩斯·克兰德尔在《人类发展》中提出人类发展存在三大规律，分别是人类发展的惯性规律、人类发展的本因规律和组织发展的方式规律。其中，人类发展的惯性规律即人类总是不断地通过探索来发现现有的各种资源，并对其加以利用和改造，最后创造出各种供人类在这个世界上更好地生存的经济福利。人类发展的本因规律，即在这个世界上存活的人，要满足自身不断的消费需求，更多的应该是依靠其自身努力劳动创造的交换。而组织发展的方式规律指的则是人们为了自身生存所实施的结果，反而并总能在不知不觉中对普遍社会经济福利予以有效的促进。

综合上述规律，研究者进而提出了“人类最优发展原理”，也被称为“自由市场完美运行原理”，该理论提出：要实现人类社会中资源和福利的最优配置，只有当个体都处于不断地自由劳动创造和自由需求消费时，自由市场才能完美运行，如此才能使得人类持续处于最优发展之中。但实践研究显示，这一理论在人类现实社会中并不完美。例如，第一，在未成年阶段，个体因不具备自由劳动创造与自由需求消费的能力，需要借助外力来生存。这也是社会教育产生的原因，因为它可以让未成年的个体变得更具有自由劳动创造的生存能力。第二，在成年后的自由生存阶段，虽然个体已经具备自由劳动创造与自由需求消费的能力，但由于大量个体互动的增加，个体间问题与矛盾产生和加剧，而要使每一个生命个体的各种权利得到保护，不受侵犯，显然是个体无法独立完成的，需要借助社会来实现。这也是社会法律产生的原因。第三，由于自然规律，每个个体都不可能在这个世界永久存活，他们死后需要把所占据的各种资源退还给后来者，使每一个后来者都有平等获取的机会以继续生存下去。但现实情况却是，这个世界的大部分资源被少数人世代遗传，甚至被部分组织垄断，进而剥夺了大部分后来者公平获取的机会。而要解决这一问题，显然也是个体无法做到的。这也是社会税收如遗产税产生的原因。上述几点都是阻止人类最优发展，以及自由市场无法完美运行的根本原因。因此，需要组建一个公共机构来予以解决，即政府之所以产生的根本原因。

那么政府在这一过程中又是如何实现社会资源和福利的最优配置的呢？研究者在上述研究基础上，进一步提出如下观点：第一，政府职能一是提供教育，让每个个体成年后更具生存能力，也即通过建立一个自由成长的公平教育环境，来实现基础公平。第二，政府职能二是建立一个自由生存的公平治理环境，让每个个体通过自身的劳动去创造交换，以获得自由幸福的生活，进而实现过程公平。第三，政府职能三是建立一个不被任何人占有的实体资源环境，实现资源的再配置功能，进而实现结果公平。如此在政府这一公共机构协调的机制下，人类社会将拥有更多具有自由劳动创造力及自由需求消费能力的个体。此外，政府在实现上述职能的过程中，会使社会资源与经济福利处于相对自由的流通之中，进而使得这个世界的每一个个体可以获得公平的生存机会，只有这时，自由市场的配置才是最优的，它不但能使所有个体生存得最好，而且能更好地促进人类社会总体经济福利的稳定和快速增长，也即人类最优发展总值持续稳健地高速增长。

2. 机制设计理论

显然，为了使上述人类社会政府所建立的三个公平的环境能够更有效地运行，就必须设计出有效的运行环境，使它们协调运行进而发挥作用，这就有了机制设计理论产生的必要。该理论提出了“理性人假设”，即机制设计要有效，就应将当事人的“主体理性”和“激励相容”原则作为前提，换句话说就是任何社会整体利益的推进均需满足个人利益(Hurwicz，1972)。然而人不是孤立地生存在世界之外，而是处于各种复杂关系和互动之下，这就可能导致主体间理性的社会互动结果的产生。例如，某些看似社会理性的结果，却可能不是主体间理性的，即不是个体博弈的均衡结果。解决它是机制设计理论的使命之一。事实上，上述结果存在一个隐性假设，即存在于现实中的共享价值标准——社会理性，可以使人们对现存的稀缺资源和权利义务配置结果进行优劣比较，然后再经由机制设计和制度选择予以完善，以期最终改善人类境遇。或者可以进一步理解为，只有符合主体间理性的机制设计才可能有效运行，进而推进社会利益的实现。于是，研究者进而提出可借助社会选择理论，精确地对机制设计所涉及的社会选择规则予以分析。

在具体内容的设计中，机制设计理论更关注的焦点在于经济资源的配置效率。原则上，一个好的机制既要能够实现产品配置的帕累托最优，还应实现人们对自身信息资源的分享，进而减少机制运行的信息成本，加速社会的互动与合作。尽管理论上存在经由机制设计来实现利益格局优化的可能，但大多数机制在运行过程中却面临一些约束。例如，在满足某些条件的前提下，假设个体对价格的影响忽略不计，市场应是唯一的有效运转的最优机制。然而，即使是这一最优机制也仍然面临很多问题，如现实情况下市场往往不是完全竞争的，利益格局分配通常也非个人选择所决定，此外，社会理性和主体理性及主体间理性也常常发生冲突，甚至包括市场机制在内的各种信息机制也常常遭到破坏等。可见，理论上最完美的机制应该是类似完全竞争的，当事人能够显示其真实偏好、禀赋和生产技术等信息的机制。不过，即使存在完全竞争的市场，也被研究者认为是存在问题的。例如，吉巴特-萨特斯怀特不可能定理，即在假设不对参与人的偏好做任何道德、文化或社会限制的前提下，实际上是不存在能够同时满足这些条件的激励相容机制。在吉巴特-萨特斯怀特不可能定理的基础上，赫维茨进而又提出不完全竞争市场的不可能定理，该定理证明了即使在私人物品交换的条件下，如果市场参与的人数不够多，同样不存在激励相容的帕累托有效的配置机制。也就是说，当市场不是完全竞争的情况下，理性的个人就有可能隐瞒其真实偏好，进而引致市场失效。

上述机制设计理论通过对个人动机和私人信息的研究，在一定程度上拓展了我们对于最优配置机制的理解，虽然它从理论上提出市场是唯一的只需当事人商品和服务的供求信息就可有效运转的机制，但是又从实践操作层面论证了当前所存在的现实问题可能导致市场失效，进而提出无论是完全竞争市场还是不完全竞争市场在操作中都可能存在的一些约束，在实际中它们都不是无懈可击的，认识这一点有助于帮助政府以及企业结合自身的实际情况确定有效的交易机制和规则框架。

3. 新公共服务理论

虽然上述机制设计理论所探讨的有关社会互动和制度分析的问题，从理论层面为我们解读了市场和政府在公共物品供应上的作用，但是在实践中，政府如何公平有效地实现公共物品的供应却存在诸多问题。而新公共管理理论的产生却为如何提高政府的行政效率和社会治理水平提供了理论的指导。该理论认为，应将竞争机制引入政府等公共部门领域中。然而，在实际的运行过程中，将行政效率和经济效益的提高并重的结果使得市场经济的一系列弊端在公共管理领域中显现出来。为解决上述问题，研究者又提出了新公共服务理论，该理论在继承新公共管理理论的基础上，摈弃了其建立企业家式政府的固有缺陷，倡导并建立一种更加关注民主价值、公共利益以及适合社会发展和公共管理实践需要的新的理论选择。这一理论认为政府治理必须将公民个人置于核心位置，而非政府本身。而该观点和上文所提出的人类发展理论的实现目标是一致的。在新公共服务理论看来，政府的主要职能不再是社会管理，而是提供社会服务。这是新公共服务理论对政府作为特殊社会治理主体的定位。可以说，新公共服务理论在注重与市场相结合的同时，更加注重与社会的结合。

对于我国而言，在改善政府治理上引入适当的市场机制是有效和积极的，但政府治理毕竟不能完全等同于企业治理，不能只关注提高经济效益的竞争和管理等市场维度，还需要引入有助于提高社会效益的非市场维度，如新公共服务理论提出的公共责任、协商等民主维度，从而建立一个更加稳健和公平的治理模式。虽然我们不能否认新公共管理理论和新公共服务理论中诸多有价值的观点，但是这些基于其他国家的社会治理环境所孕育出来的理论，一般是不能够立刻被应用到我国的环境中并予以普适化的。袁年兴(2013)结合中国公共服务的实际现状，在新公共管理理论和新公共服务理论的基础上，提出了超越它们的第三种范式。该观点认为，新公共管理理论虽然实现了由“效率至上”向“效率优先”的转变，但是其中却唯独忽略了“人”的作用，市场失效也就成为一种必然。而新公共服务理论虽然不排斥效率和人的作用，但是却将公民人格“政治化”，这与真实意义上的公平和正义是有所背离的。真实的现状是，市场经济体制下的人并非只是一个单纯的“经济人”，他还是一个“政治人”和“文化人”，也即一个“自然人”。任何将“经济人”与“政治人”割裂开来的想法，显然都是摒弃了“人的全面发展”的立场。基于上述观点，袁年兴进而提出应当要实现公共服务领域中的价值与事实、政治与行政的辩证统一，只有使公共服务的战略安排回归到社会发展的人性基石，即“每个人全面而自由的发展”中去，政府公共服务才是有的放矢的。

至此，上述三个理论完整且系统地论证了政府在实现个人目标中的重要作用和具体实现方式，尤其是政府作为主要主体所实施的非市场服务在推动人类个体享乐目标的实现上扮演着不可或缺的角色，非市场服务的存在价值也就不言而喻。

2.2 非市场服务测度的现实依据与理论基础

尽管上文已经从理论和现实层面论证了非市场服务存在的价值性，但是更为重要的是，人类不仅要了解非市场服务这一生产活动是有价值的，还需要进一步了解它的价值有多大，当下又是如何改变人们的生活方式，未来又可能带来多大程度的变化，进而帮助实现个体享乐的目标。很显然，这需要借助定量分析的方法，即对现有非市场服务这一生产活动进行测度。无疑，SNA 是对一国整体经济活动最有影响的测度体系，不过 SNA 也有其局限性，即它不可能对现存的所有生产活动进行核算和测度，其测度的依据是该活动是否具有显著经济意义，如果仅从这一点来看，很多不具显著经济意义的非市场服务就容易被忽略。蒋萍(2003)在对有经济意义的生产活动进行分类的基础上，提出有部分非市场服务是不包括在 SNA 所确定的生产范围内的。因此，本小节有必要进一步探讨非市场服务测度的价值性，当然这一探讨过程既要遵循 SNA 核算的基本原则，也要超越 SNA 进行拓展性的思考。无疑，包括罗良清(2003a)、蒋萍(2003，2005)、金钰(2003)、刘军(2008)等在内的众多研究者已经从国家需求层面对非市场服务测度的价值性做了深度解读，他们不仅在理论层面上提出这一做法不仅可以促进经济核算方法的改进和扩展，而且可以促进相关经济理论的发展和完善，更是从实践层面上提出借此可更全面地测定一个国家的经济活动数量，同时促进政府绩效水平的提高等，这些具体内容都已在第 1 章中做了详细的阐述，本节不做重复说明。但仅仅符合上述条件，非市场服务就有测度的必要性吗？本书认为这或许还不够，原因一在 2.1 节中已经提及，即非市场服务的存在并不仅仅是为了国家目标实现的需要，而更多地在于人类个体目标的实现，因此还有必要从个体需求的角度来探讨非市场服务测度的价值性；原因二在于，考量任何一项研究的价值，不仅要从外部价值性去考虑，而且更重要的是考虑它的内部价值性，换句话理解，如果说非市场服务对国家和个人的价值效用属于外部价值的话，那么非市场服务存在的本身就是其内部价值，也有必要进行探讨。

当然无论是对非市场服务测度的外部价值的纵深化研究，还是对其内部价值的创新性研究，首先必须明确两对概念。一是对“市场服务”和“非市场服务”概念的明确，有助于理解为什么非市场服务要从市场服务中区别出来单独进行测度；二是对“非市场服务”和“效率”概念的明确，有助于探讨非市场服务与市场服务的价值分界，进而找到非市场服务测度价值的核心。

2.2.1 两对基本概念

1. 市场服务与非市场服务

历史实践证明，劳动会产生两类成果，一类是实物劳动成果，或称之为实物产品或货物；另一类是非实物劳动成果，或称之为服务产品，简称服务。SNA2008 将货物和服务统称为产品。之所以 SNA2008 将服务也纳入社会产品范畴，主要是因为它与实物劳动成果所实现的功能一样，能够满足人们的需求，消除不同消费对象的相对稀缺性。当人类个体处于相对稀缺的条件下，为了满足自身的需求，就必须通过劳动获取实物成果和非实物成果，以继续生存、繁衍、发展和享受，如其所获得的非实物劳动成果，包括教育服务、医疗服务等都能够满足上述人类的需求，这一精神需求的满足在现实生活中会与实物劳动成果形成互补或互代，可见这些非实物劳动成果也应被包括在社会产品范畴内。不过，在 SNA2008 中，通常不需要对货物和服务做出明确区分，如有些飞机发动机制造商可能生产飞机发动机，也提供现有发动机的维修和保养服务。但当它们与其他数据集联系在一起时，却经常需要予以区别。也就是说，实际中将它们进行区分更多的是为了有效收集数据。同理可推，SNA2008 根据市场性与否将服务区分为市场性服务和非市场性服务也是出于实际考虑，即为了收集数据便利，因为有效而准确的基础数据是 SNA 测度的关键。

SNA2008 在界定市场性服务与非市场服务两者的区别时主要提到以下几点：一是按提供的服务价格是否具有显著经济意义。这是区别市场性服务和非市场性服务的关键。市场性服务指的是在市场上按有经济意义的价格提供的服务。非市场服务则指的是免费或按没有经济意义的低价提供的服务，如我国提供的免费九年义务教育服务和后续按没有经济意义的低价提供的高等教育服务，以及全民医疗卫生服务等。二是按提供服务主体的不同。如在我国，一般来说，企业所提供的服务大多是市场性服务，而政府提供的服务大多是非市场性服务。三是按提供服务多少的不同。一般来说，所提供的市场性服务的多少会根据现有服务的需求和市场价格来确定，而提供的非市场服务的多少则不受市场价格的约束，它主要由该提供部门的自身预算能力决定，与服务的需求无显著联系。四是产出定量难易程度不同。非市场服务活动由于其产出形式各异，在直接定量和汇总上相对于市场性服务活动更复杂。如政府部门向居民提供的某些行政服务，包括政府部门为机构部门提供的政策咨询服务或为其办理的营业手续等，以及为居民办理的养老保险或医疗保险手续等，诸如此类的服务在量上的确定以及汇总相对于市场服务而言更难，一般不能按常规处理的办法予以确定。

虽然SNA2008出于实际应用考虑而将服务区分为市场性服务和非市场性服务，但事实上最早人们对服务给出的则是统一的定义，也可以理解为是对市场性服务和非市场性服务的共性的诠释。服务的含义最早来自美国市场营销协会(American Marketing Association，AMA)所下的定义，即可用于直接出售的，或是同产品捆绑在一起出售的活动、利益、满足感。这一定义在此后的很长时间一直被广泛采纳。后来虽有研究者基于该定义做了进一步的理解和拓展，但关注的几乎都是服务的心理学和社会学特性，将服务描述为“需要满足”、“经历体验”和“交流互动”。其中“需要满足”和“经历体验”描述的主要是服务与心理活动的关系，“交流互动”描述的则是服务与行为活动的关系，而行为活动其实又受到心理活动的影响而表现出不同的特征。由此可以理解为，服务是基于需要的系列活动，是一种经历体验，其本身并没有经济含义。经济实则只是它的运作手段，由此可见，上述研究之所以从经济学角度将服务区分为市场性服务和非市场性服务，实则是将服务看作一个产业运行而言的。也就是说，服务经由经济的手段运作后才产生服务业。因此，服务和服务业是两个不同的概念。举例来说，在 20 世纪前，家政仅仅是一种服务，由于没有投资者愿意投资这一领域，投资之后没有消费者、没有收入，而各种成本费用还需要开支，企业没有利润可得，因此那时它还不是服务业，不被早期 SNA 纳入核算范围。到了今天，随着人们需求的不断变化，部分家政服务可以经市场被提供成为服务业，使得 SNA2008 对属于服务业的家政进行核算，却仍然将不属于服务业的自有家政服务——家务劳动排除在核算范围之外。

由此可以推测，现有的 SNA2008 核算体系只是对服务业进行测度，而不是服务，了解 SNA2008 的这一测度边界尤为必要。当然这里要特别说明的是，相比我们通常意义上所理解的服务业，此处的服务业含义更宽泛，并不仅仅指的是第三产业的服务业，即只要是用经济的手段经由市场运作后即可产生本书所特指的服务业。

然而即使如此，服务业的核心元素仍具有非经济的特性，本质上服务业的发展是依靠市场化和非市场化的共同力量推进的，这可以从服务活动的过程找到依据。如有研究者将服务过程分为实体过程和方式过程。实体过程是基于服务接受者的需要而提供的一系列活动，它更侧重于解决实际问题，有一定的客观标准，如理发中提供的洗、剪、吹等服务。而方式过程则更多的是为满足服务接受者的某种需要而提供，更侧重于使服务接受者获得心理的满足，没有一定的客观标准，例如，让服务接受者感觉到自己被关注、被理解，从而产生一种积极、愉悦的心理体验，对服务感到心理上的满足。在实际中，服务的实体过程一般都能进行市场化运作，而方式过程在现有条件下还不能进行市场化运作。由此，可以将“服务业”中服务的运作分为能进行市场化运作的部分和不能进行市场化运作的部分，但两者却共同决定了服务质量的好坏，它不仅要考虑被重视、被欢迎等精神层面的需要，也要考虑诸如价格、便利性等物质层面的需要。上述研究均说明在服务的整个运作过程中，重点在于如何协调好自然人(强调心理、神经)、社会人和经济人的关系。这一论点和袁年兴(2013)所提出的超越新公共管理理论和新公共服务理论的第三种范式是一致的。可见明确上述三个关系协调的重要性对于如何有效测度非市场服务极为必要。

2. 非市场性服务与效率

非市场服务主要包括那些在人类经济活动中未经市场交易的服务活动。该服务实施的主体主要是政府，上文已经论证了政府对促进人类发展和社会福利具有重要的作用，但由于政府的生产经营活动具有一定的垄断性，政府在实际经营中不会过多地考虑成本和活动效率，其结果是大量占用有限资源，破坏资源的有效配置。帕金森定律充分说明了这一点。此外，为了解决社会分配不公的问题，政府必须进行干预和调控，而公平的分配结果往往伴随着较低的效率。基于此，有研究者(李会明，2001)提出了“非市场失灵理论”，即指由非市场因素导致的资源配置的低效率，它主要包括内部性、私供产品和不公正分配，相对于市场失灵的外部性、公共产品和不对称信息，其最终后果可能会使人们的境遇比本该出现的情况还要差。然而基于本章的前述研究可以知道，非市场服务的存在具有极大的价值性，这一价值性不仅是经济上的，更是社会学意义上的，在人类发展理论中已经提出政府实施非市场服务这一职能将能促进人类最优发展总值，可见仅仅基于效率角度来考察非市场服务的价值是存在不足的。

效率的定义和非市场服务所实现的价值目标是存在差异性的。从经济学角度理解的效率，是在假设不会使其他人境况变坏的前提条件下，如果一项经济活动不再有可能增加或改进任何其他人的经济福利，则该项活动就被认为是有效率的，否则就是没有效率的。很明显，这是基于对市场性行为的考察。因为市场性行为本质上是一种经济行为，诸如在市场生产过程中，对于生产成本的控制、管理效率的苛求，都是以“利”为直接的价值目标。而非市场行为本质上是一种情感行为，即以“义”作为直接的价值目标，当然这并不意味着人们在非市场状态下不能追求利益，如政府行为在注重公平的同时也要考虑效率，不同之处只在于非市场行为中的“义”大于“利”。虽然两者价值目标存在差别，但并不能否认二者有着相通的地方。例如，市场行为中的效率更多的是反映社会财富的生产状态，非市场行为中的公平更多的是反映社会财富的分配状况，从商品流通的角度而言，生产和分配是彼此相通的，换句话理解就是，没有高效率的政府生产，就没有可公平分配的资源，而无论是生产还是分配，其本质的目标都是一致的，即为满足人类个体交换和消费的需求，使他们享受快乐，这才是作为人这一个体所具有的最大利益。

2.2.2　两个基本理论

在明确了上述两对概念的基础上，下面将从理论层面来分别探讨非市场服务测度价值的外部性和内部性，其中对其外部性价值的探讨主要是基于个体需求的价值角度。

1. 服务价值理论——基于外部价值角度

前述理论研究告诉我们，人类为了满足自己的需求，过上更自由幸福的生活，就必须通过自身的劳动去创造价值。历史研究显示，早期形成的窄、中、宽三个研究派别均认为只有物质劳动才能创造价值，其不同仅在于对什么样的物质劳动可以创造价值所持的观点有所不同而已。这一忽略非物质劳动的观点在当时“非物质生产”不足的时候，问题尚不突显。此后，随着“非物质生产部门”所构成的第三产业规模日趋增大，有关劳动价值理论的研究开始逐渐由内部走向了外部，如是否只有“物质生产劳动”才能创造价值，如果服务这一非物质生产劳动也能创造价值，那么今天我们对传统劳动价值理论应该做出怎样新的界定和解释，其边界具体划分到哪，这样的划分又是否会背离传统劳动价值论等。李江帆(1996)明确提出，按照劳动价值论，创造价值的劳动应该满足两个条件，一是创造出使用价值，二是用于交换。换句话说，也就是无论这一劳动是以实物形式还是非实物形式表现的，只要它能创造出可用于交换的使用价值，那么我们就可以认为这一劳动创造了价值。

在 SNA2008 中已经明确，服务也是一种产品，那么我们有理由认为，只要这种产品不是废品，它就应该具有使用价值。准确来说，在服务与有形劳动结合的运动过程中，因被消费并满足某种需要，即表明它具有使用价值。马克思曾称其为运动形式的使用价值，即“不以物品资格但以活动资格供给的特别的使用价值”。不仅如此，这种非实物形式的使用价值同时也是价值和交换价值的物质承担者。原因在于，价值本质上是生产者交换劳动的一种社会关系，它应以劳动产品的交换为前提，但要满足这一前提则首先必须是该劳动产品具有使用价值，然后才能衡量这一劳动产品的交换价值和价值，由此必然决定了使用价值是价值和交换价值的承担者。正是由于服务这一产品，其使用价值具有能够满足交换双方某种需求的属性，才能促成服务的投入和交换，进而使它成为交换价值的物质承担者。由此，我们可以认为服务也能创造价值。

但实际中对于服务价值的测度却是比较复杂的。虽然有些服务我们可以直接用社会平均劳动时间去测度，如可以用工人生产的平均劳动时间、司机驾驶的平均劳动时间反映他们在一定时期内所提供的服务的价值，但有些服务的价值则不能简单地用上述方法测度。例如，对于教育、科研、培训等服务，由于投资回报时间较长，如果简单地用社会平均劳动时间进行测度则不能体现它们的真实价值，准确来说它们的价值会被低估。虽有研究者建议可尝试通过收费或转让技术成果等间接的方式来计算其价值，但在实际操作中仍然有诸多问题。无法否认的是，对于上述这类服务价值的统计与测度是困难的，但即使如此，任何国家都没有因此而放弃对它们的投入和测度，尤其是发达国家，这或许也是这些国家经济和国民收入稳定持续发展的重要因素之一。由此可以认为，统计与测度在实际操作中的困难，并不能作为否定服务劳动创造价值的理由。同理，SNA 中关于生产范围的界定所做出的妥协，并不是说那些未被纳入生产范围内的活动不能创造价值，尤其是很多非市场服务活动，也因此 SNA 建议可采用其他方式进行非市场服务的产出测度，如采用卫星账户的形式。由此，本小节将继续从价值的本源来进一步探究非市场服务测度的内部价值性。

2. 价值本论——基于内部价值角度

在每项研究付出努力之前，研究者大多都会思考：这项研究是否值得进行？所谓值得，可以进一步理解为是否对自己值得，以及是否对他人值得。从自身价值角度而言，只要这项研究是研究者感兴趣的，那么将这一感兴趣的研究进行下去并使之变得有意义，它就应该是值得的；从他人价值角度而言，一般会认为这项研究能否给他人或社会带来益处，如果能它就应该是值得的。事实上，“值得”与否的问题假设不仅在理论研究时会涉及，在实践的各环节中也会频频碰到，尤其在市场经济体制下的今天，当人类需求的无限性和资源满足的有限性之间出现了矛盾，如何让人类这一主体在有限的时空范围内去实现对资源的合理利用和优化配置，“值得”与否的问题又被提及。同时，为了更好地量化“值得”的大小，研究者提出了用“价值”的概念来衡量“值得”与否的问题。于是，当人类基于不同的需求，开始在不同的领域利用资源时，来自不同领域的“价值论”开始出现。最初产生的有来自经济学领域的货币价值论、来自管理学领域的劳动价值论，随着人的“需求”从对自然界的、物质的需要，发展到对人与人社会关系的需要和精神需要的时候，又出现了新的来自社会学领域的幸福社会价值论、来自伦理学领域的生命价值论，以及来自环境学领域的生态价值论等，一直到今天，有关价值的研究还在持续和扩展中。

然而，到目前为止，这一基于哲学意义上所提出的“价值”，对许多人来说仍是一个既熟悉又陌生的字眼。在汉语中，哲学用语“价值”一词，用英语表示为 value，德语则表示为 wert。马克思曾引用一本名为《试论哲学词源学》的书对这些外语的词源进行了考证，具体解释为，上述语言中的“价值”一词，与古代梵文和拉丁文中的“掩盖、保护、加固”词义有渊源。因为“价值”是在上述词义所派生的“尊敬、敬仰、喜爱”的基础上产生的，换句话理解，“价值”一词的本义是“起掩护和保护作用的，可珍贵的，可尊重的和可重视的”。这是一般意义下对“价值”一词的定义。不难看出，“价值”一词表示的是肯定，它和日常用语中的“真”极为类似。因此，当“价值”概念置于科学研究领域，“真”就成为最宝贵、最重要的价值。当然，人类对于价值与真理关系的实际处理，远不像事实本身那样明确，而是走着一条漫长曲折的道路，大致遵循着从统一到分化甚至对抗，最后又开始重新走向统一的过程。然而在这一观点的认知上，中西方则有所不同。在中国，真理与价值统一的思想被肯定。张岱年对此说得很清楚：“中国哲人认为真理即是至善，求真乃即求善。真善非二，至真的道理即是至善的准则。即真即善，即善即真。从不离开善而求真，并认为离开求善而专求真，结果只能得妄，不能得真。为求知而求知的态度，在中国哲学家甚为少有。中国思想家总认为致知与修养乃不可分；宇宙真际的探求，与人生至善之达到，是一事之两面。穷理即是尽性，崇德亦即致知。”（张岱年，1996）有研究者进而提出，中国的这一传统认知，相较于西方所提出的科学、真理同价值之间是不可调和的观点大有不同。由此看来，基于中国的哲学视角所提出的价值认识论是推崇善而降低真，也即追求的主要是大道之理，与西方哲学推崇真而排斥善，即追求的主要是科学，似乎是同一个分化过程的两极。因此，迄今为止，对于价值和真理及其关系的问题，无论从理论上还是实践中，都未能做出准确的理解和清晰的把握，研究它仍具有普遍意义。

有研究者提出，或许可以从“价值”概念的源起来进行演绎和深化。“价值”概念最早应用于马克思主义的政治经济学中的商品价值范畴。也就是说，是由于先有了马克思政治经济学的价值概念，就自然而然地要求用它来观照哲学的价值范畴。李德顺(2007)曾提出马克思主义哲学价值观的建立，可被表述为以下几个基本观点。

一是研究应始终坚持从实际出发，不妄言不妄断。既不能凭自己的主观想象和意愿，也不能遵从和局限于前人已有的观点和论述，而应还原现实，将自己置于当时的历史环境下，以当时的现实条件加以解读，并对照今天的现实情况，建立对事物的正确认知，将人类的实践及其发展作为价值论研究的最终“文本”。

二是从实践的内在结构中去挖掘价值存在和发展的必然性。人类将其实践活动认为是自身所特有的一种对象性感性活动和“存在”方式，同时它也是人类生命活动的本质形式，在实践活动的过程中价值得以被产生和发展，为了更好地理解和把握价值的本质以及它产生与发展的普遍必然性，就必须从实践的内在结构中去挖掘价值现象产生和发展的根基。

三是从历史的主体角度来理解价值的内涵。由于价值联系着人的主体性存在，因此价值本质上反映的是人的主体地位。无论人在何种情况下谈论价值，他对事物的价值判断，本质上都是以人这一主观价值尺度去评价，客体的价值依人这一主体而定，又由于现实的人是具体的、多元的，因此他们的价值标准以及价值取向也必然呈现多元化。

总体而言，基于上述原则，价值的本质得以被进一步揭示。价值是指客体的存在、属性及其变化同主体的尺度是否相一致或相接近。这是人类在政治、经济、文化等领域中一切价值判断所具有的共同含义。这个含义其实提到了两个核心点：一是使用“主客体关系”来描述价值关系。原因在于现实情况下，价值关系不仅发生在人与物之间，而且可能发生在人与人，以及其他一切可能的对象性关系中，因此不能用“人与物的关系”来描述。二是使用“客体适合于主体的尺度”来界定价值。原因在于，尽管人的需要是多层面的并不断发展变化，但需要毕竟不是主体尺度的全部，现实的价值表现还包括超越主体需要、制约主体需要的其他方面。如果仅为主体所需要却不能为主体所接受，并不对主体构成现实的价值，因此不能用“满足主体需要”来界定价值。

由上述对马克思主义价值论的研究可以得出以下结论：人类长期以来对于“价值问题”的探讨和研究，其目的是揭示不同现象背后的本质和规律，即探索其中的真理。而要获得真理，就不能只顾及眼前的利益得失。我们任何人在获得真理之前都无法知晓那个最后的结论是什么，以及这一结论可能带来的价值的多少，因此在进行科学研究之前对价值的过多担忧其实是与科学精神相违背的。当然，从长远来看，真理终会以有益于人类和社会进步的方式呈现出来。正如恩格斯所说：“科学越是毫无顾忌和大公无私，它就越加符合工人的利益和愿望。”论及至此，可以认为，在对“非市场服务”的研究之初，是无关乎其非市场服务在当下能否带来多大的价值，而更多地在于探讨其问题，这既是科学精神的彰显，也是对“非市场服务”这一现象本质规律的揭示，当然或许到最后我们会发现对这一问题的探讨其实是符合人类愿望和社会发展需要的，换句话说，研究其实是隐含着巨大的理论意义和实践意义的。

2.3　非市场服务测度的路径研究

前文已经分别对非市场服务存在价值和测度价值进行了探讨，那么下一步要明确的就是怎么对非市场服务进行有效的测度，进而对政府绩效进行评价，大部分研究者认为这涉及的必然是测度方法的问题，然而现实情况是，尽管不乏对于测度方法的理论研究，可应用于实际的却寥寥可数，即使有也存在诸多问题，为了解决实际中面临的问题，研究者又开始了对测度方法循环往复的探究，却始终无法真正解决问题。其本质原因或许在于探讨测度方法之前，我们还需要做一些更重要也是更基础性的工作，然后才能在上述分析基础上对测度方法进行深入研究。由于部分基础性的工作，包括对非市场服务测度的目的、原则和范围等已在第 1 章中进行了详细的说明，本节不再重复说明。下面仅对测度边界以及测度方法进行讨论。

2.3.1 非市场服务测度的边界

如果说前文所探讨的非市场服务测度的范围明确了测度的全体对象，那么下面要讨论的边界问题则是在范围基础上进一步缩小其测度空间，包括划分范围内不同对象的边界属性，以及范围内与范围外的边界属性，它有助于我们在测度实践中更精准地实施测度。举例来说，在实际测度时可能会涉及对某一个政府部门——教育部门、医疗卫生部门和其他一般政府部门，测度什么——对投入测度、产出测度还是绩效测度的问题，但明确这些还不足以解决问题，我们还需要进一步明确在所测度的范围中哪些是可测的，哪些又是不可测的，哪些是应测的，哪些又是不应测的。例如，对于教育服务，SNA1993 指的是核算期内各类学校的学生获得的教学服务的总量，并不直接核算受教育者在接受教育服务前后状态的变化。这一边界设定将教育服务质量排除在外，是否合理值得探讨。此外，SNA2008 提出，由中小学、大专院校等所提供的教育服务可视为学生获取知识和技能过程中的消费，这种类型的教育应作为最终消费处理；而当雇主为了提高员工的工作效率而对其进行培训时，所发生的成本则视为中间消耗。如果研究者没有分清上述边界，在实际测度时可能会使教育服务被低估或高估。因此，有必要从测度范围的内部边界和外部边界进行探讨。

1. 内部边界

要明确非市场服务测度的内部边界，就不得不对非市场服务测度的范围再做一次强调。由于非市场服务测度是通过对非市场服务生产的投入量和产出量进行测算，达到对非市场服务生产绩效的度量。在此思路下，非市场服务测度包括三部分，即非市场服务生产的投入测度、产出测度和绩效测度，其中，前两部分是非市场服务测度的基础，绩效测度则是目的。也就是说，这三部分是非市场服务测度的范围，而重点在于对其投入和产出的测度。对于该投入的内部边界的确定比较容易，主要在于划分可测和不可测。例如，各部门在非市场服务的生产过程中，投入的管理技术水平可能是存在地区差异和部门差异的，由于无法找到有效的方法对该部分投入进行测度，所以一般认为该部分投入具有不可测性。此处难点更多的在于对产出的内部边界的确定。例如，在 SNA2008 中，非市场产出指由政府或为住户服务的非营利机构生产的，免费或以没有显著经济意义的价格提供给其他机构单位的货物和服务或提供给全社会的公共服务的价值，但不同国家非市场服务产出的形式各异，会导致某些产出本身不存在或尚未发生而不可测度，或某些产出虽已发生但仍然无法测度的情况。例如，某教育服务虽有投入但并未对消费者实施改变或即刻的影响，则该产出就不存在或短期来看尚未发生。又如，某社会服务产出对消费者满足感的影响虽已真实发生但难以量化。当然，未来随着新测度方法的出现，今天某些不可测度的事物在未来将变得可测，因此界限并不表示某一事物的发展到此为止，从某种程度来说，界限应该是某种事物开始显现的地方。当未来产生了新事物或事物本身有了新的变化，不可量化部分可能就演变成了可量化部分，原有的测度边界就得到了扩展。当然，前文所讨论的边界问题，还仅仅是从本体论和认识论的角度来探讨可测和不可测的事物，而在实际中还应对可操作意义上的测度边界进行探讨。邱东(2012)基于宏观测度边界的角度曾提出，即使在由本体论和认识论所界定的可行性空间中，也并不可能都去测度，而需要在这一可行性空间内分离出应测度和不应测度的事物，即界定出操作意义上的测度边界。其原因在于，人们测度事物不仅是要获得数量上的信息，更重要的是要运用所得信息来支撑研究者的决策。因此，测度的目的和需求不同，进入测度边界内的应测事物也会有所不同。根据前文对非市场服务测度价值的研究，对非市场服务进行测度不仅对于国家层面具有重要的价值，对于个体层面也具有重要的价值，对于这一价值认知的引入必然会使得应测内容有所不同。现实情况下，大部分研究都是基于国家层面的价值测度研究，因其有着高频的测度，易形成样本量足够大的历史数据库，具有良好的数据基础。而基于个体层面的价值测度无论是从理论研究还是实践研究看均显不足，数据基础更是因其低频的测度而不够完善，使得研究难以纵深拓展。

2. 外部边界

非市场服务的生产部门在进行非市场生产的同时，还有可能进行一些市场生产活动，在进行测度时必须进行严格区分，只有各部门的非市场服务的内容才属于测度的范围之内，非市场生产的货物以及市场生产的服务都不包括在内，这属于外部边界的划定问题。基于前述研究所提出的测度范围主要分为投入测度和产出测度，以下对外部边界问题的研究也分为投入和产出两部分，不过这里只有可测和不可测的边界划分问题。一是在对其投入进行测度时，将这些部门从事市场生产，以及从事非市场货物产出的投入排除在测度范围外。与上述对投入测度的内部边界划分较容易不同的是，这里对投入的外部边界的划分则相对较难，尤其是部门对非市场货物的投入，到底哪些是为货物产出而进行的投入，哪些是为服务产出而进行的投入，在实际中较难区分。如由政府投资的飞机发动机制造企业可能生产飞机发动机，也提供现有发动机的维修和保养服务，那么其中哪些是为服务而进行的投入，哪些是为货物而进行的投入，需要区别开来。虽然在SNA中，认为不需要对货物和服务做出明确区分，但对于非市场服务的有效测度来说，这是必须要明确的。二是在对其产出进行测度时，首先应将服务活动产生的结果与服务产出予以严格区分，要明确应测度的是某一具体的非市场服务活动的产出，而不是该活动的结果。例如，对于教育服务来说，其结果是使受教育的学生获得了知识和技能，进而提高了一国的文化素质，但却不能将上述服务活动产生的结果作为教育部门的产出来核算。然而，有些服务由于具有较强的外部性，要将服务活动的结果和服务产出严格区分并不容易。其次，由于服务的外部性，还要区分其直接产出和间接产出，因为间接产出是其他非市场服务生产以外的环境因素导致的结果，具有不可测度性。

非市场服务的绩效测度是在各部门前两项测度的基础上进行综合分析得到的结果，所以绩效测度的边界是由前两项测度的边界派生而来的。

2.3.2 非市场服务测度的方法

在上述研究基础上，下面将对测度可能存在的问题以及现有国内外测度方法进行比较研究，找出可实现的理论方法和现实路径，进而对我国非市场服务产出测度提出有效的建议。

1. 目前测度可能存在的问题

从国家层面来理解，对非市场服务不测度或测度不准都会引致经济总量流失，进而使经济增长率失真，对社会经济发展规划的制定也会造成相当严重的负面影响(贺铿，2005)。目前测度可能存在的问题在于可依据的国民经济核算体系的测算基础是市场交易，基于市场交易下的核算原则又可分为理论原则和具体原则。理论原则包含了市场原则、所有权原则和三方等价原则；具体原则包括权责发生制原则和线性价格原则。市场原则作为第一大准则，其主要作用是确认生产范围，具体含义是凡是以市场交换为目的所组织的生产活动，不论其产出是在市场上销售还是自用，都统计为产出。在此原则体系下，现有的测度方法必须满足两个前提条件：一是能被测度的产品应该具有可分割性、可汇总性；二是所测度产品的单位价值要以市场交易价格为基础。但是在现实条件下，非市场服务这一产品无法满足上述两个前提条件。

1）非市场服务不可分

现有的大多数非市场服务都是不可分的，没有标准的计量单位可对其进行测度使其缺乏计量基础，因此非市场服务很难同一般货物生产一样可被直接量化。例如，工厂生产的工业品可以用其产量——总件数进行量化，而政府生产的公共服务却难以用一般的实物计量单位进行量化。目前被大多数人理解和接受的方案是将动态的非市场服务转化为静态的“产品”或某种结果，但在具体操作中却可能存在问题。问题一在于，服务的结果和服务的产出是两种不同的形式，不能混为一谈，这一点在上文中已经进行了探讨。问题二在于，静态的“产品”一般不能反映出非市场服务的动态过程。原因在于，现实情况下服务的结果和服务的过程一般不是严格一致的，将结果简单等同于过程将可能导致低估或夸大服务的实际产出。虽然有时候，有些服务的结果和实际服务的过程是较为一致的，如健身服务行业，某位私人教练按照约定的每小时服务单价对学员进行健身指导，其服务产出可以通过服务时长乘以服务单价来测度。但是对于非市场服务而言，其结果并不能完全反映出服务过程。比如，政府的行政服务中心大厅内工作人员为广大群众办理业务，这一服务尽管可以通过取号机制来计算出固定时间内服务的人员数量，但是不同人员办理的业务类型和难易程度不同，不能简单地通过服务人数来测定其服务产出。因为现在的行政服务中心往往实行的是业务流水处理，目的是方便办事群众，那么不同的政府机构部门之间就会出现重复计算的问题。

2）非市场服务没有市场价格

一般来说，大部分非市场服务由于不经由市场交易不存在市场价格，那么也自然就无法通过对一般服务价值测度的方法，即购买者价格或使用者的价格进行测度。例如，政府部门生产的交通服务、治安服务、国防服务以及教育服务等几乎都是免费的，即使部分服务收取了一定的费用，也是以不具有显著经济意义的价格来收取的，这些公共服务均很难用市场价格来测度。虽然国民经济核算中提出了计价准则，即经济流量存量=$\sum$物量×价格，并且有三种具体的形式可以挑选：一是现行价格原则，按照当期的市场价格核算；二是不变价格原则，以某年价格作为计价基础；三是历史成本价格，以当时发生的金额作为计价基础。但是这对于非市场服务而言是较难操作的。因此，目前一般的处理方法是：用服务产品在生产期间发生的所有成本之和进行估价，即计算生产税净额、固定资本消耗、雇员报酬和中间消耗之和，价值核算上表现为服务产品的生产成本的转移价值。但是这样处理仍然会产生两个问题，一个问题是生产服务产品所投入的成本越大，其产出也必然越大，在GDP中所占的比重也越大；另一个问题是非市场服务的生产率不能准确计量。

2. 现有测度方法与思路的比较研究

从现有的针对非市场服务产出测度问题的研究来看，不同研究者从可操作性层面、可应用性层面、可解释性层面、可拓展性层面等四个维度提出了四种不同的测度方法。下面就各种测度方法的产生机理、适用领域以及应用局限性进行探讨。

1)投入替代法

投入替代法之所以被提出并应用于非市场服务的测度中，主要原因在于：①非市场服务和一般服务不同，它缺乏可参考的市场价格。尽管有些服务可以找到相似产品的市场价格，但是大部分的“公共服务”没有可供参考的市场价格，如国防安全服务就没有可参考的市场价格。②非市场服务的价值计算公式不能满足传统的计算方式，即通过产量与价格的乘积计算，对非市场服务进行产出核算时既没有现实的市场价格，也没有可以量化的单位，因此只能采用近似的方法。③对于非市场服务的成果形式界定还存在较大的理论探讨空间，目前尚没有发现较成熟的可操作方法。

该方法的基本思路是：将非市场服务的总产出等同于经营性业务支出和固定资产折旧之和(中华人民共和国国家统计局，2003)。其中，经营性业务支出指的是生产单位在生产服务的过程中产生的各项经常性业务费用的开支，包括职工的基本工资、奖金和各项福利补助等。这里的固定资产折旧特指的是各政府机构部门或非营利机构部门在提供非市场服务的过程中发生的固定资产折旧的费用。从上述公式可以看出，这里所得到的总产出其实只是非市场服务生产过程中投入的总量，相当于总产品价值构成中的生产资料价值和劳动力价值($C+V$)部分，并非真正的产出，况且对于所提供服务的劳动力价值(V)的测算也需进一步探讨。

虽然投入替代法易于操作，但这种将服务投入简单地等同于服务产出的方法在实践中显示了诸多弊端。一是将其“服务投入”纳入 GDP 指标核算，不仅会改变 GDP 作为产出指标的这一性质，而且会使计算出的 GDP 值与实际 GDP 值出现较大偏差。二是“服务投入”不能够揭示出其服务产出的物量变化以及价格变化。三是服务绩效无法测算，用服务产出除以投入永远等于 1，导致无法真实衡量非市场服务的生产率，而对于这一指标的测度却是经济研究中的一个重要领域。此后有学者尝试采取新的方法对其进行改进，并将它运用于实际测度中。例如，英国于 1998 年将改进后的方法分别应用于对社会保障、卫生和教育三个行业的产出值与增加值的测度，其精确度较以往的方法有所提高。不过，从非市场服务价值的完整性来看，调整后的减缩指数法和产出指标法在实际价值测度中具有更强的应用性。

2) 调整后的减缩指数法

运用投入替代法计算非市场服务的生产率为 1，很显然和实际是不相符的。

荷兰政府产出课题研究小组提出了一种替代的方法，即在投入替代法对活动成本计算的基础上，增加影响劳动生产率变化的相关因子，对政府服务产出进行调整，以间接推算出一定生产率条件下的非市场服务总产出。这一间接调整法的难点在于确定合适的生产率。荷兰政府产出课题研究小组的建议是，可采用调整后的工资薪金增长率作为减缩指数，以对政府部门的增加值进行减缩，从而得到不变价政府服务产出(Kazemier，1997)。实践证明，荷兰政府在采用调整后的减缩指数法对增加值进行测算之后，平均年增长率由负数转为了正数。

目前，该方法主要应用于对国防、行政管理等公共服务部门的产出的测度。具体思路为，选取集体合同规定的基本工资增长率指数作为政府部门工资薪金的减缩指数，将基本工资增长率指数作为补偿通货膨胀的替代指数。

具体公式表示为

$$L_t = A_t \times P_t \times C_t \tag{2-1}$$

其中，L_t表示政府支付的工资总额的变化；A_t表示雇员数量变化引起的工资总额的变化；P_t表示劳动生产率变化引起的工资总额的变化；C_t表示集体合同变更引起的工资总额的变化。通过式(2-1)可得到政府部门增加值的减缩指数，再除以相应的减缩指数得到不变价政府服务产出。

但该方法的弊端在于要事先假定政府部门服务的投入和产出是成比例的。由于现实条件下这种假定较难满足，再加上该方法计算较复杂，且数据较难收集，可操作性较低。可见这一方法应用的关键在于如何结合实际情况确定一个合适的增长率，以真实反映政府部门的生产率变化。胡皓(2017)提出了四种可供参考的调整因子的方法，如采用费用支出的人均GDP强度指数、人均费用支出物量指数、人均GDP物量指数以及平均劳动生产率指数作为调整因子。在实际应用中，应根据非市场服务类型的不同，以及不同情况下数据的可获得性等，综合考虑，采用相应的方法。

3)产出指标法

产出指标法是通过综合选取合适的非市场服务产出指标来进行测度的一种方法。目前该方法主要用于对教育、医疗卫生服务产出的核算研究。例如，荷兰统计局自1995年就将其应用于对教育服务产出的估算中。

与调整后的减缩指数法不同，产出指标法操作原理较为简单，但是在运用过程中需要注意的问题不少，具体包括：第一，产出必须和相对应的机构部门的投入相匹配，既不能漏算也不能重复计算。第二，必须区分哪些是消费产出和直接产出，其中需要明确消费产出是服务过程的结果，它不仅依赖于该服务所引起的直接产出，也会受到其他环境因素的影响，是用估计结果的变化来计算产出的变化。第三，计算的必须是最终产出，而不是中间产出。由于服务生产直接提供给服务消费者，不能用于再生产，因此只有作为最终消费的服务才能被计算到非市场服务产出中。第四，引入质量因素进行调整，它是服务产出物量测算中的一个重要指标。比如，行政服务中心的某位工作人员在过去一小时可以为15名群众办理业务，现在一小时依旧只能为15人办理业务，虽然其生产率没有提高，但是如果他的服务评价由过去的4.0分提高到 4.8 分，依旧可以认为其产出提高了，这种产出的提高是通过质量的提高而产生的。第五，要区分清楚直接产出和替代产出，这两种产出在时间和空间上是变动的，进行测度时尤其需要注意其产出性质，这也是产出指标法的难点。

另有一种思路是，在正确的概念指引下进行探索并粗略计算，要比在错误的概念上进行准确的计算更有现实意义。调整后的减缩指数法和产出指标法纵然有其诸多优点，但当其应用于对非市场服务的测度时，却忽略了消费者效用的作用，其对产出的有效指标起到了关键的作用，如果忽略了这种因素，会导致测度过程失真。

4) 消费者效用核算

目前，我国国民经济核算体系是在假设产品的市场价格已经体现了消费者的主观效用水平的前提条件下建立的。一般来说，这一假设对于市场服务而言是可以被满足的。原因在于，凡是在市场上交易的货物或服务，其质量都会在价格上予以体现。但是对于非市场服务产出，其质量的好坏主要是通过消费者被满足的程度来评价和测度的。比如，在测算医生接诊量时，如果仅以就诊病人的数量为产出指标，就会忽略医生的就诊质量，因为当接诊量大时，在同样的就诊时间内医生给予每位病人的关注度就会下降，进而导致就诊质量下降。此外，即使就诊时间是一样的，病人接受的医疗服务也会由于面对不同的医生、不同的接诊方式、不同的医疗环境而产生不同的效用。由此看来，产出指标法虽然相较于调整后的减缩指数法更有助于操作的简化，但是却无法真实反映消费者效用。通过对消费者效用的测度，一方面可以让服务提供者明确自身所投入的是否是有效和有价值的，另一方面还能让服务接受者明确自身所享受的福利水平的多少。

在经济学中，人们习惯用效用来衡量消费者从商品或服务中获得的幸福及满足的程度。因此，可以考虑将消费者效用引入非市场服务的测度中。在此处，我们将“消费者效用”定义为非市场服务的消费者在接受服务时所体验到的满足程度。然而，对于“效用”是否可测度这个命题，西方经济学进行了旷日持久的争辩，结论认为它是可测的。其可行性的依据包括：①以黄有光教授为代表的研究者对基数可量理论进行了充分的论证，结果表明效用既是基数可量的，也是人际可比的。进一步理解就是，效用虽是消费者的主观感受，不同的消费主体对同一服务的效用评价不尽相同，但研究发现，随着调查的样本足够大，不同消费者效用评价的概率分布将会服从某种正态分布，也即效用的主观心理属性在一定条件下会显示出一定的客观社会属性。如果基于消费者角度，效用的高低不仅取决于政府部门或非营利机构所提供的非市场服务的质量，还取决于每个消费主体自身所处的环境，只要能够找到这两个主要变量的影响指标，就可以运用科学的方法对消费者效用进行测度。②模糊数学学科的发展为消费者效用测度提供了较为可行的方法。该学科最早由美国控制论专家扎德创立，其学科价值主要是在提出“客观事物差异中存在中间过渡的不分明性”的基础上，还承认存在相对的标准和合理性，即承认一定程度上的主观性，由此可见，模糊数学方法的提出承认了实现主观和客观统一的可能性。基于上文我们对消费者效用特性的解释，可选择模糊数学方法对其进行测算，如目前提出的基于模糊数学下的模糊综合评价方法。

模糊综合评价方法指的是对多因素影响下的总体对象进行综合的评价，具体方法是根据不同对象的实际条件，筛选出合适的影响因子，并对每个影响因子赋予一个权数，然后择优排序。如在进行非市场服务产出测度时引入消费者效用，由于涉及的影响因素较多，且多因素可能分属不同的层次，因此有必要先找到这些因素，然后按某种属性将其进行聚类，再根据影响的大小对每个聚类进行综合评价，赋予不同的权数，最后根据各类评价结果进行更高级别的汇总，也即采用多级模糊综合评价。有学者提出可以通过选择合适的评语集合科学划分等级指标，各指标权重则采用对非市场服务的消费者进行问卷调查的方法获得，最后通过建立多维指标评价模型进而得到消费者效用的模糊综合评价结果，从而对非市场服务产出测度进行科学合理的调整。

可以说，将消费者效用引入对非市场服务产出的测度是对前述方法的改进，如在进行模糊综合评价时首先需要确认指标体系，这其实已经运用了产出指标法的基本思想，只不过该方法的数学逻辑更为前沿、方法更为先进而已。当然，非市场服务测度是一个复杂的过程，多种方法的综合运用才能更科学地反映其产出。同时不能忽视的是，消费者效用评价还存在一个弊端，即主要通过问卷调查的方式获取指标权重会导致对调查数据的高度敏感，而目前对于如何提高问卷调查的数据质量仍然存在不小的困难。尤其是当总体数量极大时，若要对某项产出进行测度而保证结果没有偏差的话，就需要进行全面调查，可想而知，这种方式是行不通的，因为全面调查不仅费时费力，而且属于一次性调查，不可能连续进行登记、经常进行。

上述针对非市场服务产出测度的方法，大多是对投入替代法的改进，属于修补类方法。投入替代法和传统的收入法公式大同小异，只不过没有了营业盈余部分，仍然是在传统测度框架下进行的；调整后的减缩指数法则是从统计指数的角度对原来的计算结果进行调整，没有触动其核心；产出指标法虽突破了固有的限制，大胆提出了针对不同领域的考评指标，然而实际中却无法统一各领域并形成统一的测算口径，导致这一方法的推进过程缓慢，同时现阶段对相关指标的确定以及相应数据的获取途径仍不够明晰，仅靠部分研究者零星的收集，因此目前仍停留在调研分析阶段，不能在宏观层面上进行推广。即使后来所提出的用于消费者效用测算的模糊综合评价法，也仅仅是对指标权重进行了较为经验性的赋值。此外，针对指标评价所提出的层次分析方法和灰色关联方法都谈不上新的方法，只不过是将其应用于消费者效用测算这一新的领域而已。事实上，模糊综合评价法能够得以推进的一个必要前提在于能建立一套评价体系，如果没有评价体系，综合评价将无从下手。那么问题的难点就在于这套评价体系如何建立，不同领域涉及的具体问题不同，其复杂程度也不同。比如，在医疗领域，非常现实的问题就是，中医和西医的服务产出如何测度，如何测度其效率，选定的产出指标应该如何确定，是否能够经受质疑和检验，这些问题才是阻碍测度方法推进的最大问题，因此必须是不同领域结合自身的不同情况做具体分析，不能一概而论。

3. 现行可推进的测度方法

对于上述四种测度方法，由于实际操作中可能出现诸多问题，某些测度方法仅仅停留于理论研究中，目前广泛应用于实际的仍是投入代产出的测度方法。然而，事实证明投入代产出法对真实的非市场服务的价值和效用无法准确地衡量，更无法依此对政府绩效进行准确的测度。此外，非市场服务所包括的领域较多，每个领域的测度方法具体实施过程又较为复杂，因此在实际应用中可能会涉及上述多种方法的综合运用，甚至可能借助新技术突破现有某一种方法的应用瓶颈，使其得以拓展。无论是将何种方法应用于非市场服务价值测度中，首先要明确几个关键性问题，然后才能基于这些问题，再结合前述对不同测度方法的比较研究，提出可行的改进思路。

1)若干关键性问题的提出

下面主要围绕七个问题进行讨论，具体是在明确三个问题的基础上，尝试对四个问题进行探讨。

一是明确非市场服务测度的价值目标。前述研究已经讨论了非市场服务测度价值的核心在于基于个体需求层面而进行的测度，因此测度不仅要考虑服务供给者的生产和配置效率，更要考虑它给人类个体——消费者所带来的满足感和快乐感，而这些是由福利测度的。如果我们以福利的视角重新审视现行国民经济核算体系，则可以发现现行国民经济核算体系是缺乏对福利的关注的，美国经济学家威廉·诺德豪斯(William Nordhaus)和詹姆士·托宾(James Tobin)于 1973 年提出以经济福利尺度(measures of economics welfare，MEW)来对 GDP 进行科学修正。经济福利尺度指标的测度范围与 GDP 的测度范围有所不同。一是它不包括那些不能增加人们福利的“工具性”支出，在具体测度时要将这些支出作为减项处理；二是它包括那些能增加人们福利的支出，如果闲暇时也能够增加福利，就必须将其价值作为加项包括在内，但该项却没有被包括在 GDP 中。事实上，现有研究已经表明，只有在某些特殊条件下，产出的变动才可能接近于福利的变化。而非市场服务与市场服务不同的是，缺失对其福利价值的测度，会使得非市场服务价值被很大程度地低估。因此，在对非市场服务的产出测度中除了关注其生产和配置效率，还需引入相关福利指标，当然，从长远来讲，其福利指标也必会带来后续生产效率的提高。

二是明确区分非市场服务中的直接产出和间接产出。非市场服务产出测度的是直接产出，而非间接产出。然而在实际过程中，非市场服务的产出形式各异，有时候难以区分，造成错误测度。例如，对教育服务的测度中，由中小学、大专院校等所提供的教育服务可视为学生获取知识和技能过程中的消费，这种类型的教育应作为最终消费处理，也即直接产出。而当雇主为了提高员工的工作效率而对其进行培训时，所发生的成本可视为中间消耗，属于间接产出，不计入总产出中。

三是明确服务质量的变化对测度的影响。如随着医疗技术的不断进步，大部分病人的住院时间被缩短，如果仍然以一定时间内的病床数作为产出指标，那么必然得到该服务产出减少的结论。然而事实上并非如此，当我们在测度这一服务时将质量因子引入，会发现该项服务的产出应该是增加的。由此来看，在对非市场服务产出进行测度时，其服务质量的变化对服务产出值是具有重要影响的，实际研究时应根据其质量变化进行调整。但是进一步研究发现，对非市场服务质量变化的测算是极其复杂和困难的。这里仍然以教育服务为例作一简要说明。依据理论而言，测算教育服务产出质量的合适方法是根据教师传授给每学生/小时的知识量来衡量。然而，知识的量化过程在实践中是较为复杂的。另一种可操作的办法是根据学生与教师的比率(学生数/教师数)来调整学生小时数。之所以采用学生数/教师数这一指标进行调整，是因为当这一指标的比率下降时，一般可以认为教师将会提高对学生的个体关注度，由此必然使得教育质量被提高。但这一方法仍然受到经济合作与发展组织(Organization for Economic Co-operation and Development，OECD)的多方质疑。由此来看，实际中怎样进行非市场服务质量的量化处理仍需进一步深入研究(王亚菲，2002)。

四是尝试开发卫星账户。这是非市场服务测度首先需要解决的问题。SNA对于卫星账户的定义如下："卫星账户提供了一个连接核心账户的框架，它可以使核算体系更关注于经济和社会生活的某些特定领域或方面，诸如环境、旅游及未付酬的住户劳动等，卫星账户可以扩展国民经济的分析能力，以灵活的方式挑选某些社会所关注的领域进行核算，而不必加重现有核心体系的负担或破坏现有核心体系。"目前非市场服务测度的许多方法尚处于试验和分析阶段，其数据来源的质量尚达不到现行国民经济核算的标准，导致其目前仍无法纳入核心账户而宜采取卫星账户核算的方法。通过卫星账户可对一国的非市场的生产活动提供完整清晰的描述，从而为非市场服务产出测度在数据获取上提供支持。

五是尝试对时间投入数据进行描述。在对非市场服务产出进行数量和价值核算的同时，还应当对为获取这种产出所付出的投入进行科学的测算，只有对非市场服务的投入和产出进行比较，才能进一步对政府绩效进行准确的评价。非市场服务的生产中最重要的投入就是时间。如对于消费者而言，在接受非市场服务的同时，尽管从表象上来看是消费者不用付出相应的货币即获得了显著的经济价值，然而其实他们也付出了一定的代价，那就是他们的时间，这可以用机会成本来解释。但是理论的严谨性和实践的可操作性总是存在悖论。长期以来，时间成本难以定量描述。不过，目前已经有一些国家，如加拿大、英国和美国等尝试开展时间利用调查。该项调查的最主要目的在于可以提供用于非市场生产的各种类型的时间利用数据。由于不同人群的时间利用数据存在不同程度的差异，该项调查还需要补充对相关人口基本特征数据的调查，两者互为补充构成非市场服务测度数据来源的基础。

六是尝试借助政府税收数据服务于测度的可能性。研究者认为，政府税收可以理解为政府销售服务而收取服务费的一种过程，因此政府税收是政府生产收入的特殊表现形式。由于税收分为生产税和收入税，就前者而言，可以理解为企业部门向政府支付的税收，视为企业购买政府公共管理服务的支出，也就是中间消耗的政府服务，是对政府提供公共服务的一种偿付，不同的税种和不同的税率可以理解为不同的产品与不同的产品价格。而就收入税而言，可以将其理解为转移收入，也可以理解为特殊的生产收入。具体而言，前一种思路认为，收入税属于转移性收入，具有再分配性质，是政府凭借其法律权利进行征收的，没有提供非市场服务，因此不需要计入服务产出中。后一种思路认为，收入税具有类似生产收入的性质，被政府征收所得税，表面上看没有接收到对应的非市场服务，但其本质还是反映了企业或者住户对政府公共服务的一种购买。举例来说，居民享受到的免费九年制义务教育其实是需要支付费用的，但是被缴纳税收的方式给遮掩了，收入与产品的关系表面上演变成了分配关系。此外，不同的税种的优惠条件以及免税条件都是不同的，致使有些住户可能没有达到应税条件而在未纳税的情况下，免费享受到了政府提供的非市场服务，但实际上他们的享受是建立在其他住户或企业纳税的前提下，是纳税企业或住户对非市场服务购买的一种隐形支出，需要被计入。可见，对于这些问题的探讨值得关注。

七是尝试对现有国民经济核算体系进行拓展。现有国民经济核算体系更多关注的是市场交易行为，而事实上在很长一段时间内，由市场调节的交易与由计划调节的交易是同时并存的。因此，有必要对现有国民经济核算体系进行拓展。实际中，尤其是对于具有非竞争性、非排他性产品的生产和交易，因其供给与需求一般是由计划调节的，这些产品大多是免费的或价格不具有经济意义，没有可参照的市场价格来测度其产出。理论上，研究者为了保持与现有国民经济核算的一致性，在对上述产品的测算中就不允许出现两种以上的价值形态测算，即完整价值形态和部分价值形态不能同时并存。根据核算的理论原则，如果将非市场服务视为产品，就需要对非市场服务的生产者——政府或非营利机构在生产这些服务过程中的成本支出和收入回报进行观测，因为既然政府也属于生产者，那么其所生产的产品——非市场服务也应该有其生产、供给、消费和使用的平衡问题，也应对它们的供求关系进行分析。虽然从表面上看，政府在生产非市场服务时是免费或以无经济意义的价格提供的，但实际上是采用了间接收费的形式，即征税，这里可以假设政府部门所获得的税金就是他们的“生产收入”。如果税收被视为生产收入而计入政府部门的总产出，那么按照平衡原则，就必须对应地将企业和居民缴纳的税收视为他们对政府公共服务的中间消耗进行扣除。假设按照上述操作进行处理，那么涉及的将不仅是单个政府部门本身的产出测算的改革问题，而是涉及整个国民经济核算体系的方法改革问题。

2）若干关键性问题的改进

SNA2008 将生产定义为：在机构单位负责、控制和管理下，利用劳动和资本等要素，将某些货物和服务投入转化为另一些货物和服务产出的过程。在这里，所有的生产都被认为是一个投入—产出的过程，其中投入包括劳动和资本等要素，产出则为生产过程的成果，即各种产品，包括货物和服务两部分。对于服务，SNA2008 认为服务的生产过程和消费过程是同时发生的。据此，我们可以认为，服务这一产品的生产不仅是一个投入—产出的过程，也是一个消费的结果，即服务在生产的同时即被消费。现有对服务的研究大多是基于结果所做的测度，而本部分则认为基于动态的过程角度对服务的测度更有利于对绩效进行测度。那么既然是从过程的角度来对服务进行测度，我们就需要寻找它经历了几个主要的阶段，根据服务也是产品的概念，可以认为服务这一产品也要经由生产、分配、交换和消费等四个流通领域，只是有些阶段被合并和隐藏起来了。因此，为了有效地对政府绩效进行测度和评价，就需要对非市场服务进行生产的测度、分配的测度、交换的测度和消费的测度。总体而言，可尝试从上述四个阶段进行分类测度，以对政府绩效进行综合性的评价。例如，对于非市场服务生产的测度，可尝试根据 SNA2008 中的投入法和减缩指数法的综合应用进行测度，进而评估政府服务的生产效率，它也是政府从经济学角度追求价值最大化制定帕累托最优的生产决策的依据；对于其分配的测度，则可尝试借鉴已有的收入分配测度方法进行改进，进而评估政府服务的分配结构和差别；对于非市场服务的交换测度，通常认为这里是不存在交换的，即看似政府单方面提供免费或无显著经济意义的服务，但实际上服务接受者是以自己的时间和缴纳税收的形式而付出了交换，但又由于服务这一产品在交换的同时即被消费，因此只需对消费进行测度，可尝试综合应用产出指标法和消费效用测度方法，以此评估政府在满足个人需求的实现程度。

具体而言，对于上述过程中几个重要的测度方法在应用中可进一步改进的建议如下。

一是在应用消费者效用测度方法时，要解决的关键问题在于评价指标体系的建立。目前可尝试解决的路径是借助深度学习中的无监督学习的方法，进行客观的评判。例如，借助无监督学习中的聚类分析，对全国各省区市的非市场服务产出进行聚类，没有明确的排名，也没有像传统的评价指标体系那样明确评价权重如何，从而可以保证客观性。进一步，我们还可以尝试在无监督学习聚类结果下，结合其他评价，给出各省区市的标签数据(如效率高、效率中、效率低、效率差等四个标签)，建立数据库，再不断地填充数据，并且训练出一套国民经济核算非市场服务产出的智能评价体系，不断地充实训练集、学习集数据，通过建构自动评级系统达到对非市场服务进行人工智能测度。

二是在应用产出指标测度时，要解决的关键问题在于如何根据实际情况确定合适的产出指标，如不同机构部门提供的非市场服务产出可能不同，同一机构下提供的不同类型的非市场服务产出也可能不同，且理论上合适的指标数据的获取途径是否存在和可行，这些都是实际中需要考虑的问题。本部分仅提出几个参考的标准，以此作为产出指标选择中的共性问题。第一，要能够体现相关机构部门的权责特性和行为属性。第二，反映的是“最终产出”，而不能是中间产出。第三，反映的必须是“直接产出”。但对于不同类型的服务，直接产出的指标是不同的。以教育部门提供的服务为例，教育的直接产出指标应该是学生接受教学服务的时间，即学生小时数。但并不是所有的非市场服务都能够有一个合适的指标来计量它的产出，如测度公共医疗的非市场产出有许多指标可供选择，但要选择合适的指标并不容易。举例来说，一般公共医疗产出使用的指标是病床-天数，即根据病人住院的天数来测算。然而该指标存在一定程度的缺陷，即随着治疗性质的变化，不变价产出可能与实际产出有较大偏差，其中包括医疗技术的进步导致的病床-天数的指标数值减少，但这并不意味着医疗产出的下降，因为在考虑了服务质量的变化后，产出可能是增加的。再如，治疗次数也不是一个合适的产出测度指标，因为同一个病人可能会接受多次相同的治疗。因此，需要根据上述基本原则，再结合不同类型服务的特性和阶段性变化情况，动态地筛选出适合的产出指标。当然，根据已有的实践经验，还可以尝试收集和利用有效的市场信息，通过寻找可替代产品的市场价格来推算非市场服务产出，再与前述方法应用下的结果进行比较和评价。

第 3 章

非市场服务测度的国际经验和中国实践

3.1 国外非市场服务测度的研究情况

3.1.1 非市场服务测度的研究回顾

在全球范围内进行非市场服务测度具有一定的实践意义。国家的经济活动由市场活动和非市场活动两部分构成，若系统性地使用国民经济核算体系测定市场活动，那么最核心的指标即是 GDP；而现行的国民经济核算体系对于非市场活动部分关注度是不够的。因此，进行非市场服务测度可以弥补这一不足，能够更加全面地测算一个国家的经济活动总量。在 SNA 的框架下讨论非市场服务测算可以对一个国家的经济活动进行更全面的描述。

国外 20 世纪 60 年代末 70 年代初开始开展非市场服务测算的研究工作。1967 年 Kendrick 发表的《国民收入核算研究》在非市场服务核算领域做了开创性的工作，在该文中作者界定了非市场活动的核算范围主要包括住户、非营利机构和政府所拥有的资本品租金收入，教育与培训、研究与发展的无形投资，家庭主妇提供的服务等。Eisner 则在 1970 年提出了要建立一种总体收入核算体系，在该体系中所有部门的市场与非市场活动都计入总体收入核算。而此后 20 多年的时间里，非市场服务测算研究进展较为缓慢，研究成果并不多，在此阶段非市场服务测算的研究是零散的，各国国民经济核算的实践活动并没有受到早期的理论研究的影响。

到了 20 世纪 90 年代，非市场核算研究进入黄金时代。由于公众越来越关注资源、环境问题，与此同时也开始对非市场核算的方法论进行系统的研究。2004 年美国经济学家 Nordhaus 系统地讨论了非市场核算的基本结构问题，解决了非市场核算中的若干有争议的问题。2005 年美国国家科学院在《超越市场：美国非市场核算的设计》一书中对当时的非市场核算方法进行了评估，确定了非市场核算的范围和重点，整理了非市场核算的数据需求，对非市场核算的研究进展提出了建议。

2007 年 OECD 发布了一本测算教育和卫生行业服务产出的工作手册，该手册介绍了芬兰国民账户中使用的高等教育服务产出物量测算方法，手册中的报告主要来源于芬兰统计局 2006 年的公报，修订了测度一般政府产出量的方法。手册中指出在教育服务产出测度方面，学生人数和学分是主要的物量指标类别，数量指标类型按学生类型和教育领域划分，并分别进行衡量。这种做法主要是为了抓住教育总产出中的结构质量变化。在实践中往往不可能实现理想的指标，在这种情况下，必须使用一个接近理想指标的指标，在该手册中的教育服务测度中，则使用学生或学分的数量。2008 年 12 月，悉尼经济测度会议中《非市场服务产出和生产率测度》一文提出，随着非市场产出测度领域取得了很大的进展，一些国家已经摆脱“产出=投入”的模式；非市场服务通常占经济的很大一部分，占政府总支出的比例更大。此文侧重于衡量非市场产出的现实方面，扩大了衡量部门，引入了质量调整的劳动生产率。

Deveci 等(2008)在第三十届国际收入和财富研究会议上讨论了丹麦测算非市场产出医疗服务的不同方法；2002 年 12 月欧盟委员会提出了三种衡量价格和交易量的方法，即在丹麦使用的投入法(方法 C)、产出法(方法 B)和质量调整后的产出法(方法 A)。由于丹麦使用的方法 C 没有得到国际的认可，因此考虑将方法 C 逐渐转化为方法 B 及方法 A。该文章的研究表明，从方法 C 转化为方法 B，非市场医疗服务产出量有显著的提高，实际增长率更高；这种情况同样适用于方法 B 向方法 A 的转变，只是转变的影响幅度更小。三种方法中，方法 B 对整个非市场经济的劳动生产率产生了积极的影响，从方法 C 转向方法 B 的进一步效果是总增加值增加了大约 0.2%，方法 A 也对总增加值产生了可见的积极影响。

2010 年 OECD 推出了一系列关于《测量教育和卫生服务产出的统计手册》

的工作论文，论文提出衡量卫生和教育服务量的测度是统计核算人员面临的一个大的挑战；过去这种非市场服务的产出通常是由提供服务的投入来衡量，但是这种方法忽略了服务提供方面的生产率变化情况；因此，越来越多的国家在努力实现这些服务量基于产出的测算，《测量教育和卫生服务产出的统计手册》概述了各国的做法并提供了以产出为基础的方法指导，代表了非市场服务产出核算研究的最新进展。

3.1.2 非市场服务测度实践活动的回顾

在实践活动的测度中，核算非市场服务的产出比市场服务的产出更为困难。从实际操作出发主要有两个方面的原因：一方面，对于大部分的非市场服务而言，如教育服务、医疗卫生服务、一般政府服务等非市场服务，大部分情况下难以找到科学、合理的产出指标。例如，核算教育服务产出可供选择的指标有学生数、学时数等，核算医疗卫生服务产出可供选择的指标有被治疗的病人数、被治愈的病人数、病床数量、医生会诊的次数和外科手术数等，这些指标均可作为核算产出的指标，究竟选择哪一个并没有系统的标准。另一方面由于是非市场化的服务，这种产出也就不存在市场价格，随之而来的是很难得到相应的价格减缩指数，从而也就很难得到按不变价计算的非市场服务产出。经济意义不显著的非市场服务产出科学性就大打折扣。

尽管早在20世纪30年代美国就已经初步构建了国民经济核算体系，但是在这个体系中一直忽视了非市场核算的内容。直到20世纪60年代，非市场服务核算才引起了经济学界的关注，实践中大部分国家把关于非市场核算的重点主要放在以下五个方面：住户生产、教育的投资、卫生健康的投资、非营利机构和政府部门的活动、环境资产和服务。

3.2 非市场服务测度的国际经验

3.2.1 教育服务测度的国际经验

教育服务部门是非市场服务中的一个重要部门，由于非市场服务部门缺少相应的市场价格，因此各教育部门服务产出的质量差异不能够通过市场价格反映出来，这种情况下不同部门在进行教育服务产出综合汇总时将会遇到困难，如何从产出角度核算教育服务产出是国内外国民经济核算专家长期研究但尚未得到很好解决的问题。本部分主要以意大利教育服务产出测度为实例详细介绍教育服务的核算。

意大利国家统计局长期致力于从产出法角度研究如何测度教育服务产出，并且根据意大利本国的国情设计出了一套详细的教育服务物量测度指标体系。在整个体系中，其中质量调整的方法主要包括针对学前教育到高中教育的班级规模模型，以及针对大学教育的综合指标法。意大利从 2001 年开始采用产出法的教育服务物量测度体系，实例中涉及的数据来源于国家层面相关的统计数据和调查，数量指标无论是学前到高中教育还是大学教育均采用学生人数这个指标，权数是政府投入各种教育类型的成本。

1. 教育服务测度介绍

意大利教育服务类型被划分为下列四种活动领域：①学校系统；②职业培训；③大学教育；④辅助性服务教育。用拉氏物量指数来估计往年价格的教育服务产出情况，其中权数是不同教育类型的整体成本，数量指标是通过计算学生人数得到的。这个指数是由依据不同的教育类型构建的不同的代表性指数组成的。教育服务产出质量调整的方法是计算学校系统和大学教育各自的指标情况。

这四种类型各自的占比见表 3-1，其中学校系统类型 2000 年到 2006 年平均占比高达 86.3%，这也意味着在整个教育服务测度指标体系中测度好学校系统教育服务产出情况是最重要的，另外占比排在第二位的是大学教育。这也是意大利国家统计局详细地介绍如何测度学校系统和大学教育服务产出的原因。

表 3-1　不同类型的教育服务产出占比情况

教育类型	2000 年	2001 年	2002 年	2003 年	2004 年	2005 年	2006 年
学校系统	87.2%	86.7%	86.5%	86.8%	85.7%	85.6%	85.6%
职业培训	4.3%	4.5%	4.3%	4.1%	4.7%	4.5%	4.6%

续表

教育类型	2000 年	2001 年	2002 年	2003 年	2004 年	2005 年	2006 年
大学教育	8.1%	8.3%	8.7%	8.6%	9.1%	9.1%	9.0%
辅助性服务教育	0.4%	0.5%	0.6%	0.6%	0.6%	0.8%	0.8%
合计	100.0%	100.0%	100.0%	100.0%	100.0%	100.0%	100.0%

注：本表数据因进行了四舍五入，存在比例合计不等于 100%的情况

1）学校系统教育测度的质量调整方法

意大利学校系统（也被称为学校教育）主要由公办学校提供，并被分为三个等级：学前教育、初等教育、高中教育。这三个等级等同于 1997 年版 ISCED（International Standard Classification of Education，国际教育标准分类法）的等级 1 到等级 3。学校系统的物量指数中数量指标采用的是公办学校和民办学校的学生人数。公办学校和民办学校的学生人数按四个等级的教育类型进行了划分，并且在高中教育上按照不同的机构类型（普通高中、理工高中、教师培训学校、高职院校、技术学科和艺术院校）进行了细分。构建这个指数有必要把所有涉及的数据进行细化分类，这样做是为了确保这些基本指标和不同的成本权数是同质的。

学校系统指数中合适的质量调整方法是使用每个班级的学生人数指标。依据不同的教育类型进行质量调整。意大利国家统计局在 2000 年研究班级问题时发现超过一定的生产边界水平后，提供的教育服务的质量会降低。教育服务属于准公共产品，具有一定的竞争性和排他性，这意味着假定每个班级的学生人数增加的话，相应教师对班级上每个学生的注意力和时间会变少。基于这些发现，构造一个转化函数，拥挤开始水平的数值用线性形式表示，超过一定水平后用类似于传统生产函数的非线性形式表示。这个函数会在最大临界值时达到最大值，而超过这个点的教育服务会出现过度拥挤情况。这个转换函数是将每个班级的学生实际人数转化为接受“标准化”质量教育服务的“标准或者真实”学生人数。意大利国家统计局通过详细的统计调查给出了在不同学校系统类型的教育下，学生人数的具体转换函数方程。

其中，学前教育的转化函数形式是

$$q=f(n)=\begin{cases} n, & 0\leqslant n\leqslant 15 \\ -\dfrac{1}{20}n^2+\dfrac{5}{2}n-\dfrac{45}{4}, & n>15,\quad \max f(n)=f(25) \end{cases} \tag{3-1}$$

其中，q 表示经过质量调整后的每个班级学生人数；n 表示每个班级实际学生人数，并且最大值出现在班级实际人数为 25 人时。

初等教育的转化函数形式是

$$q=f(n)=\begin{cases} n, & 0\leqslant n\leqslant 10 \\ -\dfrac{1}{30}n^2+\dfrac{5}{3}n-\dfrac{10}{3}, & n>10,\quad \max f(n)=f(25) \end{cases} \tag{3-2}$$

高中教育的转化函数形式是

$$q=f(n)=\begin{cases} n, & 0\leqslant n\leqslant 20 \\ -\dfrac{1}{10}n^2+5n-40, & n>20,\quad \max f(n)=f(25) \end{cases} \tag{3-3}$$

将三种不同教育类型的转换函数形式进行比较发现，其相同点是函数的最大值均出现在班级实际人数为 25 人时，超过这个人数其经过质量调整后的标准化班级学生人数会低于实际班级学生人数。而不同点是三者转换函数非线性形式方程的参数均不相同，并且不需要进行质量调整的班级学生人数临界值点也不一样，其中初等教育的临界值最小，为 10 人。两个不同点充分说明了有必要按照四种教育类型甚至更详细的分类对学校系统的物量测度进行质量调整。

学校系统的物量指数是一个拉氏指数，可以表示为

$$\frac{\sum_{i=1}^{n}(p_{i,(t-1)}\cdot q_{i,(t-1)})\cdot\dfrac{q_{i,t}}{q_{i,(t-1)}}}{\sum p_{i,(t-1)}\cdot q_{i,(t-1)}}=\frac{\sum_{i=1}^{n}p_{i,(t-1)}q_{i,t}}{\sum p_{i,(t-1)}\cdot q_{i,(t-1)}} \tag{3-4}$$

其中，i 表示教育（学前、小学等）等级；$t=2000,\cdots,2006$ 表示优势标准；$\dfrac{q_{i,t}}{q_{i,(t-1)}}$ 表示教育类型 i 的数量指标等级；$p_{i,(t-1)}\cdot q_{i,(t-1)}$ 表示在 $t-1$ 年不同教育等级的

权数；因为这些教育服务是非市场服务，没有对应的市场价格，权数采用教育服务的成本。

2）大学教育服务测度物量指数

意大利大学教育服务一共有两类，第一类是研究和开发（research and development，R&D）服务，采用的是投入法测度其产出情况；第二类是和教育特别是教学相关的服务，采用的是产出指标法。接下来介绍的大学教育服务产出测度针对的是第二类大学教育服务。因为在意大利的大学系统中并不存在完成所有课程的义务，所以每学年没有应该完成课程的标准数量要求。因此，大学教育的数量指标采用的是每个学科（或者同类学科组合）的在校学生数量。同类学科组合一共有以下 18 个：理工学科、药剂学、医学和外科、工程学、建筑学、农学、兽医、社会学、政治学、法学、人文学、语言学、考古学、心理学、经济学、教育学、统计学、体育和运动科学。不考虑对学生人数进行质量调整时，用拉氏物量指数测度大学教育服务的产出情况，计算公式表示为

$$L_{t/t-1}=\frac{\sum_{j=1}^{18}C_{j,(t-1)}S_{j,t}}{\sum_{j=1}^{18}C_{j,(t-1)}S_{j,(t-1)}} \tag{3-5}$$

其中，t 表示时间单位；C_j 表示按学科划分的单个学生整体成本；S_j 表示按学科划分的在校学生人数。大学教育服务产出测度的权数是不同学科的人均在校学生平均成本［式（3-5）中的 $C_{j,(t-1)}$］，接下来具体介绍如何计算出这个成本。首先设置一个函数方程计算总体的教育支出成本 C_t，计算方程表示为

$$C_t=\beta_{1,t}S_t+\beta_{2,t}\mathrm{DE}_t+\varepsilon_t \tag{3-6}$$

其中，$t=2000,\cdots,2006$；$C_t=\sum_{i=1}^{62}C_{i,t}$ 表示以教学为目的的教育总支出成本；$S_t=\sum_{i=1}^{62}S_{i,t}$ 表示在校学生人数；$\mathrm{DE}_t=\sum_{i=1}^{62}\mathrm{DE}_{i,t}$ 表示等价教授人数；$i=1,2,\cdots,62$ 表示意大利大学的数量。

根据式(3-6)计算出的 2000 年到 2006 年回归系数和以教学为目的的大学教育总成本见表 3-2。其中 2000～2006 年的可决系数 R^2 均大于 0.98，这说明方程拟合优度非常好。表 3-2 的计算结果使用的是意大利所有大学集合数据，如果计算单个大学实际指数用的是每个大学自己的成本。

表 3-2　式(3-6)相关的计算结果分析

项目	2000 年	2001 年	2002 年	2003 年	2004 年	2005 年	2006 年
R^2	0.988 4	0.989 2	0.988 8	0.986 4	0.982 8	0.988 2	0.984 6
教育支出总成本/10 亿欧元	3 640 584	3 781 368	4 134 547	4 336 277	4 479 777	4 843 758	4 989 071
等价教授人数(DE)	16 121.70	16 841.90	17 987.66	18 837.49	18 453.54	19 041.25	19 905.23
在校学生人数(S)	1 580 978	1 568 206	1 610 468	1 655 324	1 704 241	1 730 052	1 725 740

式(3-6)中等价教授人数($\mathrm{DE}_{i,t}$)的计算公式为

$$\mathrm{DE}_{i,t}=(\mathrm{ORD}_{i,t}+0.72\mathrm{ASS}_{i,t}+0.47\mathrm{RIC}_{i,t})\times 0.48 \tag{3-7}$$

其中，ORD 表示正教授的人数；ASS 表示助理教授的人数；RIC 表示研究员的人数。以教学为目的的总教育支出成本占总教育支出成本的 48%，剩下的 52%用于科研。因此估计，同等教授的工作时间占到总时间的 48%(剩余的时间用于研究)，因此以教学为目的的等价教授人数 DE 的价值减少了 52%。表 3-3 列出了意大利 18 个同类学科组合各自的在校学生人数和等价教授人数。其中在校学生人数是没有经过质量调整的实际人数，而等价教授人数是进行了质量调整后的人数，其调整思路是：第一步，意大利国家统计局每年会针对教育服务展开专门的调查，其中一项就是公布每年所有大学的教授(包括正教授、助理教授和研究员三类)人数统计情况。第二步，据式(3-7)对教授人数进行质量调整，得到的是 18 个同类学科组合以教学为目的的教授人数统计情况，即表 3-3 中的各年的等价教授人数。第三步，这 18 个同类学科组合合计的数据就是表 3-2 中的等价教授人数。

表 3-3　学生人数和等价教授人数

单位：人数

学科组合类型	2000 年		2001 年		2002 年		2003 年		2004 年		2005 年		2006 年	
	在校学生	等价教授	在校学生	等价教授	在校学生	等价教授	在校学生	等价教授	在校学生	等价教授	在校学生	等价教授	在校学生	等价教授
01 理工科学	125 259	2 914.45	123 760	3 015.68	127 695	3 159.97	133 360	3 279.22	139 885	3 195.45	143 799	3 296.91	146 618	3 368.01
02 药剂学	42 412	501.92	43 779	523.44	44 207	564.93	46 567	595.07	48 553	581.62	52 781	625.02	52 263	625.02
03 医学和外科	97 220	3 378.36	101 264	3 494.03	116 412	3 773.75	123 898	3 954.84	132 785	3 838.57	139 872	3 823.58	147 428	3 974.68
04 工程学	209 534	2 380.59	211 330	2 481.43	216 832	2 608.62	224 309	2 643.37	229 145	2 594.42	229 995	2 744.60	227 909	2 802.80
05 建筑学	78 866	624.38	75 158	653.68	75 367	698.45	75 852	731.71	77 158	722.10	77 186	725.76	76 136	738.50
06 农学	27 204	677.85	26 883	701.20	27 611	739.31	28 837	766.07	29 729	759.84	29 608	767.64	29 175	793.61
07 兽医	13 794	287.00	13 571	303.33	13 757	326.53	14 143	343.18	14 605	332.82	14 841	337.82	14 727	359.40
08 社会学	22 243	69.45	24 777	74.31	23 002	67.82	14 713	75.61	15 186	76.48	17 749	93.06	16 566	98.72
09 政治科学	93 044	558.23	90 194	585.75	91 872	61 7.34	95 943	663.81	101 900	644.76	100 815	673.39	99 976	720.76
10 法学	265 301	846.47	252 358	901.22	241 830	977.39	234 532	1 041.16	230 118	1 026.90	227 507	1 071.45	221 344	1 160.82
11 人文学	216 385	1 848.92	212 600	1 910.94	220 379	2 045.57	242 890	2 129.78	247 190	2 087.09	249 607	2 145.51	245 100	2 268.84
12 语言学	42 716	379.06	45 475	399.61	48 939	427.65	52 120	466.84	53 959	456.74	55 796	478.89	57 089	513.81
13 考古学	7 201	40.38	7 259	47.67	7 261	57.85	7 396	59.79	7 390	58.70	6 663	59.50	5 905	62.05
14 心理学	31 475	131.22	30 170	139.77	35 386	155.88	44 220	180.13	45 825	186.34	48 375	202.55	48 963	225.80
15 经济学	214 706	1 055.61	206 755	1 127.68	205 534	1 226.10	207 555	1 312.28	210 493	1 297.91	207 215	1 343.14	210 237	1 443.32
16 教育学	82 970	314.21	91 576	354.74	102 301	400.52	96 624	434.86	10 6464	427.07	11 1138	469.90	109 288	520.87
17 统计学	6 622	106.78	6 146	111.56	5 366	116.05	4 746	117.74	4 316	114.14	4 000	113.69	4 000	116.41
18 体育和运动科学	4 026	6.82	5 151	15.86	6 717	23.93	7 619	42.03	9 540	52.59	13 105	68.84	13 016	111.81
合计	1 580 978	16 121.70	1 568 206	16 841.90	1 610 468	17 987.66	1 655 324	18 837.49	1 704 241	1 845 3.54	1 730 052	1 904 1.25	1 725 740	19 905.23

基于式(3-6)，可以得到人均学生平均成本的计算公式为

$$C_{j,t} / S_{j,t} = \frac{\beta_{1,t} S_t + \beta_{2,t} \mathrm{DE}_t}{S_t} \tag{3-8}$$

式(3-8)可以写成每个学科的计算方程：

$$C^{\wedge}_{j,t} = \beta^{\wedge}_{1,t} + \beta^{\wedge}_{2,t} f^{*}_{j,t}, \quad j = 1, 2, \cdots, 18 \tag{3-9}$$

其中，$C^{\wedge}_{j,t} = C_{j,t} / S_{j,t}$。

$f^{*}_{j,t} = \mathrm{DE}_{j,t} / S_{j,t}$，并且每个学科的这个比例都是不相同的，这也意味着人均学生的平均成本是经过了质量调整的，其调整方法就是式(3-9)。为了算出每个学科的整体平均成本 $f^{*}_{j,t}$，可以用一个简单的线下回归模型估计出不同的 $f^{*}_{j,t}$，其估计方程是

$$t = f^{*}_{j,t} S_{j,t} \tag{3-10}$$

表 3-4 中列出了式(3-9)的可决系数 R^2 和师生比 f^{*}_{t}。其中，可决系数 R^2 基本大于 0.9，这说明式(3-5)拟合优度很好。18 个学科类型的师生比 f^{*}_{t} 大小不一且每年都在发生变化，如在 2000 年，学科 03 医学和外科的师生比是最高的，学科 18 体育和运动科学的师生比是最低的；而到了 2006 年，学科 17 统计学的师生比是最高的，学科 14 心理学是最低的。这就是为什么计算 $c_{j,t}$ 需要进行质量调整，其原因类似于意大利的学校系统通过单个班级学生人数来对学生人数进行质量调整。用老师与学生的比例来计算投入到单个学生的平均教学教育支出成本，师生比例高的平均教学教育支出成本明显高于师生比例低的成本。使用式(3-9)可以计算出各年的分 18 个学科组合人均在校学生平均成本，下面给出计算 2000 年学科 03 医学和外科、学科 18 体育和运动科学的人均平均成本实例。公式中 $\hat{\beta}_{1,2000} = 16\,234$ 欧元，$\hat{\beta}_{2,2000} = 205\,900.51$ 欧元，$f^{*}_{3,2000}$、$f^{*}_{18,2000}$ 可以由式(3-10)估算出来，表 3-4 中已经列出计算结果，即 $f^{*}_{3,2000} = 0.0348$，$f^{*}_{18,2000} = 0.0009$，$C_{3,2000} = 16\,234 + 205\,900.51 \times 0.0348 \approx 23399.34$ (欧元)，$C_{18,2000} = 16\,234 + 205\,900.51 \times 0.0009 \approx 16\,419.31$ (欧元)。

表 3-4 式(3-9)的师生比和可决系数

学科组合类型	2000 年		2001 年		2002 年		2003 年		2004 年		2005 年		2006 年	
	R^2	f_t^*	R^2	f_t^*	R^2	f_t^*	R^2	f_t^*	R^2	f_t^*	R^2	f_t^*	R^2	f_t^*
01 理工科学	0.9111	0.0205	0.9190	0.0218	0.9168	0.0224	0.9323	0.0227	0.9239	0.0214	0.9259	0.0213	0.9389	0.0215
02 药剂学	0.9137	0.0107	0.8996	0.0108	0.9184	0.0118	0.8975	0.0115	0.8631	0.0105	0.8469	0.0097	0.8703	0.0105
03 医学和外科	0.9619	0.0348	0.9652	0.0354	0.9348	0.0332	0.8995	0.0330	0.9011	0.0303	0.9186	0.0285	0.9157	0.0278
04 工程学	0.9749	0.0113	0.9692	0.0116	0.9751	0.0119	0.9474	0.0110	0.9523	0.0107	0.9799	0.0118	0.9556	0.0115
05 建筑学	0.9723	0.0074	0.9736	0.0081	0.9772	0.0086	0.9816	0.0090	0.9723	0.0086	0.9675	0.0086	0.9441	0.0084
06 农学	0.9229	0.0239	0.9341	0.0253	0.9447	0.0261	0.9467	0.0260	0.9370	0.0251	0.9380	0.0255	0.9372	0.0265
07 兽医	0.9490	0.0193	0.9523	0.0207	0.9653	0.0224	0.9790	0.0233	0.9819	0.0222	0.9817	0.0224	0.9843	0.0240
08 社会学	0.8562	0.0023	0.8210	0.0020	0.6305	0.0017	0.7432	0.0040	0.7628	0.0041	0.7829	0.0042	0.8227	0.0051
09 政治科学	0.9547	0.0057	0.9519	0.0063	0.9473	0.0065	0.9533	0.0068	0.9289	0.0062	0.9637	0.0064	0.9536	0.0069
10 法学	0.8941	0.0028	0.8959	0.0032	0.8948	0.0035	0.8936	0.0039	0.8906	0.0040	0.8869	0.0042	0.8953	0.0047
11 人文学	0.8994	0.0080	0.9034	0.0085	0.9125	0.0086	0.9155	0.0078	0.9063	0.0073	0.9061	0.0074	0.9161	0.0080
12 语言学	0.8101	0.0081	0.8150	0.0082	0.8599	0.0083	0.8677	0.0084	0.8580	0.0079	0.8616	0.0080	0.8804	0.0085
13 考古学	0.9996	0.0056	0.9836	0.0065	0.9898	0.0079	0.9975	0.0080	0.9949	0.0079	0.9843	0.0087	0.9818	0.0103
14 心理学	0.9757	0.0041	0.9685	0.0043	0.9183	0.0042	0.8589	0.0040	0.8845	0.0039	0.8888	0.0040	0.8914	0.0043
15 经济学	0.8673	0.0046	0.8696	0.0051	0.8635	0.0056	0.8650	0.0058	0.8642	0.0056	0.8865	0.0060	0.8989	0.0063
16 教育学	0.8284	0.0033	0.8958	0.0036	0.9173	0.0039	0.9420	0.0044	0.9359	0.0040	0.9273	0.0040	0.9124	0.0046

续表

学科组合类型	2000年		2001年		2002年		2003年		2004年		2005年		2006年	
	R^2	f_t^*	R^2	f_t^*	R^2	f_t^*	R^2	f_t^*	R^2	f_t^*	R^2	f_t^*	R^2	f_t^*
17 统计学	0.9600	0.0179	0.9515	0.0199	0.9664	0.0235	0.9748	0.0266	0.9717	0.0286	0.9667	0.0307	0.9607	0.0314
18 体育和运动科学	0.3135	0.0009	0.7491	0.0027	0.8429	0.0035	0.8225	0.0047	0.8253	0.0048	0.7909	0.0052	0.6784	0.0079

3）质量调整后的大学教育服务测度物量指数

两个大学教育质量调整指标：①在校正式学生人数SC_{jt}和总在校学生人数S_{jt}的比例；②实际毕业年数LE_{jt}和理论毕业年数LT_{jt}的比例。正式学生（指的是没有超过学位法定年度的学生）按首次在意大利大学注册的年份计算，需要特别注意的是第一个指标不适用于参加特殊学位课程的在校学生。如果所有在校学生都是在最合适的年份完成所有课程，那么SC_{jt}和S_{jt}的比例将会达到最大值1，这些学科的指标在接近于1时是最有效率的。计算获得不同学位的实际毕业年数LE_{jt}，需要考虑首次注册的年份和不同学科组合有着不一样的实际毕业年数。而计算理论毕业年数LT_{jt}则需要考虑获得学位规定的法定年度，同样要根据不同学科组合的具体情况分析。如果所有学生都在法定时间规定内完成学位，那么LE_{jt}和LT_{jt}的比例将会达到1，同样这个指标在接近1的时候大学教育过程达到了最有效率的结果。这两个指标有着同样的导向，它们均趋向于1，假定这两个指标在计算质量调整上有着一样的权重，大学教育的质量调整指标计算公式为

$$q_{jt}=((\mathrm{SC}_{jt}/S_{j,t})+(\mathrm{LT}_{j,t}/\mathrm{LE}_{j,t}))/2 \tag{3-11}$$

质量调整指标中的在校学生人数、在校正式学生人数和两者的比例见表3-5，质量调整指标中的理论毕业年数、实际毕业年数和两者的比例见表3-6，式（3-11）的计算结果q_{jt}见表3-7。从表3-6中可以看出，同样一门学科无论是实际毕业年数还是理论毕业年数都在发生变化。如学科17统计学，从2000年到2005年这段时间内的理论毕业年数从4.00年下降到3.27年，而实际毕业年数从7.84年下降到5.75年；由于二者下降的幅度不同，二者的比例反而出现上升，从2000年的0.51上升至2005年的0.57。

表 3-5　在校学生人数、在校正式学生人数和两者的比例

学科组合类型	2000 年			2001 年			2002 年			2003 年			2004 年			2005 年		
	S	SC	SC/*S*	*S*	SC	SC/*S*	*S*	SC	SC/*S*	*S*	SC	SC/*S*	*S*	SC	SC/*S*	*S*	SC	SC/*S*
01 理工科学	125 259	73 199	0.58	123 760	73 187	0.59	127 695	76 188	0.60	133 360	81 099	0.61	139 885	85 604	0.61	143 799	85 678	0.60
02 药剂学	42 412	28 567	0.67	43 779	29 161	0.67	44 207	28 775	0.65	46 567	30 455	0.65	48 553	32 570	0.67	52 781	35 327	0.67
03 医学和外科	97 220	71 312	0.73	101 264	76 102	0.75	116 412	89 891	0.77	123 898	95 519	0.77	132 785	10 199	0.08	139 872	106 339	0.76
04 工程学	209 534	123 123	0.59	211 330	124 087	0.59	216 832	128 010	0.59	224 309	131 774	0.59	229 145	131 336	0.57	229 995	129 031	0.56
05 建筑学	78 866	35 344	0.45	75 158	35 455	0.47	75 367	37 174	0.49	75 852	39 772	0.52	77 158	42 864	0.56	77 186	43 037	0.56
06 农学	27 204	18 361	0.67	26 883	17 593	0.65	27 611	16 823	0.61	28 837	17 236	0.60	29 729	17 157	0.58	29 608	16 655	0.56
07 兽医	13 794	8 306	0.60	13 571	7 906	0.58	13 757	7 791	0.57	14 143	8 229	0.58	14 605	8 691	0.60	14 841	8 619	0.58
08 社会学	22 243	15 029	0.68	24 777	16 947	0.68	23 002	14 929	0.65	14 713	7 358	0.50	15 186	8 044	0.53	17 749	8 568	0.48
09 政治科学	93 044	46 895	0.50	90 194	46 280	0.51	91 872	49 093	0.53	95 943	54 318	0.57	101 900	60 671	0.60	100 815	56 522	0.56
10 法学	265 301	123 919	0.47	252 358	113 280	0.45	241 830	107 687	0.45	234 532	106 149	0.45	230 118	107 700	0.47	227 507	97 259	0.43
11 人文学	216 385	120 072	0.55	212 600	119 173	0.56	220 379	125 242	0.57	242 890	145 265	0.60	247 190	148 733	0.60	249 607	137 357	0.55
12 语言学	42 716	25 656	0.60	45 475	28 046	0.62	48 939	29 967	0.61	52 120	32 218	0.62	53 959	33 360	0.62	55 796	31 251	0.56
13 考古学	7 201	4 635	0.64	7 259	4 591	0.63	7 261	4 006	0.55	7 396	3 725	0.50	7 390	3 360	0.45	6 663	2 574	0.39
14 心理学	31 475	19 888	0.63	30 170	19 057	0.63	35 386	24 008	0.68	44 220	30 497	0.69	45 825	31 408	0.69	48 375	29 485	0.61
15 经济学	214 706	111 559	0.52	206 755	107 894	0.52	205 534	111 484	0.54	207 555	117 379	0.57	210 493	121 594	0.58	207 215	114 205	0.55
16 教育学	82 970	54 181	0.65	91 576	61 340	0.67	102 301	68 904	0.67	96 624	61 678	0.64	106 464	65 306	0.61	111 138	64 455	0.58
17 统计学	6 622	3 447	0.52	6 146	3 223	0.52	5 366	2 818	0.53	4 746	2 537	0.53	4 316	2 567	0.59	4 000	2 479	0.62
18 体育和运动科学	4 026	2 704	0.67	5 151	4 018	0.78	6 717	5 525	0.82	7 619	6 201	0.81	9 540	7 020	0.74	13 105	8 673	0.66
合计	1 580 978	886 167	0.56	1 568 206	887 340	0.57	1 610 468	928 315	0.58	1 655 324	971 409	0.59	1 704 141	918 184	0.54	1 730 052	977 515	0.57

表 3-6 理论毕业年数、实际毕业年数和两者的比例

学科组合类型	2000 年			2001 年			2002 年			2003 年			2004 年			2005 年		
	LT	LE	LT/LE	LT	LE	LT/LE	LT	LE	LT/LE	LT	LE	LT/LE	LT	LE	LT/LE	LT	LE	LT/LE
01 理工科学	4.65	10.18	0.46	4.56	8.77	0.52	4.27	8.02	0.53	4.13	7.67	0.54	3.91	6.90	0.57	3.63	6.59	0.55
02 药剂学	4.98	11.07	0.45	4.90	8.91	0.55	4.87	8.75	0.56	4.84	8.47	0.57	4.75	7.94	0.60	4.68	8.15	0.57
03 医学和外科	5.88	7.52	0.78	4.50	7.18	0.63	4.01	6.32	0.63	3.92	6.05	0.65	3.79	5.88	0.64	3.71	5.65	0.66
04 工程学	5.00	12.78	0.39	4.73	9.32	0.51	4.53	8.59	0.53	4.27	7.67	0.56	4.05	6.97	0.58	3.82	6.86	0.56
05 建筑学	4.98	15.05	0.33	4.89	10.21	0.48	4.75	9.42	0.50	4.46	8.28	0.54	4.39	8.02	0.55	4.10	7.51	0.55
06 农学	5.00	11.60	0.43	4.73	8.33	0.57	4.50	7.86	0.57	4.41	7.80	0.57	4.20	7.38	0.57	3.92	7.35	0.53
07 兽医	5.00	12.20	0.41	4.93	9.11	0.54	4.87	9.17	0.53	4.85	8.57	0.57	4.75	8.59	0.55	4.60	8.30	0.55
08 社会学	4.15	7.68	0.54	3.99	7.79	0.51	3.97	7.61	0.52	3.87	8.06	0.48	3.80	7.89	0.48	3.65	7.78	0.47
09 政治科学	4.00	8.67	0.46	3.89	8.32	0.47	3.85	8.15	0.47	3.81	7.73	0.49	3.61	6.64	0.54	3.40	5.90	0.58
10 法学	4.00	8.65	0.46	3.98	9.07	0.44	3.97	9.13	0.43	3.75	8.93	0.42	3.81	8.24	0.46	3.74	8.02	0.47
11 人文学	4.04	8.47	0.48	4.01	8.55	0.47	3.95	8.32	0.47	3.92	7.90	0.50	3.76	7.16	0.53	3.60	6.95	0.52
12 语言学	4.00	8.46	0.47	3.93	8.25	0.48	3.92	8.00	0.49	3.84	7.50	0.51	3.72	6.88	0.54	3.53	6.77	0.52
13 考古学	4.00	8.46	0.47	3.97	9.17	0.43	3.94	8.57	0.46	3.89	8.31	0.47	3.83	8.24	0.46	3.70	8.08	0.46
14 心理学	5.00	10.03	0.50	5.00	8.88	0.56	4.96	8.83	0.56	4.50	7.26	0.62	4.24	6.43	0.66	3.87	6.26	0.62
15 经济学	4.00	8.76	0.46	3.90	8.65	0.45	3.83	8.12	0.47	3.75	7.56	0.50	3.63	6.75	0.54	3.46	6.72	0.51
16 教育学	4.09	7.40	0.55	3.96	7.26	0.55	3.82	7.00	0.55	3.81	7.01	0.54	3.82	6.78	0.56	3.69	6.71	0.55
17 统计学	4.00	7.84	0.51	3.74	7.36	0.51	3.56	6.92	0.51	3.56	6.55	0.54	3.45	6.21	0.56	3.27	5.75	0.57
18 体育和运动科学	4.00	4.00	1.00	3.34	4.14	0.81	3.38	5.15	0.66	3.40	3.76	0.90	3.42	4.48	0.76	3.24	4.93	0.66
合计	4.43	9.75	0.45	4.26	8.63	0.49	4.13	8.15	0.51	4.00	7.65	0.52	3.87	7.00	0.55	3.69	6.78	0.54

表 3-7　式(3-11)的计算结果

学科组合类型	2000 年	2001 年	2002 年	2003 年	2004 年	2005 年
01 理工科学	0.52	0.56	0.57	0.58	0.59	0.58
02 药剂学	0.56	0.61	0.61	0.61	0.64	0.62
03 医学和外科	0.76	0.69	0.70	0.71	0.36	0.71
04 工程学	0.49	0.55	0.56	0.58	0.58	0.56
05 建筑学	0.39	0.48	0.50	0.53	0.56	0.56
06 农学	0.55	0.61	0.59	0.59	0.58	0.55
07 兽医	0.51	0.56	0.55	0.58	0.58	0.57
08 社会学	0.61	0.60	0.59	0.49	0.51	0.48
09 政治科学	0.48	0.49	0.50	0.53	0.57	0.57
10 法学	0.47	0.45	0.44	0.44	0.47	0.45
11 人文学	0.52	0.52	0.52	0.55	0.57	0.54
12 语言学	0.54	0.55	0.55	0.57	0.58	0.54
13 考古学	0.56	0.53	0.51	0.49	0.46	0.43
14 心理学	0.57	0.60	0.62	0.66	0.68	0.62
15 经济学	0.49	0.49	0.51	0.54	0.56	0.53
16 教育学	0.60	0.61	0.61	0.59	0.59	0.57
17 统计学	0.52	0.52	0.52	0.54	0.58	0.60
18 体育和运动科学	0.84	0.80	0.74	0.86	0.75	0.66
合计	0.51	0.53	0.55	0.56	0.55	0.56

实践中，质量调整后的意大利大学教育服务测度物量指数公式为

$$L_{t/t-1}=\frac{\sum_{j=1}^{18}C_{j,(t-1)}S_{j,t}}{\sum_{j=1}^{18}C_{j,(t-1)}S_{j,(t-1)}}\times\frac{q_{j,t}}{q_{j,(t-1)}} \tag{3-12}$$

其中，t 表示时间单位；C_j 表示按学科划分的单个学生整体成本；S_j 表示按学科划分的在校学生人数；q 表示按学科划分的质量指标。与式(3-5)相比，唯

一的区别就是多了质量调整部分即 $\frac{q_{j,t}}{q_{j,(t-1)}}$ 。

意大利教育非市场服务产出测度这个例子给我们的启示有以下几点。

第一，意大利学校系统是以学生人数作为数量指标，方法是分学前教育、初等教育和高中教育三类构建班级人数的质量调整转换函数对学生人数进行质量调整；但是到目前为止我国还没有官方指定出一套标准的质量调整指标来测度学前到高中阶段的教育服务产出。世界上很多国家都是采用质量调整转换函数的方式对学生人数进行质量调整，我国也可以尝试用这种形式测度产出。

第二，这个例子中大部分篇幅都在介绍意大利如何测度大学教学活动的产出情况，而这当中有很多是值得学习的。比如，意大利构建物量指数需要用到其人均学生培养的成本。计算成本构建了一套完整计算方法，其中计算总体成本中涉及教师数量的计算公式为 $\mathrm{DE}_{i,t}=(\mathrm{ORD}_{i,t}+0.72\,\mathrm{ASS}_{i,t}+0.47\,\mathrm{RIC}_{i,t})\times 0.48$ 。这个公式被称为等价教授人数的计算公式，毫无疑问，运用这个公式对老师人数进行质量调整是有必要的。因为大学教师除了承担教学任务，还需要完成科研活动。但是在我国如果制定一个公式将所有学校都按照统一标准对教师人数进行质量调整是不符合实际的。比如，有些学校可能更偏向科研，实际大多数老师更多的时间是用在科研活动上；而有些学校的老师大部分时间都是用在教学活动上，而仅仅将一小部分时间用在科研活动上。如果都用一个标准对教师人数进行质量调整自然会出现较大的偏差。因此可以根据不同类型学校的情况制定几个弹性的转换标准。

2. 教育服务产出测度国际经验对中国的启示

具体地观察意大利的教育服务产出测度实践可以发现其教育服务产出的载体还是受教育的学生，主要核算的还是学校范围内可以进行量化的一些指标。另外对非市场教育服务测算还存在着确定其价格的问题，由于非市场教育服务无显著经济意义的市场价格，因此核算时如何确定教育服务产出的价格是重中之重。除了公立教育，由于我国的民办教育的投入资本主要不是靠个人或社会捐赠，所提供教育服务存在着市场交易价格，存在着一定的利润空间，因此使用民办教育机构的市场价格进行核算，也是一种新的思路。

分析前一部分意大利教育服务产出核算，其类别区分还是非常详细的，分成学前教育、初等教育、高中教育三个等级及大学教育。意大利的教育服务产出核算也是按照这个分类进行产出的质量调整的。影响服务产出的因素很多，不仅有教育服务生产者的因素，还有教育服务消费者的因素。从教育服务生产者的因素考虑主要有学校规模、办学条件、教师因素、科研水平、班级人数等方面的影响；从教育服务消费者的因素考虑主要有学生人数、学生素质、学习效率等方面的影响。

在教育服务产出核算中产出指标法不能将教育服务质量的差异很好地反映出来，因此，在核算非市场教育服务产出时，还必须考虑如何对教育服务产出的质量做调整。意大利国家统计局的专家强调从产出指标本身寻找更合适的指标以反映教育质量的差异，如升学人数、毕业生人数。但这些指标并不是很适合我国国情，升学人数与毕业生人数并不一定能较完整地反映我国非市场教育服务质量的差异，没能考虑我国不同级别的学校等因素所产生的质量效应问题。

3.2.2 医疗卫生服务测度的国际经验

1. 医疗卫生服务的特点

医疗卫生服务属于针对个人消费提供的服务，即医疗卫生服务是针对不同的病人提供各不相同的治疗服务。医疗卫生服务的产出是核算期内病人接受完整治疗的服务总量。完整治疗是指病人在整个治疗过程中接受的各种治疗活动的服务总量，也就是病人从开始治疗到康复这一过程中接受的各种治疗服务(如手术、住院护理等)的总和。医疗卫生服务的产出除了具有一般非市场服务产出的特点外，还有以下几个特点：①医疗卫生服务产出是完整治疗，病人接受的整个治疗服务是由不同的治疗活动构成的。一个病人可能会接受一次以上的不同治疗，同一个病人也会多次接受同一治疗。因此，为了正确测算医疗卫生服务的价格和物量变化，必须将完整治疗看作产出。②医疗卫生服务产出具有异质性，医疗卫生服务是对不同的病人进行的专项服务，产出是非常异质的。医疗机构对不同的病人提供的同一治疗服务的服务产出可能由于病人本身的差异和其他因素的影响不完全相同。③医疗卫生服务产出受质量变化的影响巨大，由于医疗技术水平的提高，医疗卫生服务的质量迅速提高，这种变化对医疗卫生服务的产出产生了很大的影响。

2. 医疗卫生服务产出测度方法的国际经验

丹麦统计局长期致力于从产出法角度研究如何更准确地测度医疗卫生服务产出，2002 年 12 月欧盟委员会给出了三种方法建议来测度价格和物量。这三种方法分别是：投入法(方法 C)，这是丹麦目前用来测度医疗卫生服务中的非市场产出部分(目前指的是 2008 年)；产出法(方法 B)；质量调整后的产出法(方法 A)。近年来国际上很多国家均认为方法 C 不适用于测度非市场产出，因为方法 C 无法用于分析生产率的变化(方法 C 假定劳动生产率不变)。因此，丹麦统计局决定在 2012 年之前改为使用方法 A 或者方法 B 来测度医疗卫生服务的非市场产出。其中方法 B 适用于某些具体的案例或者无法使用方法 A 的情况，方法 A 是最合适的方法，而方法 C 不应该再使用。本部分将详细地介绍丹麦统计局研究采用方法 A 或者方法 B 测度本国医疗卫生服务的非市场产出，并和现行的方法 C 的结果进行详细的对比分析，最后给出三种不同方法测度结果对丹麦总体经济的影响分析。

丹麦医疗卫生服务的非市场产出活动分为以下三个部分：第一，代码为 8551100 的医院活动；第二，代码为 851209 的全科医生、牙医和兽医活动；第三，代码为 853209 的为成年人服务的社会机构活动。所有医院服务的非市场产出都被放在代码为 8551100 的医院活动部分。

丹麦第一部分(医院活动)的产出几乎都是非市场的，而仅仅有 1%的产出是来自市场生产者(指的是私立医院)。丹麦统计局的统计数据显示，在 2002 年这个部分的总产出大约为 520 亿丹麦克朗(按现价计算)。整个医院服务占整个丹麦医疗卫生服务总产出大约 40%的份额，而医院服务中非市场产出部分占整个丹麦非市场产出大约 15%的份额。在代码为 851209 的全科医生、牙医和兽医活动部分的产出主要是由市场产出构成的，在 2002 年这个部分的总产出大约为 250 亿丹麦克朗(按现价计算)，其中非市场产出只占到其中大约 22%的份额。非市场产出主要来自政府提供给本国儿童的牙科治疗活动，而一般全科医生和兽医活动是基于市场的。代码为 853209 的为成年人服务的社会机构活动被归类到医疗卫生服务，在 2002 年这个部分的总产出价值超过

550 亿丹麦克朗(按现价计算)。非市场产出在这个部分所占的份额超过 90%，另外总产出主要是由针对老年人的医疗卫生服务组成的。下文讨论的是上述三个部分中非市场产出活动部分如何测度。

1)丹麦医疗卫生服务非市场产出方法 B 测度介绍

本部分将介绍用不带质量调整的产出法(方法 B)如何测度出不变价的产出情况，然后将使用方法 B 和方法 C 得到的不同结果进行比较分析。投入法和产出法的区别可以通过各自的计算公式展示出来：一是平减投入法，不变价产出值=固定资本消耗不变价+雇员报酬不变价+其他税金减去产品补贴不变价，注意此方法不能用单项价格指数计算产出；二是基于物量测度的产出法，不变价产出值等于使用年度价格或者相关价格指数得到的产出值，注意使用该方法计算产出不变价不需要知道不变价成本。

使用产出法计算非市场产出应该与计算市场产出的方法类似，但由于很难甚至无法获得非市场产出活动的价格信息，因此采用构建价格指数和物量指数的方法来得到非市场的产出情况，接下来将详细地介绍构建价格指数相关的计算公式。我们用 t 表示年份；V^{Y} 表示现在的价格；V^{D} 表示前一年的价格；V^{K} 表示环比价值。价值可以被理解为价格 P 和物量 M 的乘积，包括 j 个产品的价值计算公式为

$$V_t^{\mathrm{Y}} = \sum_j P_t \times M_t \tag{3-13}$$

计算环比价值需要知道 t 期的物量和 t–1 期的价格，包括 j 个产品的环比价值计算公式为

$$V_t^{D} = \sum_j P_{t-1} \times M_t \tag{3-14}$$

t–1 期和 t 期的双期拉氏物量指数计算公式为

$$I_{t-1,t}^{\mathrm{B}} = \frac{\sum_j P_{t-1} \times M_t}{\sum_j P_{t-1} \times M_{t-1}} \tag{3-15}$$

计算环比指数时要选取一个特定的年份作为参考，如某年的价格和特定价格应该是相同的。如果选取 t 期作为基年，那么 t 期和 t+1 期的拉氏环比指

数计算公式为

$$V_{t,t+1}^{\mathrm{K}}=\frac{\sum_j P_t\times M_{t+1}}{\sum_j P_t\times M_t}\times V_t^{\mathrm{K}} \tag{3-16}$$

而 t+1 期和 t+2 期的拉氏环比指数计算公式为

$$V_{t+1,t+2}^{\mathrm{K}}=\frac{\sum_j P_{t+1}\times M_{t+2}}{\sum_j P_{t+1}\times M_{t+1}}\times V_{t,t+1}^{\mathrm{K}} \tag{3-17}$$

前面提到丹麦国民账户中的医疗卫生服务被分为三个部分。第一部分代码为 8551100 的医院活动只有一个产品代码用于非市场医院服务的产出。新的固定价格管制涉及一般医院和精神病医院的特别平减要求。因此，为了计算固定价格，有必要考虑到一般医院和精神病医院价格增长变化情况。丹麦历年来的非市场账户的数据库为计算国民账户中的非市场产出提供了数据来源。然而，构建价格指数需要用到的数据在国民账户中被合并了，因此需要更多细节性的分布情况。表 3-8 根据政府职能分类对与医疗卫生相关的服务进行分类并给出了 2002 年医疗卫生服务的产出情况。

表 3-8　丹麦 2002 年医疗卫生服务的非市场产出情况

代码	分类	产出值/百万丹麦克朗	占比
0711	药品	12	0.02%
0713	治疗器械和设备	0	0
0721	身体医疗服务	123	0.15%
0722	特殊医疗服务	13	0.02%
0723	牙科服务	1 800	2.26%
0724	辅助医疗服务	1 904	2.39%
0731	一般医院服务	46 757	58.81%
0732	特殊医院服务	5 425	6.82%
0733	身体医疗服务	293	0.37%
0734	护理和疗养院服务	19 245	24.21%

续表

代码	分类	产出值/百万丹麦克朗	占比
0740	公共健康服务	1 034	1.30%
0750	医疗卫生研发互动	1 672	2.10%
0760	没有注明的其他分类	1 220	1.53%
070	总医疗卫生	79 499	100%

资料来源：Deveci 等(2008)
注：本表数据因进行了四舍五入，存在比例合计不等于 100%的情况

根据国际分类文件，其中代码为 8551100 的医院活动的非市场产出包括三个分组。它们分别是一般医院服务(0731)、特殊医院服务(0732)、护理和疗养院服务(0734)。其中，一般医院服务和特殊医院服务的所有产出活动都包括在内，而护理和疗养院服务的产出活动只有很小一部分属于医院活动。因此通过两个指数(一个是一般医院的，另一个是特殊医院的)来测度平减后的医院非市场产出活动，这两个指数根据它们在分类中各自代表性的产出值进行加权。

代码为 851209 的全科医生、牙医和兽医活动中非市场产出部分通过两个指数(一个用于测度非市场牙科服务的价格增长，另一个用于测度一般医院服务的价格增长)平减后测度出来。非市场牙科服务价格指数基本上等同于表 3-8 中的牙科服务(0723)的产出值，而 851209 中一般医院服务也属于一般医院价格指数。代码为 853209 的为成年人服务的社会机构活动包括两类非市场产品数量：一类是疗养院、日间看护中心等；另一类是为成年人服务的社会机构。前者包括整个护理和疗养院服务(0734)活动。疗养院服务等的加权价格指数用于减缩这类产品。为残疾人服务的居住类机构也是使用这个指数进行减缩。

接下来将详细地介绍如何计算以下四类价格指数：第一，一般医院价格指数；第二，精神病医院价格指数；第三，非市场牙科服务价格指数；第四，提供给老年人居住地和日间看护机构价格指数。

一般医院价格指数被用于减缩医疗卫生服务中最大价值部分，2002 年该指数曾被用于转换了大约 520 亿丹麦克朗。因此这个价格指数对整个非市场经济的价格和物量增长都有着决定性的影响。事实上，这个指数占的权重高到其发生重大变化时甚至会直接反映在整体的经济增长之中。

一般医院价格指数是根据丹麦卫生部制定的国家疾病诊断相关分组(Diagonsis Related Group，DRG)数据库测算出来的。在丹麦，DRG 系统是作为计算不同地区病人的费用的工具；国家卫生部门和医院所有者也使用这个系统来估计医院服务的活动和成本；此外还可以使用它来做预算，进行医院的规划和管理。DRG 系统包括各种各样的诊断种类情况和超过 800 个不同诊断种类的治疗费用情况，根据主要疾病目录(Major Disease Category，MDC)的 DRG 分组可以得到不同疾病类型的物量(治疗的数量)和价格(费用)的情况，具体可见表 3-9。根据这些数据可以计算出一般医院价格指数。因为所有的治疗类型无法在不同时期进行比较，只有表 3-9 的价格和物量能用于比较。双期拉氏价格指数的计算公式为

$$P_{t,t+1}^{B}=\frac{\sum_{i}P_{t+1}\times M_{t+1}}{\sum_{i}P_{t}\times M_{t+1}} \tag{3-18}$$

表 3-9　DRG 中的 MDC 分组情况

MDC 代码	物量		价格/丹麦克朗	
	2004 年	2005 年	2004 年	2005 年
1 神经系统	65 303	64 747	24 207	23 933
2 眼睛	7 893	7 768	12 839	12 788
3 耳、鼻、嘴和喉咙	371 193	38 906	13 464	12 886
4 呼吸系统	88 869	87 798	29 768	26 323
5 循环系统	134 872	135 927	28 917	27 554
6 消化系统	109 116	107 381	21 532	20 929
7 肝胆系统和胰腺	30 723	31 193	29 177	28 831
8 骨骼肌系统和结缔组织	111 540	111 179	30 177	32 044
9 皮肤、皮下组织和乳腺	39 048	38 614	22 435	23 928
10 内分泌、营养和代谢系统	26 673	27 469	25 361	25 071
11 肾脏和泌尿道	55 467	56 168	22 491	22 608
12 男性生殖系统	6 182	6 055	6 998	7 841
13 女性生殖系统	43 561	43 154	13 735	12 875

续表

MDC 代码	物量		价格/丹麦克朗	
	2004 年	2005 年	2004 年	2005 年
14 怀孕期、分娩期和产后期	74 780	74 960	17 248	17 469
15 新生儿	22 982	18 916	35 009	43 472
16 血液和血液形成器官	16 489	17 069	19 813	18 971
17 骨髓	22 960	21 758	30 581	34 640
18 传染	17 378	18 428	26 059	25 222
19 精神疾病和精神失常	4 954	4 955	25 126	25 061
20 酒瘾和毒瘾	10 656	10 427	9 583	10 672
21 受伤、中毒和药物毒药影响	18 450	18 464	11 665	11 511
22 烧伤	414	418	22 130	33 547
23 影响健康状态	55 295	56 348	25 352	27 493
24 多重创伤	624	594	69 837	70 140
25 人类免疫缺陷病毒感染	838	710	42 988	43 579
总计	1 336 260	999 406	616 492	639 388

资料来源：Deveci 等(2008)

例如，根据表 3-9 的数据和式(3-15)可以算出 2004 年到 2005 年期间价格指数为 1.017。这个结果说明 2004 年到 2005 年期间一般医院治疗的价格增长了 1.7%。2001 年到 2005 年的价格指数情况见表 3-10，它们是用 DRG 数据和式(3-18)计算出来的。从表 3-10 可以看出这五年间，其中三年在第二年进行同等治疗的成本更低，而剩下的两年间平均价格涨幅未超 2%。

表 3-10　一般医院价格指数(设 2000 年价格指数为 100)

项目	2001 年	2002 年	2003 年	2004 年	2005 年
价格指数	99.8%	99.6%	101.3%	98.5%	101.7%

资料来源：Deveci 等(2008)

神经病医院价格指数和非市场牙科服务价格指数的计算方法和一般医院价格指数的计算方法很相似。2001 年到 2005 年精神病医院价格指数情况和非市场牙科服务价格指数情况分别见表 3-11 和表 3-12。从表 3-11 中可以看出，这段时间内精神病医院治疗价格增长率在 1.3%到 7.0%之间。从表 3-12 中可以看出，2000 年到 2001 年期间牙科治疗的隐形价格有所下降，而之后每年的增长幅度在 0.4%到 5.5%之间。

表 3-11　神经病医院价格指数情况(设 2000 年价格指数为 100)

项目	2001 年	2002 年	2003 年	2004 年	2005 年
价格指数	101.9%	101.3%	104.6%	107.0%	102.2%

资料来源：Deveci 等(2008)

表 3-12　非市场牙科服务价格指数情况(设 2000 年价格指数为 100)

项目	2001 年	2002 年	2003 年	2004 年	2005 年
价格指数	99.7%	105.5%	100.4%	100.9%	102.5%

资料来源：Deveci 等(2008)

2002 年护理和疗养院的总产出值超过 200 亿丹麦克朗，因此提供给老年人居住地和日间看护机构价格指数在医疗卫生非市场产出中是非常重要的。提供给老年人的居住地和日间看护机构的数量见表 3-13，这些提供给老年人的居住地和日间看护机构的数量等详细的数据是由丹麦的社会资源统计部门提供的。从表 3-13 中可以看出，2001 年到 2005 年这段时间内，提供给老年年人的居住地和日间看护机构的数量整体呈下降的趋势。

表 3-13　提供给老年人的居住地和日间看护机构的数量　　单位：个

大类	类型	2001 年	2002 年	2003 年	2004 年	2005 年
居住地	疗养院	27 635	25 802	23 740	21 121	17 819
	庇护所	2 973	4 105	3 566	3 309	3 016
	提供给老年人的住所	20 186	19 875	18 338	17 157	15 866
日间看护机构	日间看护中心	28 209	29 516	24 936	26 192	25 476
	社会服务中心	4 322	4 330	4 472	4 406	3 722

资料来源：Deveci 等(2008)

丹麦用其首都哥本哈根市的数据作为全国私人住宅的价格来源，这些账户展示出了所有类型住宅的实际单位成本。由于丹麦其他城市住宅的单位成本很难获得，因此将哥本哈根市住宅单位成本的价格变化作为整个丹麦的代表。从 2000 年到 2005 年按照看护地类型分配的单位价格情况见表 3-14，哥本哈根市从 2001 会计年度才首次开始统计其住宅的实际单位成本，因此 2001 年的单位成本是基于增长情况回推计算出来的。

表 3-14 哥本哈根市提供给老年人的居住地和日间看护地的单位价格 单位：丹麦克朗

项目	2000 年	2001 年	2002 年	2003 年	2004 年	2005 年
疗养院	321 714	329 000	338 000	340 000	346 820	361 549
庇护所	126 143	129 000	132 000	132 000	134 215	139 375
日间看护中心	39 114	40 000	41 000	41 000	41 942	43 555
社会服务中心	157 435	161 000	165 000	165 000	167 768	174 218

资料来源：Deveci 等(2008)

2001 年到 2005 年提供给老年人居住地和日间看护机构价格指数情况见表 3-15。从表 3-15 可以看出这段时间内，提供给老年人居住地和日间看护机构的年价格增长率在 0.5%到 4.1%之间。

表 3-15 提供给老年人居住地和日间看护机构价格指数情况(设 2000 年价格指数为 100)

项目	2001 年	2002 年	2003 年	2004 年	2005 年
价格指数	102.3%	102.7%	100.5%	102.9%	104.1%

资料来源：Deveci 等(2008)

2) 方法 B 和方法 C 测度医疗卫生非市场产出测算结果的比较分析

前一部分已经详细地介绍了使用方法 B 测度医疗卫生服务非市场产出的详细计算步骤和计算结果，接下来将其与方法 C 的计算结果进行对比分析。首先是比较两种不同方法下四种医疗卫生服务非市场产出的价格指数，其计算结果见表 3-16。从表 3-16 中可以看出，2004 年和 2005 年基于投入法估计出的四个价格指数的结果是完全一样的，这是因为在研究改进医疗卫生服务产出的测度方法时还未最终敲定如何计算国民账户。另外，由于这些计算结果只是初步估算的，既没有详细的产品试算数据，也没有详细的减缩数据，在最初几年，所有非市场服务只能采用统一减缩，因此这四类价格指数结果是一样的。另外，从 2001 年到 2005 年基于投入法估算出的一般医院价格指数和精神病医院价格指数的结果也是完全一样的。因为前面有提到医院服务只有一种产品，所以这两种类型的服务没有单独的价格指数数据。

表 3-16　方法 B 和方法 C 测算出的四种价格指数（设 2000 年价格指数为 100）

类型	方法	2001 年	2002 年	2003 年	2004 年	2005 年
一般医院	投入法（方法 C）	103.3%	103.7%	101.5%	102.9%	102.0%
	产出法（方法 B）	99.8%	99.6%	101.3%	98.5%	101.7%
精神病医院	投入法（方法 C）	103.3%	103.7%	101.5%	102.9%	102.0%
	产出法（方法 B）	101.9%	101.3%	104.6%	107.0%	102.2%
非市场牙科服务	投入法（方法 C）	105.0%	103.0%	100.7%	102.9%	102.0%
	产出法（方法 B）	99.7%	105.5%	100.4%	100.9%	102.5%
提供给老年人居住地和日间看护机构	投入法（方法 C）	103.5%	103.2%	102.4%	102.9%	102.0%
	产出法（方法 B）	102.3%	102.7%	100.5%	102.0%	104.1%

资料来源：Deveci 等（2008）

从表 3-16 中还可以看出，以医院服务（包括一般医院和精神病医院两种类型）为例，除了 2003 年和 2005 年以外所有的年份，基于投入法估算出的价格指数均高于基于产出法估算出的价格指数。如果假定其他条件均相同的话，在国民账户核算中若医院服务的产出值只是基于价格指数计算得到的，那么其物量增长率将会更高。基于产出法估算出的精神病医院价格指数比基于投入法估算出的价格指数变化幅度更大，前两年计算结果显示价格增长非常高，而从 2003 年到 2005 年的结果则是完全相反。提供给老年人居住地和日间看护机构价格指数结果显示，前四年基于投入法得到的结果要高于基于产出法得到的结果，而到了最后一年基于产出法得到的价格出现了大幅度增长。通过对表 3-16 的机构进行详细的比较和分析，可以得到的结论是：基于产出法估算出的价格指数比基于投入法估算出的价格指数表现出更加不均衡的价格增长率。

接下来就是比较两种不同方法的计算结果，见表 3-17。运用前文介绍过的式(3-16)和式(3-17)可以计算出环比价值(以 2000 年作为参考年)。正如前文所描述的，2004 年和 2005 年的结果是在国家账户背景下初步计算出来的，这意味着：第一，用于减缩非市场经济的现行价格指数是一个一般医院价格指数；第二，国民账户中没有进行详细的计算，数据是基于分别计算得到的。首先，从表 3-17 中可以看出，8551100 医院活动的计算结果说明绝大部分年度使用产出法估算出的产出值高于使用投入法估算出的产出值，而使用投入法计算出的价格指数结果说明其价格增长会更加平缓。

表 3-17　方法 B 和方法 C 测算出的产出值(设 2000 年价格指数为 100，链式价值)

单位：百万丹麦克朗

项目	方法	2000 年	2001 年	2002 年	2003 年	2004 年	2005 年
8551100 医院活动	投入法(方法 C)	45 679	47 480	48 963	50 885	52 363	54 669
	产出法(方法 B)	45 679	49 024	53 542	54 554	58 125	60 906
	差额		1 544	4 579	3 669	5 762	6 237
851209 全科医生、牙医和兽医活动	投入法(方法 C)	22 326	22 876	23 095	23 503	23 563	23 725
	产出法(方法 B)	22 326	23 121	23 412	23 835	24 047	24 218
	差额		245	317	332	484	493
853209 为成年人服务的社会机构活动	投入法(方法 C)	48 366	50 378	51 906	52 416	49 114	46 905
	产出法(方法 B)	48 366	50 623	52 255	53 133	49 956	47 351
	差额		245	349	717	842	446
合计	投入法(方法 C)	116 371	120 734	123 964	126 804	125 040	125 299
	产出法(方法 B)	116 371	122 768	129 209	131 522	132 128	132 475
	差额		2 034	5 245	4 718	7 088	7 176

资料来源：Deveci 等(2008)

其次，从表 3-17 中还可以看出，851209 全科医生、牙医和兽医活动的产出值变化要比 851100 医院活动的产出值变化更加稳健。这是由两个因素造成的：更加一致的价格指数和非市场服务产出占该行业总产出的比例不到四分之一。这意味着超过四分之三的市场产出计算无须改变。最后，从表 3-17 中还可以看出，853209 为成年人服务的社会机构活动的情形与 851209 全科医生、牙医和兽医活动是一样的，只有占比很小的非市场产出部分的计算受到影响，但是价格指数随着时间的变化表现出良好的一致性。这意味着在 853209 这个类别，只需要对环比价值的产出进行适度的修正。

3）丹麦医疗卫生服务非市场产出方法 A 测度介绍

方法 A 也被称为质量调整后的产出法，本部分首先介绍如何选择最合适的质量调整指标，确定调整指标后以一般医院为例介绍如何计算价格指数。本部分将产出定义为：产出值=数量×质量。

由 OECD 建立的医疗卫生质量指标项目（Health Care Quality Indicators Project，HCQI）制定了一套用于研究医疗卫生质量的指标体系，使得各国之间的数据具有可比性，该套指标包括医院治疗质量调整指标和基础医疗服务质量调整指标。这套体系关注以下三个质量调整内容：降低死亡率/存活率；缩短等待时间；改善患者体验。

Atkinson 报告建议在等待治疗时间的领域收集数据以此进行质量调整的研究。等待治疗在获得健康和患者通过治疗得到健康变化两方面都起到了一定的作用，诊断测试和治疗的等待时间会通过以下两种方式影响人。第一，人们都不喜欢等待，因为等待对患者来说是一种很糟糕的经验，即使没有生病，患者由于等待而延迟看病也可能会导致糟糕的健康结果。第二，人们等待治疗的时间越长，其健康收益越可能会出现下降；由于病人一般会在病情很严重时才选择治疗，而长时间的等待过程中其健康状况可能会出现不同程度上的恶化。医疗卫生质量指标项目在对手术进行质量调整时会用到等待时间这个指标。

近年来的研究中唯一使用的质量调整指标就是死亡率，它被定义为一种特定疾病导致的死亡人数除以所有治疗这种疾病的病人总人数而得到的比率，例如，卒中死亡率等于因卒中死亡的人数除以治疗卒中的总人数。死亡率的权数是由特定疾病的治疗数量除以所有固定治疗的数量得到的，另外注意门诊病人并不包括在死亡率质量指标内。这个质量指标会显示随着时间的推移死亡率如何变化，如果死亡率出现下降则被认为医疗卫生质量改善。丹麦统计局只对普通医院的治疗进行质量调整。

从表 3-18 中可以看出一般医院基于产出法得到的价格指数和经过死亡率这个质量指标调整后的价格指数结果。因为死亡率的下降会对一般医院服务产生积极的影响，而不是死亡率的上升导致其价格指数出现下降。与基于产出法得到的价格指数相比，在 2001 年和 2002 年，死亡率上升导致质量调整后的价格指数也在上升；而在 2004 年和 2005 年，死亡率的下降使得质量调整后的价格指数也下降了。

表 3-18　三个方法编制的价格指数(设 2000 年价格指数为 100)

类型	价格指数	2001 年	2002 年	2003 年	2004 年	2005 年
一般医院	基于产出法价格指数(方法 B)	99.8%	99.6%	101.3%	98.5%	101.7%
	死亡率(指数)	100.1%	100.8%	100.0%	98.4%	99.2%
	基于质量调整后的产出法价格指数(方法 A)	99.9%	100.4%	101.3%	96.9%	100.9%

资料来源：Deveci 等(2008)

4)三个方法测度医疗卫生非市场产出结果的比较分析

表 3-19 显示了运用方法 A、方法 B 和方法 C 计算出的价格指数结果，可以看出其中使用投入法(方法 C)测度出来历年的价格指数均高于使用另外两种方法测度出来的价格指数，而在 2003 年根据方法 A 和方法 B 编制出来的价格指数是一致的。

表 3-19　一般医院质量调整后的价格指数(设 2000 年价格指数为 100)

类型	价格指数	2001 年	2002 年	2003 年	2004 年	2005 年
一般医院	基于投入法价格指数(方法 C)	103.3%	103.7%	101.5%	102.9%	102.0%
	基于产出法价格指数(方法 B)	99.8%	99.6%	101.3%	98.5%	101.7%
	基于质量调整后的产出法价格指数(方法 A)	99.9%	100.4%	101.3%	97.0%	100.9%

资料来源：Deveci 等(2008)

从表 3-20 可以看出，历年来的数据显示用方法 A 得到的代码为 8551100 的医院活动的产出值要明显高于用方法 C 得到的产出值，在 2005 年两者的差距接近 70 亿丹麦克朗。而用方法 A 和方法 B 得到的产出值数据差距要小很多，只是在前三年用方法 A 得到的产出值减少了；在最后两年用两个方法得到的产出值差距在不断增加，并且在 2005 年达到了 7.52 亿丹麦克朗。

表 3-20　三个方法测算的产出值(设 2000 年价格指数为 100，为环比价值)

单位：百万丹麦克朗

项目	方法	2000 年	2001 年	2002 年	2003 年	2004 年	2005 年
8551100 医院活动	投入法(方法 C)	45 679	47 480	48 963	50 885	52 363	54 669
	产出法(方法 B)	45 679	49 024	53 542	54 554	58 125	60 906
	差额(方法 B–方法 C)		1 544	4 579	3 669	5 762	6 237
	质量调整后的产出法(方法 A)	45 679	48 986	52 112	54 100	58 457	61 658
	差额(方法 A–方法 C)		1 506	3 149	3 215	6 094	6 989
	差额(方法 A–方法 B)		–38	–1 430	–454	332	752
合计	投入法(方法 C)	116 371	120 734	123 964	126 804	125 040	125 299
	产出法(方法 B)	116 371	122 768	129 209	131 522	132 128	132 475
	差额		2 034	5 245	4 718	7 088	7 176
	质量调整后的产出法(方法 A)	116 371	122 755	127 749	131 006	132 251	132 762
	差额(方法 A–方法 C)		2 022	3 786	4 200	7 218	7 481
	差额(方法 A–方法 B)		–13	–424	–441	397	803

资料来源：Deveci 等(2008)

3. 总结

以上的计算结果显示从方法 C 换到方法 B 的效果非常明显，产出值出现了上升，实际增长率也变得更高，当然最好的方法是方法 A。但是质量调整指标的数据想要计算正确有一定的困难性，比如死亡率有时候可能会出现错误登记，因为没有任何办法可以确保所有登记的信息完全正确。因此丹麦统计局认为想要用方法 A 来准确地测度医疗卫生非市场服务产出情况，应该基于医疗卫生质量指标项目做更多的研究。

丹麦医疗卫生非市场服务产出测度这个例子给我们的启示有以下几个方面：第一，目前世界上主要国家都认为投入法不再适用于测度医疗卫生服务产出，而应该转换为采用产出法。但是想要制定出一套适合本国国情的指标体系特别是质量调整指标非常难。第二，这个例子在编制提供给老年人居住地和日间看护机构价格指数时提到因为丹麦其他城市的单位成本信息很难获得，所以直接以哥本哈根市作为整个丹麦的代表。如果直接效仿丹麦只用北京的数据来代表全国的情况自然比较容易实现，但是我国人口众多，每个地区甚至一些人口密集的一线城市的情况差异性很大。因此我国应根据本国国情可以以地区、省甚至城市为单位结合各自的具体情况研究如何构建合适的指标体系测度医疗卫生服务的非市场产出部分。比如，前文提到丹麦的一般医院价格指数是根据丹麦卫生部制定的国家 DRG 数据库测算出来的，并且介绍 DRG 系统有着多种多样的用途。2017 年 6 月 2 日国家卫生和计划生育委员会已在深圳召开按 DRG 收付费改革试点启动会，并且已经选择广东深圳、新疆克拉玛依、福建三明三个城市的公立医院及省市级医院同步开展 DRG 试点。这项工作将成为医疗卫生服务非市场服务核算的重要基础。

3.2.3 其他一般政府服务测度的国际经验

1. 其他一般政府服务测度的相关研究

1) 国外对其他一般政府服务问题的相关研究

早在 20 世纪 40 年代希克斯、库兹涅茨等专家就对政府产品的定义进行了研究，从某种意义上来说，政府产品是政府部门为社会创造的最终价值或成果，指出政府提供给用户的最终产品或服务应该是政府“产品”。到了 1962 年美国预算局对美国政府的生产率进行了核算，报告指出由于对政府提供的产品或服务的范围难以界定，因此很难对政府部门的生产率进行有效率的测算。为了进一步精确地评估政府部门的产值，1971 年美国政府再次测度政府部门的生产率；20 世纪 80 年代新西兰为了政府部门预算改革的需要，将政府部门像一个企业一样来看待，也对政府部门的产品和服务做了深入的研究。同样地，英国政府结合标杆管理法对政府部门的产品进行重置，将政府部门的工作程序标准化为 64 个工作单位，改革了政府部门的预算编制。

20 世纪 90 年代荷兰统计学会与荷兰国民经济核算部门联合推出了一项对政府部门产出核算的研究课题。该课题旨在找出一种完善的测算政府服务产出的方法，重点考察了产出指标法、结构决定变量法和调整后的减缩法。2005 年英国经济学家阿特金森指出以往频繁使用的投入替代法无法反映政府的真正产出，他分别用直接产出指标法和投入替代法对非市场产出部门的产出进行了核算，两种方法的对比研究显示使用投入替代法测算的产出要高于用产出指标法的核算结果。因此推断以往的产出大部分情况下都被高估了。

在 SNA2008 中，向住户部门免费提供的非市场产出的价值一般是按中间消耗、雇员报酬、固定资本消耗、其他生产税等生产成本之和进行核算。虽然这种方法就是传统的投入替代法，但是目前世界上大部分国家都在使用此种方法来核算政府部门的产出。即使其存在一些不合理之处，但在未找到更科学的方法替代之前，该方法仍然在使用中。

2) 国内对其他一般政府服务问题的相关研究

在国民经济核算的基础上，许多国内学者也对政府部门的产出测算做了很多探索和研究。钱伯海和张文璋(2002)指出政府部门产出的核算必须严格区分哪些是中间投入与最终产出。蒋萍(2001)在《政府部门非市场服务产出核算的有关问题》一书中指出必须重视投入替代法所存在的问题，并且使用产出指标法时应该考虑服务产出和质量变化等两个问题。罗良清(2003a)对一般政府服务的特征进行了详细的阐述，建议在使用投入替代法的基础上再确定恰当的劳动生产增长率。王雍君(2005)提出了生产函数法和消费者产出测度两种测量政府部门支出方法。屈耀辉(2003)对现行政府部门产出核算使用的方法进行了研究，认为传统的投入替代法并不能准确反映政府服务的产出，并扭曲了产出指标的实质。胡皓(2016)针对一般政府服务产出核算的投入替代法的改进，大多是修补的方法，提出必须充分考虑一般政府服务的特殊的市场供求关系和收支关系，寻求一种能反映市场经济条件下政府生产的非市场服务特殊买卖关系的产出核算理论和方法。

2. 其他一般政府服务产出测度方法的国际经验

OECD 国家早在十年前就对一般政府服务产出核算方法进行了修改和研究。例如，荷兰统计局在这方面的研究成果已被实际部门的核算工作所采纳和使用了多年，并对各种核算方法进行了对比总结，其核算方法选择与工作经验值得我们借鉴和参考。

荷兰统计学会与国民经济核算部门联合组织研究了一般政府部门的服务产出核算问题。这是由 Brugyt Kazemimer 主持的一项研究课题，旨在找出一种实用且完善的测度政府服务产出物量变动的方法。该课题考察了三种测度方法，即产出指标法、结构决定变量法和调整后的减缩法。

荷兰国民经济核算最终结果与其他国家一样需要几年后(一般为两年半)才能公布，在滞后期内要对临时账户进行汇总，六个月后编制出第一个临时国民经济账户，一年半后编制出修订后的国民经济账户，但仍然是临时账户。所以在第 t 年临时账户是第 t 年的，修订临时账户是第 t–1 年的，最终国民经济账户是第 t–2 年的。荷兰国民经济核算资料的编制按以下步骤完成：首先，编制第 t–3 年的最终账户，这将是随后编制的第 t–2 年的修订临时账户的一部分投入。其次，编制第 t–2 年的临时账户，而第 t–2 年的修订临时账户又成为第 t–1 年临时账户的投入。一般来说，尽管政府产出变化量的测定很麻烦，但这样的账户编制次序却是有效的。

减缩法的引入对政府服务增加值年增长率的计算结果产生了较大影响。如果不采用减缩法，荷兰政府服务增加值平均年增长率为–0.4%；而根据调整后的减缩方法，平均年增长率则是+1.0%。调整后的减缩法对测算政府部门服务劳动生产率增长率是有效的。我国政府部门服务劳动生产率可参考此种方法进行试算。当然国情不同，在指标选择、数值获取等方面要进行相应的调整。我国政府部门工作人员一般是公务员，他们的工资标准是级别工资，且每两年按规定档次变动一次。政府公务员工资指数的确定相对要容易些。在政府公务员中，工资外的其他收入相对较少，福利性补贴大多已纳入工资薪金总额中。

对于政府部门的分类，我国采用如下分类：行政管理部门、国防、社会保障及其他政府部门。应指出的是，教育、医疗卫生部门(公共医疗卫生服务除外)可以单独使用产出指标法计算，不应该包括在一般政府服务部门中，即在其他政府部门子类中不应包括教育部门和医疗卫生部门。

3.3 非市场服务测度的中国实践

3.3.1 中国国民经济核算体系的修订

SNA 中保留着适应经济体制改革发展需要的内容，如国民收入核算、财政信贷资金平衡表等，而我国国民经济核算中取消了相应的内容。我国国民经济在保留传统核算体系中的基本概念的基础上，对 SNA 中的一些基本概念进行了调整。例如，专利权等无形资产所产生的收入回报不属于财产收入，为了与最新国际标准保持一致，中国国民经济核算体系对一系列的基本概念进行了整理。

核算体系 2002 颁布实施以来，我国市场经济发展出现了许多新情况，经济管理产生了许多新需求，对非市场产出核算内容也越来越重视。并且针对 SNA2008 的基本概念、基本核算内容、基本分类、基本指标及基本计算方法的修订进行了系统的梳理；对核算体系 2002 进行了科学系统的修订，制定出国民经济核算新的国家标准，即《中国国民经济核算体系 2015》。

3.3.2　中国实践的借鉴和对比

1. 教育服务测度的中国实践

在 SNA1993 修订的众多议题中，非市场产出的测算便是其中的问题之一。世界银行、国际货币基金组织及 OECD 的专家认为 SNA1993 没有讨论使用投入成本测算方法的理论充足性，没有对教育和医疗的物量指标提出好的实践做法。

我国教育服务主要是由政府提供的，即公立教育。SNA2008 中一般将公立教育服务生产单位列入非营利机构，非营利机构是 SNA 体系中五大部门之一。依据教育服务测度的国际经验，荷兰和澳大利亚都是从产出角度选用产出指标来测算教育服务产出的，并且都强调了质量调整，OECD 的做法借鉴了非市场性货物产出的核算经验，如果对教育服务产出做类似的处理，就需要有市场性的教育服务产出，并且市场上教育的价格要与非市场教育的价格相当，但是就我国的实际情况来看，目前市场上的教育服务价格代表性不强，而荷兰测算教育服务产出时，选择的产出指标——学生人数、毕业人数或者升级人数在我国没有太大的差异，也达不到质量调整的效果，在我国直接套用该方法是不行的。

我国教育服务测度的实践中，目前我国的国民教育以公立教育为主，民办教育为辅，并且与公立教育活动相比，民办教育的办学规模及办学经费在整个教育事业中所占的比重很小。由于初等教育和中等教育的教学活动相对于高等教育来说简单一些，因此对初等教育和中等教育中的公立教育服务产出的核算是参照高等教育服务产出的核算方法进行的。民办教育服务产出也可以按照一般服务的核算方法，采用营业收入法进行核算。

2. 医疗卫生服务测度的中国实践

医疗卫生服务属于针对个人消费提供的服务，即医疗卫生服务是对不同的病人提供各不相同的治疗服务。在我国实践中，医疗卫生服务的产出是核算期内病人接受完整治疗的服务总量。在这里，完整治疗是指病人在整个治疗过程中接受的所有治疗活动的服务总量，也就是病人从开始治疗到康复这一过程中接受的各种治疗服务(如手术、住院护理等)的总和。

目前属于非市场产出的医疗卫生服务产出普遍采用投入法和以传统医疗指标为基础的产出法进行核算，采用两种方法都存在着难以避免的缺陷。以投入代表产出改变了 GDP 这一产出指标的性质，而传统的医疗指标是一种分解性半定量指标体系，它既不能反映病种诊断和病情，也不能反映医疗服务所投入的医疗资源总量和医疗技术强度，因而失去了医疗产出的本质性内涵。而医疗机构利用产出法来核算医疗服务产出时普遍存在的问题是医疗产出管理粗放。因此，医疗服务测算的实践中应将服务产出的类型差异化，将其产出细分为更多的类型加以改进结果；利用更详细的数据并不能消除所有的异质性。这是医疗服务产出异质性的一种来源，因为它表示了短期住院治疗的质量波动。实践中解决这一问题的方法是通过增加医疗服务的活动类型来扩展。

3. 其他一般政府服务测度的中国实践

核算一般政府公共服务产出的难点在于：①政府公共服务没有明确的产量。政府服务的产出成果难以储存，很难像实物生产成果那样量化成具体的使用价值量。同时政府服务的生产也是对政府服务的消费和使用。②由于一般政府生产的公共服务是以免费或以不具有显著经济意义的价格向其他机构单位或组织提供的，一般政府的公共服务产品在大多数情况下是没有市场价格的。

在一般政府服务产出的核算实践中，主要从方法合理性及实践可操作性考察各种核算方法，每种方法各有优缺点。目前使用最为普遍的投入替代法实践操作性强，但理论方法上的合理性弱；改进的生产率质量调整法否定了生产率为零的假设，比投入替代法在理论上更合理，但实践操作性较差。而间接产出指标法，合理性比投入替代法和生产率调整法都强，但由于需要建立指标体系，操作性较弱。理论上直接产出指标法理论逻辑性最强，但实践操作性最弱。基于目前的国内外核算实践，仍推荐使用投入替代法来核算一般政府服务产出。

第 4 章

教育服务产出测度与绩效评价研究

教育作为一类重要的国民经济活动，对宏观经济有着显著的作用和影响。但由于教育部门往往以投入计量产出，其生产率往往被人们忽视。在过去的几十年间，许多国家和国际组织都致力于教育服务和其他非市场服务部门产出的测度研究，提出了若干教育服务产出测度的方法。目前，很多国家如澳大利亚、芬兰、法国、德国、意大利、荷兰、新西兰、西班牙和英国等都开始了利用产出法测度教育服务产出的研究和试算工作，与此同时，美国也在中小学教育部门开展了依据产出对教育支出进行核算的试点活动。本章首先系统介绍教育服务产出测度的基本理论和方法，并试图提出教育服务产出测度的改进方法和思路，并对中国的教育服务绩效进行系统的实证测算。

4.1 教育服务产出测度的基本理论

产出成果依据不同的原则有不同的划分方法，一种划分是按照产品的形态将生产的产品划分为货物和服务；另一种划分依据产品与市场的关系将产品划分为市场性产出以及政府单位、非营利机构免费或以无显著经济意义的价格向各个住户或社会集体提供的非市场性产出。教育作为非市场服务的重要类别，其产出的正确测算，对 GDP 核算、一国的生产率效率分析和绩效评价等都具有非常重要的意义。

4.1.1　教育服务产出的内涵

1. 教育服务的核算界定

在教育经济学领域和国民经济核算领域，已经有不少学者对教育服务的含义和目标进行了概括。在教育经济学理论研究中，学者对教育服务的定义为在一定的社会条件下，根据社会需要，对受教育者进行有针对性和计划性的系统教育和培训，以达到开发其体力和智力效果的活动。对教育目标的阐述，具有代表性的是 Hoffer(1976)的“教育的任务就是灌输学习的能力和技巧”和 Tomlinson(1994)的“教育的中心任务就是使每个学生的能力最大化”的观点。

从教育经济学的观点可以看出，教育经济学中涉及的教育服务成果是站在教育服务消费者的消费结果角度而言的，也即学生在接受教育服务前后的状态变化就是教育的产出。这个状态不仅包括学生自身素质的变化，也包括个人收益以及生活环境的变化。这种观点强调了教育劳动的成果，忽视了教育活动本身。为了更准确地核算教育服务产出，我们必须对教育服务和教育服务产出的内涵和外延给出更具可度量性的定义，并且使教育核算中使用的定义与一般的国民经济核算思想相吻合。

教育是具有服务性或劳务性的实践活动。在 SNA 和欧洲核算体系(European System of Accounts，ESA)中，教育服务被定义为教育服务生产者——学校、学院、大学向教育服务消费者即大、中、小学学生所提供的教学活动，即受教育者在核算期内获得的教学服务的总量，并不直接核算受教育者在接受教育服务前后的状态的变化。

教育服务与一般服务业极为相似，但同时又具有自身的一些特点，具体如下。

(1)教育服务具有无形性。教育服务作为一种服务产品，具备使用价值，与教育劳动过程同生同灭，可以满足一定的社会需求，并以非实物形态表现出来。

(2)教育服务具有生产和消费的同步性与不可分性。教育服务由教师从事教育劳动来提供，与此同时，学生即教育服务的消费者也在接受教育服务。这一特点常常容易导致教育服务产品的生产与消费和消费后的结果被混为一谈，造成教育服务的质量由学生学习结果和使用效果来衡量的现象，而学习结果往往会受到除教育服务本身外的其他因素的影响，如学生自身的接受能力和一些环境因素等。

(3) 教育服务的提供者具有主观性。教师是教育服务的提供者，不同教师在教学水平、研究能力和工作态度等各方面有不同表现，因此教育服务产出质量有差异。在提供教学活动的过程中，教师具有较强的主观性和自主控制性，因此对教育服务产出质量的高低及学生所获效用的大小进行测度和评价较为困难。

(4) 教育服务具有长效性。教育服务不具备实物形态，几乎无法储存，但教育服务的消费不仅能带来现时的效用，如受教育者见识的增加、掌握必备技能及获得知识的满足等，而且它还能对受教育者未来的生活和工作产生影响。

(5) 教育服务属于准公共产品，具有非排他性，但不完全具有非竞争性，介于公共产品和私人产品两者之间，且具有较强外部性。这一特性决定了消费者的人数会影响教育服务的提供，即会存在拥挤效应。教育服务一般是被成批提供的，其范围可以非常小，比如一对一的教学；也可以比较大，如对100名以上的学生进行大型讲座。但是它与“集体的”服务如警察机关或国防不同：教育服务通常是提供给团体的，但却是被个体所消费。

2. 教育服务产出的属性

教育产品主要是指教育服务，即由教育服务的生产者提供，以服务形态呈现的产品。教育服务产出即教育产品本身就是商品，它具有使用价值，同时也有交换价值。虽然它与具备物质形态的商品有不同的表现形式，但本质没有区别。

与教育经济学和国民经济核算中对教育服务的两种不同定义相对应，教育服务的产出从不同层次上可以划分为教育服务的直接产出和间接产出。直接产出是教育部门提供的服务量，其价值为教育服务在社会必要劳动时间内创造的价值，即在提供教育服务过程中转移的知识和技能的“量”，包括服务消费者——学生接受教育之后，疑问得到解决，学术水平得到提高等；教育的间接产出包括教育导致的人力资本形成、后续受益和社会影响等，它不仅取决于教师的劳动，而且取决于学生自身的素质（智力与基础等）以及原有人力资本的付出。

教育服务与一般服务类似，其本身的交易价值往往不能根据消费结果进行测算。教育服务产出由教学服务提供者提供教学活动的数量来反映，而不是由受教育者接受教育服务后消费的结果来衡量。教育间接产出的效果受很多因素影响，其中既包括学校的正规教育，也包括家庭和社会的教育，同时也与教育服务提供者的水平及教育服务消费者的主观努力息息相关。所以为了使教育服务的测算结果与国内产出和 GDP 的核算范围一致，就必须首先对两者进行明确的界定。教育的直接产出是教育活动的目标，即教育活动带来的直接最终成果。间接产出是伴随教育过程的结果的产生自然而然得到的其他产出，也就是教育的副产品和间接成果。在《瑞典教育部门产出》一文中，瑞典教育部门的间接产出被定义为：教育系统生产的最终收入的增加值。它是受教育者消费教育产品后的成果，微观上表现为教育服务消费者在接受教育服务之后获得更优质的就业机会、个人收入水平的提高、工作及居住环境的改善，宏观上表现为全体居民文明程度的提高、平均受教育年限的延长、国民收入的增加等方面。根据两者的区别举例来说，由教育产生的知识的转移是教育的直接产出；而学生接受知识后作用于现实社会，伴随知识的转移自然而然发生的就是间接产出。正因为教育的直接产出是一个明确的目标，这一目标的实现需要社会投入直接的资源，而间接产出则与此不同，它不需要通过社会投入资源来实现，它伴随着知识的传承和应用于社会而自然发生，它所导致的收入增加和所创造的财富在当期或未来被记入其他部门的产出。

4.1.2　教育服务产出核算方法

1. 教育经济学对教育服务产出的测算

教育经济学对教育服务产出的测算是基于教育是一种人力资本投资的观点进行的。以贝克尔、明瑟和舒尔茨在 20 世纪 60 年代的研究为起点，经济学家开始借助于人力资本投资的概念测算教育部门的产出。他们认为，对于人的投资，就像对有形资产投资一样，可以形成巨大的未来收益。教育被看作人力资本的一种投资是因为受教育者在整个一生的活动中都能从教育上得到益处，尽管教育投资只是人力资本众多投资形式中的一种。因此，专家认为可以用教育对个人终身收入的影响作为教育服务产出的一个度量。另外，学校教育的利益不仅仅局限在工作中的时间花费，教育也提高了劳动力市场以外活动的价值，如养育子女和享受休闲。因此，对教育部门产出的估算还应该加入花费在劳动力市场以外时间的价值。

美国经济学家 D. W. 乔根森和 B. M. 弗劳梅尼就曾应用人力资本投资理论对美国教育部门的产出进行了测算。他们首先收集了有关劳动力市场活动经济价值的数据，然后对非市场教育活动的数值进行估计。这些活动不仅包括投资于教育的时间花费，还包括用于休闲消费的时间花费，并从市场工资率来推测非市场教育活动的报酬率。他们发现在美国用这种方法度量的非市场教育活动的数值超过了市场教育活动的价值，其原因在于非市场教育活动时间超过了市场教育活动时间。他们还从美国所有个人的终生劳动收入估计出教育部门的产出。这些收入不仅包括市场劳动时间的数值，还包括非市场劳动时间的数值，进而估计受教育程度的增加对在校学习者个人终生收入的影响。

西方经济学家希望对教育服务产出所做的估计能有助于形成对人力资本在经济增长过程中的作用的正确看法。在美国，经济增长是利用国民收入和生产账户中记录的国民产值的增长率进行度量的。美国经济分析局公布大量的非人力资本投资的信息，然而国民账户中却没有提供有关人力资本投资的信息，主要原因就是账户只限于市场交易活动。尽管众多经济学家强调在对教育服务产出价值进行估计时应该包括市场活动收入和非市场活动收入，并且认为从受教育程度的提高得到的经济价值可以通过对受到学校教育的个人的终生收入的影响来追溯，然而，SNA 出于维护整个体系的一致性考虑，仍然没有将教育投资作为教育部门的一种产出来进行度量。

2. 现行国民经济核算中教育服务产出核算的方法及存在的缺陷

1)投入替代法

投入替代法是目前国际上通用的对非市场产出进行核算的方法。在 SNA2008 文本中，对非市场服务的产出核算所给出的指导性建议是：“向住户部门免费提供的非市场产出的价值按以下生产成本之和核算：a. 中间消耗；b. 雇员报酬；c. 固定资本消耗；d. 其他生产规模(减生产补贴)。如果支付象征性的成本就可以获得产出，那么相关价格就不是有显著经济意义的价格，它既不能反映相关生产成本也不能反映相关消费者的偏好，因此也就不能以此为基础来计算相关货物服务的产出。”

从国民经济核算的观点来看，以教育费用为基础估计教育服务产出的一个最吸引人之处就是可以主要或甚至完全从有关市场交易中寻求数据。不幸的是，这个特点恰好导致了对非市场教育活动不应有的忽视，并导致一系列缺陷。

(1) 以“投入”代替“产出”，表明劳动力维持恒定的增长率，这与一般社会再生产的基本原理相悖。

(2) 在特定的社会经济环境下，根据投入替代法计算得到的产出更有可能包含虚假成分。

(3) 使非市场教育部门增加值指标的核算进入误区。

(4) 容易把物量与物价的变化混为一谈。

(5) 经济总量的真实性易缺失，同时影响非市场教育部门评价的公允性。

2) 产出指标法

产出指标法是相对于现行的投入替代法而言，即寻找一种合适的产出指标去反映教育服务产出物量的方法。产出指标法作为一种新理念，在国内外教育和医疗服务等非市场服务部门都获得了认可，同时这种方法在一些西方国家已经开始投入使用。然而，并不是所有的非市场部门都合适，如一般政府提供的非市场服务就几乎不可能找出统一的产出指标。还有另一个原因就是缺乏统一的基本数据及涵盖范围不全面。但是欧盟统计局的任务小组仍然推荐在可能的情况下采用产出指标法核算非市场服务部门的产出。

在确定以不变价格对教育服务产出的非市场部分进行核算的最佳方式时，关键是确定教育服务产出的具体组成部分。联合国国民核算专家会议将教育服务产出定义为“学校在一段时间内转移的知识和技能的数量”。从理论上讲，衡量教育服务产出理想状态下的方法是确定每个学生每小时通过正规教学方法获得的知识数量。这是教育服务直接产出的定义，也是核算的目标。但是如果采用这个定义，核算的对象虚无缥缈，十分抽象。知识和技能不具备实物形态，对教师传授的知识量和学生学习的知识量的测量也没有确切的彟歜测量单位。因此，实际上不可能对它们进行测量。如果选择产出指标法来说明教育服务，还必须寻找最适合的指标以反映“知识和技能转移”的目标。

如果不考虑质量问题，不论是市场教育还是非市场教育，学生小时数指标都可以反映教育的直接产出即知识和技能的转移量。首先，教育服务具有生产和消费的同步性与不可分性，如果教育服务没有消费对象，则不能称之为生产。在教育活动中，是否有消费者参与决定教育活动是否为生产。比如，如果教师开设了一门课程，但没有人参加课堂，即使他教得再好，也不能当作生产，因此也不存在产出。而如果有一个学生上课，参与到教育活动的消费过程中来，教育服务产出也就随之产生了。其次，客观上来说，教师的劳动是由上课时间反映的。无论什么教学过程，都与教师和学生的时间花费相关。时间是最有价值的教学资源，因而衡量教师工作较为客观的指标无疑是课时的数量。学生小时数指标考虑到了这两个因素。因此，学生小时数比较适合作为测算教育部门产出的指标。

但是，学生小时数无法体现教育质量之间的差异。由于教育直接产出指的是知识和技能的转移量，因此知识转移的效率高低决定着教学质量的高低。而知识转移的效率往往会受到教育服务的提供者和消费者的影响，学生小时数指标却难以反映出这些影响。因此，我们也必须找到客观评估教育服务质量的方法。

4.2 教育服务产出的物量核算和质量调整

4.2.1 教育服务产出物量核算的实践

迄今为止，OECD、联合国、欧洲经济委员会、欧盟统计局、联合国民经济核算专家会议和中国国家统计局对非市场服务的产出核算问题一直有着深入的研究，并且取得了一定的成果，为教育、医疗卫生服务产出的核算提供了参考。其中，具有代表性的是意大利与荷兰对教育服务产出测算的思路。

1. 意大利教育服务产出测算的理论基础和方法

欧盟统计局为支持 ESA1995，成立了工作组专门研究不变价非市场产出核算问题，并对 1995 年意大利的非市场产出(包括教育部门的非市场产出部分)进行了测算。意大利国家统计局的研究以产出法为基础，从核算范围看包括每种类型的教育层次。

作为准公共服务，对教育服务产出的正确核算应考虑到用户的数量。ESA1995规定：“教学”的数量应该全面衡量，也就是说，包括每个学生花费的小时数。然而，由于这一测量方法实施难度较大，因此将学生人数作为一个更合适的指标，并假设学生与学费之间的比例不随时间变化，而且这个比例是可控的。

工作组采用以下两个与教育质量相关的重要因素调整教育质量：每个教室的学生人数和教学的目标。质量是通过投入(教室和设备)来衡量的，而不是学生的成就。首先在“教学质量取决于每个教室的学生人数”这一假设的基础上，对第一个因素(每个教室的学生人数)进行调整。如果学生人数增加并且教师对每个学生的关注度下降，则每个教室中的平均学生人数可被视为这种服务质量的合适指标，即集中程度。因此将学生人数指标作为班级产出指标。工作组构造了一个转换函数，当学生人数小于密集程度的阈值时，函数采用线性形式；当大于该阈值时，函数采用非线性形式。函数的最大值代表拥挤教室的最多的学生人数。这个函数把实际的学生人数转化为“标准化”的学生人数，有益于得到“标准化”的教育服务质量。但是，这种调整并不适用于大学教育。

在基年 1995 年计算的教育服务产出的总物量指数 L_t 是 $L_{h,t}$ 的加权平均值，$L_{h,t}$ 代表每一种活动的指数。指数 L_t 的计算采用拉氏公式，只需要基年的权数，而不需要每年的权数。

$$L_t = \frac{\sum_h P_{h,1995} Q_{h,1995} L_{h,t}}{\sum_h P_{h,1995} Q_{h,1995}} \tag{4-1}$$

$$L_{h,t} = \frac{\sum_h P_{i,1995} Q_{i,1995} \dfrac{Q_{i,t}}{Q_{i,1995}}}{\sum_h P_{i,1995} Q_{i,1995}} \times 100 \tag{4-2}$$

其中，i 表示每种活动 h 包含的服务种类；t 表示学年；$Q_{i,t}$ 表示学年为 t 时第 i 种服务的数量指标；$P_{i,1995}Q_{i,1995}$ 表示指数 $Q_{i,t}/Q_{i,1995}$ 的权数；h 表示教育类型(中小学、大学、大学组织、职业培训)。

式(4-1)中的权数采用的是提供每种服务时发生的成本(1995年)。提供每项服务的机构将其平衡项调整为与国民核算中对一般政府教育服务的产出估算结果保持一致。但由于这些估算没有包括服务的每一类型，因此不能直接使用这些估算结果。

2. 荷兰教育服务产出物量测算的理论基础和实践

意大利国家统计局根据学生—教师比率来调整学生小时数，看起来是一个很有吸引力的思路。但是，遗憾的是，OECD在全世界范围内所做的一些研究却表明这个指标缺乏实际证据的支持。事实证明，就有多少知识传授给学生而言，无论是师生比，还是每个学生的花费，都不是至关重要的。概括地说，OECD的研究检验了不同国家学生在文学、数学及科学课程的核心领域所达到的水平。结果发现，学生—教师比率和每个学生用于教育的费用与从这次检验中所获得的国家排名并不怎么相关。一个更为重要的方面似乎应是教学方法。尽管也承认正规学校系统外的填鸭式教育是这一结果的潜在促成因素，OECD的研究提出了充分的质疑阻止使用学生—教师比率测算质量变化，至少短期内如此。

与投入替代法相比，欧盟统计局建议优先考虑直接衡量教育服务非市场部分的方法。鉴于无法获得非市场服务的价格数据，理想的方法是使用考虑质量变化后调整过的物量指标。在这些研究的基础上，欧盟关于改革非市场教育部门服务产出核算方法的提议被荷兰统计局采纳，并据此对教育服务产出的测算方法进行改进。

1)理论基础和产出指标选择

关于测算教育服务产出，荷兰统计局首先对教育服务产出做出明确定义：教育服务产出是学生通过接受不同类型教育的服务，经质量调整后的教学数量。

据此定义，荷兰统计局认为，按照教育水平进行分类的学生小时数是衡量教育服务产出的重要指标，无论是进行市场教育还是非市场教育。然而，由于难以获得可靠的教学时数，因此假设某一类型学生的教育时间在一定时间内是恒定的，或者至少不会有明显的变化。那么，以下两类指标可以大致反映教育服务产出，一是不能反映质量变化的指标，其中包括学生小时数(学生人数×课时数)和学生人数；另一个是可以反映质量变化的输出指标，其中包括毕业生人数和升级学生人数。荷兰统计局认为，衡量数量可以反映质量的变化。因此，反映质量变化的指标被用来反映教育服务产出。当难以获取第二个指标数据或有明显证据表明第二个指标不能显著体现教育质量变化时，则使用第一个指标。

荷兰统计局也考虑了其他反映质量变化的方法，具体如下。

第一，用学生—教师比率调整班级学生人数。这个思路类似于意大利国家统计局，但是缺乏实际数据的支持。

第二，从理论上说，核算测量的是转移的知识量，也就是学生在年初和年末知识量的变化。虽然有大量的数据是关于期终考试或类似考试的成绩指标，但是罕有学生入学时的成绩水平指标，因此期终考试的结果只能作为水平差异的近似指标。基于此，这种方法未被采用。

第三，用教育服务消费者从改进的教育产品中获得的价值来测量教育服务质量的变化，而不管生产的真实成本。但是，只有能够确认知识转移效率真正得到提高时，增加教育投入资源才能额外提高教育质量。

第四，仅用额外增加的成本来测量教育质量的变化，并不考虑在转移知识的过程中实际效率是否增加。这是假设社会消费教育服务，政治制度决定有多少税收、以何种方式用于教育，并且增加的投入资源会导致教育质量的提高。这实际上就是投入替代法的基本思路，但是这种方法不可能反映政府政策对教育质量的有效性程度。

在实践中，几乎不可能直接测量知识的转移或转移的效率。但是一种好的物量测算方法应该能够在一定程度上反映质量的变化。荷兰统计局力图找到一个合理的可以反映教育质量变化的替代指标。

首先就是学生小时数和学生人数，但是采用这种指标，如前所述，隐含教学质量没有变化的假定。其次是能够反映教育质量变化的指标——毕业生人数。由于学校教育的目标是培养合格的毕业生，如果学校教育质量很高，满足毕业标准且顺利毕业的学生就会更多。但是，这不是产出本身，只是产出的替代指标。因为学校主要提供教学，不生产毕业生。另外，采用毕业生人数作为产出指标还包含很多不足：无法按时毕业的学生获得的教育不包括在产出中；毕业生人数在不同学校和不同时间存在着差异；教学质量提高带来的效果不是一蹴而就的，在毕业生数量增加前存在着一定的时间差(一年中毕业生的人数反映了前几年教学质量的变化)；学生毕业所花费的时间也不应该被忽略，如果学生毕业所需要的时间变多，产出也会因此下降。

由于学生小时数、学生人数和毕业生人数指标仍含有许多的缺陷，荷兰统计局认为可以通过检查成功完成整个学年课程的人数即升级学生人数来弥补缺陷。荷兰的大部分教育(至少初、中级教育)都是按学年组织的。一般来说，教学活动都是分学年进行的，每一年都会设定一个接受教育的最低标准，学生只有满足上一学年的要求才能进入下一学年学习。学生能否升级由前一年中的学习成绩决定。每年不进行期中考试(只有期末考试)，学校自主选择能够继续升级的学生，因此每年升级学生数量可以作为一个反映教学质量的产出指标。为了排除其他因素对升级情况的影响，使用该指标时设立假设——升级的学生能掌握每年要求学习的内容，不能升级的学生则达不到掌握要求学习内容的标准。这种方法的最大优点就是不存在使用毕业生人数指标时的时滞问题，升学率只反映当年的教学质量。对于初级和中级教育，荷兰统计局有足够的数据。但是一些特殊教育和高等教育并不是按照学年组织教学的，所以没有这些类型教育的足够数据。由此可见，每种指标都存在一定问题。为改进上述不足有两种尝试方法。

一是考虑毕业所需要花费的期望学习时间。期望学习时间依据学校所记录的学生流量模型计算而得。根据下述公式，可利用期望学习时间及其他相关数据得到调整的学生人数：

$$\text{调整的学生人数} = \text{学生人数} \times \frac{\text{名义学习时间}}{\text{期望学习时间}} \tag{4-3}$$

例如，在正常情况下在某类教育下获得毕业需要 4 年，但实际上学生平均花费 5 年才取得结业，则每年实际向学生传输的知识量仅为正常情况下的80%。为尽可能反映真实情况，学生人数应根据期望学习时间和名义学习时间进行调整，近似作为每年升级率的替代。这种方法有时很复杂，特别是当名义学习时间发生改变时，如高等教育学习时间的多样性会使这种计算很复杂。

二是考虑另一种可取的质量指标——期终考试的分数。比如，中等教育期终考试是统一命题的。但是期终考试的结果似乎更适合于学校间的比较，而并不适用于时间上的纵向比较。并且某些教育类型没有统一的期终考试数据。荷兰统计局对于每种类型的教育和各种可选方法都从实证角度进行了分析，其目的就在于寻找不同教育类型中“转移给学生的知识量”的最佳替代指标。最终确定了不同类型教育的最佳替代指标，包括学生人数、升级学生人数、毕业生人数以及合成指数[(t–1 年毕业生人数+t 年毕业生人数)/2]。

考虑到成本反映了不同教育类型的重要程度，因此将每种类型教育的成本作为构建总物量指数的权数。用于加权的教育成本是用于培养学生所消耗的教育资源的价值，依据这一观点，教育成本仅仅由用于培养学生所消耗的资源组成。对于用于除培养学生外的其他目的的教育投入资源，就不能称之为教育成本，如事业性经费支出就不属于教育的成本，与教学无关的科研支出也不包括在内。

2) 对荷兰教育服务产出物量测算法的分析评价

为反映教育质量的变化，荷兰统计局积极探索寻找教育质量产出指标。而大多数指标如学生人数、毕业生人数、升级学生人数都只是从教育结果的角度来近似反映教育的质量。然而，实际上很难说明学生人数、毕业生人数和升级学生人数能够完全反映教育的质量，尤其是对不同国家国情而言。受中国国情的影响，这些指标的应用会受到一定的限制。

第一，毕业生人数、升级学生人数能在一定程度上反映教育质量，但是这些指标的变化同样受其他因素的影响。比如，就业形势对学生学习的主观愿望的影响、国民收入水平的提高对学生整体素质的影响、国民受教育意识的改变和对教育投资的增加对这些指标的影响等。这些因素的影响同样隐藏在这些指标中，但却不是由教育提供方提供的教育质量变化引起的。

第二，学生人数、毕业生人数、升级学生人数在很大程度上受到人口统计分布的影响。特别要考虑的是中国实行的计划生育对人口统计分布的影响。从长远来看，这些因素也会反映在这些指标上，但是这种变化却不是由教育质量的变化带来的。

第三，就义务教育而言，事实上，几乎不存在不能毕业或者不能升级的情况。但并不表示义务教育学校之间不存在教学质量的差异。义务教育学校教育质量同样有高有低，主要是由不同学校的师资力量、硬件设施、教学手段的运用引起的。接近于 1 的毕业率和升级率反映不出义务教育学校间教育质量的不同。

第四，荷兰统计局认为成本反映了该类学校在整个教育系统中的重要程度。成本份额越高的教育类型对总物量指数的影响越大，如大学对总教育物量指数的影响就应该比小学要大。因此，在计算第 t 年总物量指数时，将每种教育类型在第 $t-1$ 年占总教育支出的比重作为该类教育物量指数的权数。这似乎也存在几个方面的问题，具体如下。

首先，国家政策的倾斜会对某类教育的成本造成人为的影响。其次，成本中会有一部分是用于固定资本形成、教学改革、教学方法的改进等在若干时期以后才会对教学质量产生影响的项目上。比如，大学的合并热潮、中小学由应试教育向素质教育的过渡，都会导致该类教育的成本份额在当年增加，然而这并不意味着该类教育在当年的相对重要程度也增加。再次，仅用某一年的成本加权，不能反映已有的教育规模对教育质量的影响。假设某年初等教育实行普遍的教学改革从而使得当年的成本大幅上升，甚至超过中等教育的成本，是否就一定能说明初等教育当年的教学质量就一定超过了中等教育，并且对总物量指数的影响也超过了中等教育呢？最后，荷兰统计局在编制教育服务产出总物量指数时用作权数的成本只包括用于培养学生所消耗的资源，其价值仅是完成教育活动全部费用的一部分。此外的其他开支也会对教育服务产出造成影响，需要考虑在权数中。可将其他开支根据是否与产出活动相关划分为两部分，和教育服务产出相关的那部分考虑进权数中。但这项划分判断工作是一项比较困难的工作，并且还受到现行会计制度的限制。

3. 澳大利亚教育服务产出物量测算的最新成果

澳大利亚统计局在2000年9月的OECD国民核算专家会议上提交了澳大利亚统计局对非市场产出的最新研究成果，研究成果中也提到了其对教育核算的思路。

澳大利亚统计局沿袭了 OECD 国民核算专家会议以往对教育服务产出核算的思路，并在实践中完善了大部分的教育部门的产出测算，包括初等教育、中等教育、高等教育和职业培训教育，但是并不包括私立教育。原因是私立教育提供的教育产品具有市场价格，不存在非市场服务产出核算的困难。

澳大利亚政府教育物量指数的测算采用了基于学生人数的拉氏物量指数。而采用学生人数作为产出指标，存在的主要问题在于不能反映学校教育质量的变化。为此，澳大利亚统计局研究了有关师生比对教育质量产生影响的文献，认为这种观点并不能为测算质量调整后的产出提供可靠的理论基础。近来，学生竞争力标准化测验(如学生智商测试和 OECD 学生成绩指标体系)的发展，为这方面的研究提供了一些研究前景，但是对统计工作而言，这个数据的时间序列过短。

由于学生人数并不反映教育质量的差别和变化，因此澳大利亚统计局对高等教育与职业培训教育的产出分别计算了未经过调整和经过调整的两种产出指数。

高等教育服务产出用两种方法计算指数：①未经过质量调整的基于学生人数的物量指数；②用注册学生所学课程的成本加权的学生人数。职业培训教育服务产出指数也用两种方法计算指数：①学生小时数；②用学分累计率对学生小时数加权。

另外，目前澳大利亚高等教育服务产出测算还不包括科研产出，尽管澳大利亚统计局已经对高等教育服务产出中科研产出的测算进行了一系列的研究，并取得了一些实践中的成果。

4.2.2　教育服务产出的质量调整

1. 质量调整的必要性和理论框架

由于服务与货物在核算特点上存在着较大差异，在教育服务产出的核算中，质量问题也逐渐显现出来。核算中所讲的质量差别区别于经济学中所讲的质量。经济学中的质量是衡量产品好坏的标准，而核算中所说的质量是区分产品同质与否的标准。对于同一种货物或服务，在某些特征方面存在着差异，人们可以将它们彼此区别开来，并为此而支付不同的价格，核算中就认为是异质产品。为存在质量差别的同类货物或服务支付不同的价格，就如同对不同类的货物或服务支付不同的价格一样。对不同质量的处理，必须与对不同种类的货物或服务的处理一样。对于具有市场价格的市场性货物或服务而言，区分不同质量的产品是不存在问题的。但是在对非市场性服务行业产出进行测算中，质量问题不容小觑。这是由于非市场性服务行业产出与市场性货物服务产出的特点之间有着巨大差异，与市场性货物服务产出相比，反映非市场服务质量差别的市场价格往往不容易找到。在核算非市场教育服务产出时，同样没有能够反映产品质量的市场价格，因此，对其质量就应做相应的调整处理。需要说明的是，以下讨论的质量调整问题，主要是针对教学服务产出的。科研活动的产出因其根据确定的标准进行分类，不需要进行调整。

在国民核算体系中，涉及有关质量调整的问题比较多，如标准产品产量的折算、综合评价中不处于同一水平上的项目处理等。当不同单位在总量指标上不能保持一致时，就要进行质量调整。在加总不同教学单位产出时，不同教学单位的产出也会因为各自本身的内在结构、服务属性的不同而不具备可比性，因而不能直接加总。一般是设计一个质量调整系数，使各个单位在总量指标和内部结构上达到有机的结合。

从国际组织和各国统计局对教育服务产出核算的实践中可以发现，对质量进行调整的一般思路是从教育服务产出指标本身出发，寻找能更好地反映教育质量的指标，如荷兰统计局选取了毕业生人数和升级学生人数，他们认为这些指标能很好地反映教育质量的差异和变化。但这一方法存在着一个明显的问题，即找到的指标本身并不是产出指标，只是从教育结果的角度近似地反映教育服务产出的质量变化。能够影响到教育结果的因素众多，并不仅仅是教育质量的改变才会影响到毕业生人数和升级学生人数等指标，换句话说，毕业生人数和升级学生人数所反映出来的变化包括教育质量的变化，同时包括与教育质量无关的因素的变化，这在前文已有分析。

根据 SNA 中关于服务的定义，教育服务质量就是教学单位提供知识时知识转移的效率。具体来说，可以认为教学单位服务的质量就是教学单位的服务提供给消费群体后，消费群体状态变化的效率，也可以说是教学单位的服务提供给消费群体后，学生素质提高的效率。对教育服务产出进行质量调整，必须要确定一个能够反映其不同质量特性的总量指标去计算质量调整系数。最理想的办法莫过于从教育服务提供者本身的结构差异出发，寻找能够影响知识转移效率的因素，计算一个综合指数。但此方法对分析教育提供者的结构差异有更高要求，计算过程复杂，需要更多数据支撑。还有另一种替代的方法就是从教育服务成果的角度寻找能近似地反映其服务质量差异的指标（如荷兰统计局认为的升级学生人数和毕业学生人数），尽管寻找的指标本身并不是服务产出指标。

教育服务产出质量受两个方面因素的影响。首先，教育服务作为准公共服务，其产出会受教育服务消费者的数量和表现的影响。在教育服务消费者达到一定标准后，每多增加一个人，教学服务产出的质量就会随之下降。其次，由于教育服务的质量会受到教育服务提供者的影响，因此无法合计总量。下面主要就两个方面展开相关分析。

2. 课堂教学服务产出的质量调整问题

1)影响课堂教学服务产出质量的因素分析

理论意义上来说，确定每个学生每小时通过正式教学方法获得的知识数量是衡量教育服务产出的最好方法。但在实际中所获得的知识数量无法准确测算。以教育服务产出的定义为出发点，荷兰统计局使用的毕业学生人数指标说服力远远低于学生小时数，因为其只能大致反映教育服务产出。若可忽略质量问题，市场教育和非市场教育都可通过学生小时数指标表示教育服务直接产出，即知识和技能发生转移的数量。若选取授课课时反映教育服务产出，则需要对不同的课堂教学类型进行调整。

课堂教学是一种准公共产品，具备社会互动的特点。因此，在测算教育服务产出的时候不能忽略用户的数量。与大多数公共产品类似，课堂教学具有拥挤效应。当学生干扰整个班级时，会产生这种效应的负面影响。而学生小时数指标不能体现拥挤效应的实际影响。因此应该将学生行为对教学质量的影响纳入考虑，并据此对教育服务产出质量做相应调整。

欧盟统计局设立的工作组出于教育作为准公共产品的特点的考虑，认为每个教室的学生人数决定着课堂教学的质量，并采用学生—教师比率对班级规模做出一定的调整。但是，尚未找到直接的实践证据证明这一论点。

课堂教学服务产出的质量需要依据课堂教学的特点进行相应调整。教育服务作为准公共产品，其质量的确会受到每个教室的学生人数的制约。当班级规模在一定的标准内，即不超过临界点时，班级内的学生可以得到充分的关注。此时，教育服务产出与学生人数呈正向变动关系。但当班级规模不断扩大并大于临界点时，拥挤成本就会随之产生，新增加的学生使得以前学生获得的效用受损，从而对教育服务产出造成负面影响。所以我们应该考虑下列问题。

学校教育的质量可以通过什么变量得到合理的评估？不同学生的表现是否会对班级规模造成影响？

与高质量教学相适应的班级规模大小是多少？有哪些影响因素？

班级人数超过平衡状态时，增加学生人数是否会对教师和学生行为产生影响？

如何最大限度地减小班级规模对教育服务产出的影响，规范化班级规模？

事实上，要发现班级规模对教育服务产出的影响较为困难。从一些学者的研究中看，班级规模似乎对教育服务产出没有显著影响。班级规模的影响令人费解，而实际上更为困难的是，如何找到班级规模给学生成绩带来的有说服力的影响。首先，如果无法找到体现教学质量发生变化的合适指标和准确数据来反映班级规模超出标准，班级规模对教育服务产出造成的影响就不易被发觉。其次，有些学校实际上与其他同等级学校相比，就班级规模和教育质量而言，可能会存在一定差异。再次，对处于不同条件和接受不同教育类型的学生而言，班级规模带来的影响也是不同的。例如，班级规模对问题学生的影响比优秀学生的影响大，对特殊教育环境下的学生的影响比普通教育环境下的学生的影响大，因此问题学生和特殊教育环境下的学生更应该也更适合规模较小的班级。最后，课堂教学作为公共产品，具备社会互动的特点。与其他公共产品类似，课堂教学极有可能产生拥挤效应。

另外，重点院校在品牌和声誉方面都优于普通院校，因此能够吸引大量优秀学生。这一选择也可以解释为什么从班级规模上看重点院校大于普通院校，而在教学质量方面普通院校却远远不如重点院校。

根据以上分析，我们能够得到以下结论：教育水平与学生和老师的素质变化会影响合适的班级规模大小。合适的班级规模大小不是一成不变的，还需要根据学生年龄进行调整。通常而言，大学的班级规模大于中小学的班级规模，其原因是大学班级里的学生整体素质水平高于中小学班级学生的素质水平，学生本身素质水平高使得教师有精力去关注到更多的学生。所以，在大学里更多的是采用讲座式大规模教育，而在中小学里更多的是选取小班教学方法。讲座式教育在国外大学里更为盛行，由于参与到大学课堂里的学生素质水平更高，在临界点内，新加入的学生不会显著降低其他学生的效用。小学和中学教育的教学对象多为自我控制力较差的儿童和青少年，所以他们需要得到教师更多、更充分的关注。当班级人数大于临界点时，新增加的学生会分散教师的时间和精力，从而使以前的学生的效用受损。

在中国，有时候会有矛盾的情况，但这并不代表上述推论是错误的。中国目前的教育状况是供不应求，在中小学中，由于学生人数过多而教师数量有限，班级人数大于 70 个极为平常。因此，从表面上看，中小学的班级人数不一定比大学班级人数少。另外，在很多普通院校中，大多数课程仍是传统式教学，讲座式教学并没有得到广泛应用。

在上述推论的基础上，继续将不同层级的教育水平和教学水平纳入考虑，分析探究合适的班级规模大小和超出正常大小的班级规模对课堂教学产出的影响。

2) 教学班级人数的质量调整

适当的班级规模与学生素质的不同阶段呈现反向变动的关系。较少的教师和较小的师生比率只有在学生素质较高的情况下是有作用的。由于增加班级人数将会降低每名学生的成本，因此学校通常会将班级规模扩大到临界点，以便最大限度地提高学校规模效益。此时，继续增加的学生将对其他学生产生负面影响。以下将关注负面影响范围内的情况。

绝大多数课堂教学是准公共产品。在公共产品讨论中，腐烂苹果原则(bad apple principle)可以更好地解释拥挤效应。在课堂教学中，任何一个学生的表现都会影响其他学生获取知识的能力。如果一个学生在课堂上表现出不良行为，其他同学都会受到影响。因此，假设任何学生在任何时候都不会受到自己或任何其他人的影响的概率记为 p，在学生数量为 n 的班级中的所有学生都不受影响的概率即为 p^n。同样，有 $1-p^n$ 的可能性出现同时表现不佳的情况(如课堂中聊天产生的干扰)。

再假定教室学习环境无噪声干扰时，学生的学习概率为 q。q 是可变的，由于不同学生的年龄和先天条件不同，q 会相应发生变化。因此我们假定 q 与教育水平呈正向变动关系。然后，在某个特定时刻，一个班级 n 个学生学习的知识量为 nqp^n。此时我们是以学生为入手点进行分析，没有考察教育服务的直接产出——教师转移的服务的数量。之所以考虑了教育服务消费者的立场是因为教育服务作为公共产品，高于班级规模临界点时学生表现会给教育服务产出造成负面影响，使教育服务产出减少。

由于 p 是小于 1 的概率，$\ln(p)<0$。我们可以得到两个结论：

$$\frac{\partial p^n}{\partial n} = p^n \ln(p) < 0 \tag{4-4}$$

$$\frac{\partial^2 p^n}{\partial n^2} = p^n \ln(p)^2 > 0 \tag{4-5}$$

可以看出，随着班级规模的增加，每个学生的学习效果都在下降，而且下降速度逐渐减小。以上述两个条件为基础，能够大致描绘出当班级人数为 n 时，班级规模对学习效果的影响曲线。其中，由于临界点之内没有拥挤效应，任何学生在任何时刻都不受他自己或任何其他人的影响的概率接近于 1，而 q 取决于学生的年龄和先天自理能力，这是一个常数。所以此时，班级规模与学习效果间的函数关系可以用直线表示。当超过临界点后，p 不再是 1，将会受拥挤效应的影响而小于 1。分段函数的图像如图 4-1 所示，$c1$、$c2$ 和 $c3$ 是对应于不同 p 值的临界点。

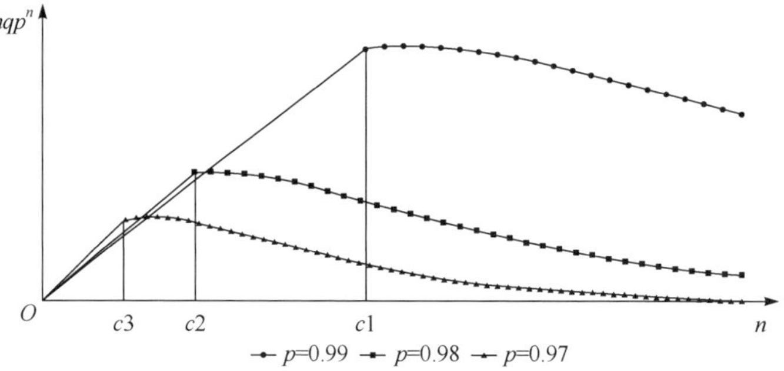

图 4-1　班级规模与课堂教育效果的关系

上述函数关系的构建不受主观性的影响。虽然它是建立在理论讨论的基础上的，但它在现实中依然如此。假定教师教授的知识量单位价值为 v，因此，学生希望从一个大小为 n 的班级获得的知识的价值为 Vqp^n，其中 $V = vq$，代表教师教授知识量的期望。

一所学校在一定时间内有一定数量的学生。假定一个有 Z 名学生的学校，平均班级规模人数为 n，有 Z/n 名老师和 Z/n 个班。班级规模人数是一个可调整的变量，所以教师的数量和班的数量也是变量。设定一位教师的成本为 W，假定 W、p 与其他工作条件无关。教学过程所转移的知识和技能总量，即教育服务的直接产出等于 ZVp^n。可得学校提供教育服务的总成本是 $W\frac{Z}{n}$。学校教育的增加值为

$$\Delta = ZVp^n - W\frac{Z}{n} \tag{4-6}$$

要使该增加值最大化，就必须令函数一阶导为 0：

$$\frac{\partial \Delta}{\partial n} = ZVp^n \ln(p) + W\frac{Z}{n^2} \tag{4-7}$$

式(4-6)清楚地表明，由于模型中的参数难以准确设定，很难找到班级规模的显著影响。如果能够确定参数 p 和 q，则可以通过构建函数使得实际的学生数量调整成为“标准化”的学生数量。函数的形式如下所示：

$$Q = \begin{cases} nq, & 0 \leqslant n < n^* \\ npq^n, & n^* \leqslant n \end{cases} \tag{4-8}$$

其中，Q 表示标准化的学生数量；n 表示实际的班级人数；n^*表示根据式(4-6)算出的最优班级人数。在某一特定的教育水平时，q 为常数。由上述可得，在保持最优班级规模时，教育服务产出和班级规模之间存在线性关系，可用直线表示；当超出最优班级规模后，可以用 qp^n 对实际班级规模进行调整。函数图像见图 4-1。

对于模型中参数 p 和 V 之间的关系也需继续探讨。在理论上存在着对 p 与 V 的多种估计。Vp^n 是每个学生花费一定时间所取得的教育成果，而 W 是每个教师的成本，其大小可以用人力资本理论去估算。但是出于核算的客观性和测算的可行性，我们完全可以用教师单位课时费用与学生购买单位课时教育产品的费用之比去反映 W 相对 Vp^n 的变化率。

任何学生在任何时刻都不受他自己或任何其他人影响的概率 p 以及学生在课堂上学习的可能性 q 有两个决定性因素，一个是学生年龄，另一个则与学生自身潜在社会行为相关。两个因素中年龄因素是更为直接的因素，研究表明，幼儿的注意力时间明显比不上大学生。而学生的自身行为习惯也会直接影响到学习态度和质量，如自愿学习的学生的 p 和 q，通常要高于被家长强制学习的学生的 p 和 q。

由于核算对象是教育服务的直接产出，因此忽略学生的素质差异和主观态度对教育结果的影响，假定 q=1。则该函数的表达式如下所示：

$$Q=\begin{cases} n, & 0\leqslant n<n^* \\ np^n, & n^*\leqslant n \end{cases} \tag{4-9}$$

3）解决不同教学单位产出加总问题的两种思路

除了班级规模（师生比）对课堂教学质量的影响，从教育服务提供者的角度来看，还有很多因素影响着教育质量，如教学手段、教学改革、硬件设施等。也许相比之下，这些因素会对教育质量产生更加重要的影响，且带来另一个问题，即不同学校之间教育服务产出的不可加总问题。OECD 组织的一些研究成果认为师生比与教学质量没有直接的相关关系，忽略了除拥挤效应以外的因素对教育质量产生的重要影响。接下来将就教育提供者的差异对教学质量的影响进行讨论，解决不同教育提供者的差异造成的不可加总性。

设计质量调整系数的思路是确定一个平均的质量系数，不同地区与级别的教育服务部门质量系数与该平均质量系数相比，得到反映其质量因素的具体情况的系数，服务质量好的平均质量系数大于 1，服务质量较差的平均质量系数小于 1，以此对相应的总量指标数值做出调整。通过这样的方式，使规模因素和结果因素得到全面的考虑，更好地把两者相结合。在设计调整系数公式时，必须要考虑被评价总体的分布差异情况，（R_i-R）/σ 能够反映个体对总体均值的离差状况。但由于质量调整系数必须是一个大于 0 的数，因此在总体分布差异较大的情况下，必须将在（$-\infty$，0）上的调整系数映射到（0，1）。基于上述考虑，我们设计调整系数公式如下：

$$V_{i|t}=\begin{cases} 1+(R_{i|t}-\overline{R}_t)/\sigma_i t, & R_{i|t}\geqslant\overline{R}_t \\ e^{\frac{(R_{i|t}-\overline{R}_t)}{\sigma_i t}}, & R_{i|t}<\overline{R}_t \end{cases} \tag{4-10}$$

其中，$V_{i|t}$ 表示某教学单位第 i 项总量指标的质量调整系数；$R_{i|t}$ 表示该教学单位与第 i 项总量指标相对应的质量因素（比重指标）的实际取值；$\overline{R}_t$ 表示所有单位第 i 项总量指标的平均值；σ_i 表示该总量指标的标准差。从式（4-10）中可以看到，当 $R_{i|t}\geqslant\overline{R}_t$ 时，表明某学校质量因素状况较好，高于平均水平，这时 $V_i>1$，质量调整系数会对反映绝对规模的总量指标起一个倍乘的正加权作用；反之，则说明该学校质量因素状况低于平均水平，质量调整系数会对反映绝对规模的总量指标起一个折扣的负加权作用。

从以上分析中，可以了解到对不同教学单位产出进行质量调整大致有两种思路，最理想的办法是从教育服务提供者本身的结构差异出发，计算综合指数。然而，这种方法必须对提供者的结构差异进行详尽的分析，还要收集较多的数据，并且不得不借助数学手段。还有另一种替代的方法就是从教育服务成果的角度寻找能近似反映其服务质量差异的指标，尽管寻找的指标本身并不是服务产出指标本身。下面我们分别对两种思路进行阐述。

A. 综合指标法

第一步，指标的选取和量化。

教育提供者对教育质量的影响因素大致可以从两个方面考虑，一是教学软件，包括学校的师资力量、教学能力、教学方法、教学态度和科研能力等；二是教学硬件，包括学校规模、图书馆资源、电教化程度、计算机辅助教学程度、教学场地和教学设施等。

这些指标中，有一部分是定性指标，很难定量化进行横向比较。到目前为止，关于中国大学评估的信息和公开成果层出不穷。我们借用网大中国大学排行榜指标体系。通过连续多年的研发，网大中国大学给出的排行榜获得了来自国内外广大专家学者的认可。网大于 2003 年 12 月应邀参加了由高等学校与科研院所学位与研究教育评估所、《科学学与科学技术管理》杂志社主办的中国大学评价理论与实践研讨会，赢得了政府部门及高校的高等教育研究专家及官员的赞扬。网大多年来对中国的大学进行了全面而详尽的调查和评价，其结果具有客观、公正、科学和长期的特点。根据综合评价的思想，若各个被评对象在某一指标上取值相同，那么该指标对不同单位的结构差异影响相同，该指标可以删除。因此，得分相同的指标未在考虑范围内。综上所述，本书根据此评估结果设计的指标体系如表 4-1 所示。

表 4-1　综合指标体系设计

一级指标	二级指标
学术资源	博士点（每千名学生拥有量）
	硕士点（每千名学生拥有量）
学术成果	SCI、EI、SSCI、CSSCI 总量及人均量
学生情况	录取新生质量（高考成绩）
	研究生在校学生占比

续表

一级指标	二级指标
教师资源	副教授占比
	师生比（专任教师数/学生数）
物质资源	科研经费及人均科研经费
	图书总量及生均图书量
	校舍建筑面积及生均面积

注：SCI 即 science citation index，科学引文索引；EI 即 the engineering index，工程索引；SSCI 即 social sciences citation index，社会科学引文索引；CSSCI 即 Chinese social sciences citation index，中文社会科学引文索引

第二步，模型构建。

可采用熵权法计算综合指数。熵权法的赋权是建立在各个指标所提供的信息量的基础上的。若各个单位在某一评价指标上差异越大，则可以认为该指标提供的有用信息量越大，也即该指标对不同单位的结构差异影响越大。反之，若各个单位在某一指标上取值相同，就说明该指标对不同单位的结构差异影响相同，该指标提供的有用信息量越小。熵权法综合考虑每一类学校在不同指标上的数据，差异越大的指标对学校教学服务结构影响越大，反之，则影响越小。按这种思路得到每一类学校的权数，这个权数可以反映不同类型的学校教育服务结构的差异和相对水平。

教育系统内分为小学、中学、高等教育、社会教育等，高等教育又分为文科、理科、工科、农林、医学、教育、艺术、经济、管理等，每类又可以分为博士研究生、硕士研究生、本科生、专科生等。为叙述方便，仅取某一教育类型内具有代表性的数个学校建立模型。设共有 n 所学校，评价指标分别为：$x_1, x_2, \cdots, x_m$。

可以构建原始数据阵：

$$R' = \begin{bmatrix} r'_{11} & \cdots & r'_{1\mathrm{n}} \\ \vdots & & \vdots \\ r'_{m1} & \cdots & r'_{mn} \end{bmatrix} \tag{4-11}$$

对 R' 做标准化处理，得到

$$R = (r_{ij})_{m \times n} \tag{4-12}$$

指标体系中均为正指标，因此采用以下标准化方法：

$$r_{ij} = \frac{r'_{ij} - \min(r'_{ij})}{\max(r'_{ij}) - \min(r'_{ij})} \tag{4-13}$$

第 i 个学校的熵定义为

$$H_i = -k\sum_{j=1}^{n} f_{ij}\ln(f_{ij}), \quad i = 1,2,\cdots,m, \quad j = 1,2,\cdots,n \tag{4-14}$$

其中，$f_{ij} = \dfrac{r_{ij}}{\sum_{j=1}^{n} r_{ij}}$，$k = \dfrac{1}{\ln(n)}$　（假定：当 $f_{ij} = 0$ 时，$f_{ij}\ln(f_{ij}) = 0$）。

第 i 个指标的熵权 w_i 定义为

$$w_i = \frac{1 - H_i}{m - \sum_{i=1}^{m} H_i}, \quad i = 1,2,\cdots,m \tag{4-15}$$

在给定被评价对象集合之后确定各种评估指标值的情况下，权数的熵权是在竞争意义上的每个指标的相对较强的程度系数，或者从信息角度来看，它表示该指标提供有用的信息量的数量多少。利用每个指标的熵权乘以每所学校的每个指标的得分，可以得到每所学校教育质量的综合评分。

$$\lambda_j = \sum_{i=1}^{m} W_i X_{i|j}, \quad j = 1,2,\cdots,n \tag{4-16}$$

这个综合得分反映不同学校在所有评价指标上的相对水平，而这些指标在很大程度上决定着一个学校所提供的教育服务在服务结构上的差异程度，得到的评价结果能够客观地反映学校的教育质量。最后，计算质量调整系数 V_i，然后各教学单位的产出（学生小时数）乘以该教学单位的质量调整系数 V_i，得到各单位质量调整后的产出，加总之后即得到当年调整后的教育部门服务产出。用第 t–1 年的成本份额作为第 t 年产出的权数，计算第 t 年的总物量指数。

B. 典型指标法

尽管综合指标法是一种理想的方法，然而，在实践中，计算这样一个综合指数的统计成本是很高的。因此，采用一些可以近似描述教育服务质量变化的典型指标的可行性更强，这些典型指标多从教育活动的成果中进行选择。

荷兰统计局认为，从教育服务的结果来看，升级学生人数和毕业学生人数是能够反映教育服务质量的。但是用毕业学生人数作为反映教育服务产出的指标，有其缺陷，这在前文中已有所论述。在一定程度上，升级学生人数指标可以弥补某些不足。然而，对某些类型的教育而言，如高等教育，学生的学习过程并不是严格按照学年来组织的，因此也无法获得这些教育类型的升级学生人数。

由于毕业学生人数指标或升级学生人数指标计算的指数能够反映质量的变化，借鉴荷兰在教育服务产出核算中的经验，采用相邻两年的毕业学生人数的两年移动平均数指标来进行质量调整。考虑到时滞问题和毕业学生人数所具有的缺陷，采用升级学生人数计算的合成指数似乎更为合理。对于无法获得升级学生人数数据和升级学生人数不能反映教育质量的教育类型，采用学生人数或毕业学生人数指标予以反映。

在对教育服务产出进行质量调整时，考虑到众多会对毕业学生人数、升级学生人数产生影响但是不由教育系统控制的外生变量，相邻两年合成指数的逐期增长量更能反映教育服务质量的差异。因为当年合成指数的绝对值指标并不仅反映当年教育部门的工作成绩，它还包含以下几个方面的影响。

人口统计分布对学生人数、毕业学生人数、升级学生人数的影响。尤其是考虑到中国的国情，计划生育会对人口统计分布产生影响。

国家政策对某类教育类型的倾斜，如高校大规模扩招，也会使学生人数、毕业学生人数、升级学生人数大幅度增加。但是这些指标在增加的同时，是否也意味着该教育类型的教育服务质量也同等增加呢？这恐怕是一个很难回答的问题。

其他社会因素对学生人数、毕业学生人数、升级学生人数的影响。比如，就业形势对学生学习的主观愿望的影响、国民收入水平的提高对学生整体素质的影响、国民受教育意识的改变和对教育投资的增加对这些指标的影响等。

以上都是教育系统不可控的自然因素和社会因素。但是可以假设，在相邻的两年间，这些因素大致保持不变，或者变化不大，以至于可以忽略。那么，相邻两年合成指数的逐期增长量所反映的就是教育部门的工作成就。确定相邻两年合成指数的逐期增长量作为教育服务产出的质量调整因素以后，计算教育服务产出质量调整系数的过程如下。

① 确定 t 年与 t–1 年的合成指数之差(按学校分，i 表示不同的学校)：$R_{i|t}=y_{i|t}-y_{i|t-1}$；② 确定合并范围内的合成指数之差的平均数 $R_{t|it}$ 和标准差 σ；

③ 根据式(4-9)计算质量调整系数；④ 用质量调整系数 V_i 乘以各学校的教育服务产出，得到各学校质量调整后的产出。加总之后即得到当年教育部门服务总产出(调整后)。用 t–1 年的成本份额作为第 t 年产出的权数，计算第 t 年的总物量指数。

3. 与教学活动有关的科研产出

除了教学服务产出之外，教育服务产出还包括与教学活动有关的科研活动成果。相对于非市场性教育活动，科研产出的物量指标和价格水平都比较容易确定，且国内已有学者对此进行了详细的研究，故此仅简单介绍一下与教学活动有关的科研产出核算。

首先，科研活动成果按形式类别分为学术论文、学术著作和学术课题。科研成果的质量一般可以按其发表的刊物级别进行分类，刊物等级可以参照国家权威的统一分类标准。学术课题类科研成果的质量分类一般由课题审批单位的级别来确定，如可以分为国家级课题、省部级课题和其他课题。在汇总科研成果的物量指标计算时类似对不同产品产量的综合汇总，适宜采取直接分类加总的方法。不同的科研成果具有不同的质量，因此在汇总前应按某一标准进行折算。

其次，确定每类成果的“市场交易价格”。除了课题类科研成果有经费资助，可以获得类似的“市场交易价格”以外，其他的科研成果往往都缺乏可供参考的“市场交易价格”。理想状态下的方法是通过参考专职科研单位在一定时期内发生的科研经费和科研成果的数量来计算每类成果的单位资金量，在此基础上，分别加上一定比例的“盈余”来确定近似的“市场交易价格”。

得到与教学有关的科研成果的物量指标和近似“市场交易价格”之后，就可以计算科研产出了：科研产出=$\sum k\times$科研成果量×“单位经费”额。其中，“单位经费”额是一个包括了“盈余”的单位价格指标。

4.3　教育服务绩效评价的实证研究

作为一个发展中国家，我国一直高度重视教育发展，并始终把教育摆在优先发展的战略位置。20 世纪末，党中央和国务院提出了“科教兴国”战略，并将其作为我国的一项基本国策。我国对教育的投入稳步增加。2012 年，国家财政性教育经费支出初次实现占 GDP 4%的方针。2016 年，国家财政性教育经费达到 31 396 亿元，占 GDP 比重达到 4.22%，是自 2012 年以来连续第五年保持在 4%以上。除了教育经费投入稳步增加外，我国各层次教育的办学条件逐渐改善，师资水平明显提高，教育事业取得了较大的发展。但也存在一些问题，如只注重规模和速度、忽视产出水平和教育服务绩效等，并且和其他国家相比，教育供给和需求之间的矛盾更加显著。虽然我国教育资源投入总量居世界首位，但教育资源与现实需求仍存在巨大缺口，教育效率低下的问题一直较为突出，这已经严重阻碍了我国教育事业的可持续发展。仅靠增加投入来使教育走出资源欠缺的窘境是不行的，应当更加注重教育资源的优化配置，进一步提升教育资源的使用率，使教育资源利用从粗放型向集约型改变，从而达到推动我国教育事业由外在到内在的发展，走上科学发展的道路。因此，在经济发展新常态下，为了教育事业的健康、快速发展，进而提高国家的创新能力，应努力提高教育资源的利用率，进而提升教育服务部门的绩效水平。基于此，对我国教育服务部门的绩效进行测度与分析，对于解决目前教育资源短缺问题、优化教育资源合理配置、提升教育服务部门绩效水平具有重要的现实意义。

4.3.1 教育服务绩效方面的国内外研究现状

国外学者很早就对教育问题展开了研究，但对于教育效率的研究在 20 世纪末才开始逐渐重视起来，目前仍处于起步阶段。

Senqupta 等(1987)通过对加利福尼亚州公立小学的教育效率建立 DEA 模型进行测算，并提出进一步提高效率的相关建议是改进教育投入。Breu 和 Raab(1994)通过构建评价指标体系，运用 DEA 方法对美国公立大学的相对效率进行分析，结果得出 DEA 方法在评价高校办学效益方面较传统统计方法更具有效性及可行性。Bradley 等(2001)通过 DEA 方法，利用英国 1993～1998 年的数据对其全部中等学校的技术效率和决定因素分别进行了测算和检验，结果显示学校间的竞争程度与教育效率呈现正相关关系，即竞争越激烈，教育效率越高。Abbott 和 Doucouliagos (2003)采用 DEA 方法，根据 1995 年的数据测算了澳大利亚公立大学的教育效率，结果显示教育效率总体上相对较高，但存在部分大学的教育效率较低的情况，这也侧面说明其教育效率具有较大的提升空间。Hui (2009) 利用灰色理论来剖析与预测普通高中教育，进而为教学管理提供了科学基础。Toth (2009) 以欧洲 19 个国家为研究样本，运用 DEA-Tobit 法对高等教育效率的影响因素进行实证研究，结果说明人均 GDP 对高等教育效率的影响是显著的、正向的。Wolszczak-Derlacz 和 Parteka (2011) 研究了欧洲 7 个国家高校教育效率的影响因素，研究结果指出地区人均 GDP 对高校教育效率的影响并不明显。此外，他们还发现地区医疗机构与高校教育效率之间存在显著的正相关关系。Thanassoulis 等 (2011) 分别运用非参数方法 DEA 和参数方法，对英国高校的成本和效率进行了分析，并对两种方法的评价结果进行对比分析。Nazarko 和 Šaparauskas (2014) 以波兰 19 所大学为研究对象，利用 DEA 方法对这些大学的技术有效性进行了深入研究。

国内学者关于教育效率也展开了特别多的研究，并且取得了非常丰硕的成果。研究成果主要分为两类。

(1) 理论研究。理论研究主要集中于对以下几个方面的探讨。第一，对教育效率与教育公平之间关系的探讨。李慧 (2000) 认为教育公平促进教育效率的增长，反过来教育效率的提高促进教育公平的建设与完善，两者不仅互为因果，而且相互增进、相辅相成。许丽英和袁桂林 (2006) 认为教育效率与公平呈现内在的一致性关系，不应为了呼吁教育公平而扼杀教育效率，而应把教育效率作为重新分配教育资源的一个重要依据，这样既能追求教育公平，又能提高教育效率。褚宏启 (2008) 认为教育效率和教育公平是两个互相联系、同样重要的教育目标，它们之间的关系既不是对立，也不是主次，这一观点与张红 (2012) 的研究是一致的。吴莹 (2010) 对 30 年来中国基础教育政策中教育公平和教育效率的关系的变迁历程进行了一定的反思，并提出现代基础教育变革的价值导向正逐步从“教育效率优先，兼顾教育公平”向“更加关注教育公平”的方面发展。第二，对教育服务绩效内涵的探讨。王善迈 (1996) 将教育效率定义为教育资源消耗与教育直接产出成果的比较，也就是教育的投入与直接产出之比。温涛等 (2009) 认为教育服务绩效是教育资源在一定经济基础的情况下和技术效率前提下是否得到了合理有效的配置，使其满足农村经济社会发展的需要达到最大限度化。李文长 (2011) 认为教育服务绩效本质体现在教育投入与产出之间的比例关系，当然这只是他从狭义上将教育服务绩效定义为教育活动的经济效益的角度来说的。张红艳(2016)对教育服务绩效的概念进行了一些阐述和个人理解，觉得教育服务绩效是在一定教育投入下，教育领域个人或组织在教育实施过程中其行为对教育目标实现的贡献程度。第三，对其他问题(如指标体系、绩效评估存在的困境等)的探讨。上海工程技术大学课题组(2013)在吸收和借鉴国内外先进经验的基础上，对教育服务绩效评价的标准模型、指标体系、方法选择、流程设计，以及评价体制与机制的理论依据进行了研究，并提出了教育服务绩效评价制度建构的实践方案以及相应的政策建议。苑健(2014)认为高等教育服务绩效评估存在以下困境：高等教育机构是一个供应多种服务或制造多种“产品”的组织，教育过程中的投入和产出不仅涉及非市场变量，还受限于质量变量和时间变化的影响，因此它们之间具有不统一性。此外，数据短缺的限制会影响到测量结果。

(2)实证研究。实证研究主要围绕着教育效率的测算及其影响因素进行分析。第一，教育效率的测算分析。白雪洁和房伟(2010)基于 DEA 模型并根据中国 31 个地区 2004～2007 年的义务教育的资源配置效率进行了分析，研究的结果表明不同地区义务教育的资源配置效率存在明显的差异，经济发展程度较高的省份由于投入过剩，教育效率更低。郭俞宏和薛海平(2011a)利用调查数据，对我国中部和东部地区 2007 年的义务教育生产效率采用 DEA 方法进行了实证研究，分析结果显示我国这部分地区的义务教育生产效率并不乐观，学校办学效率还有待提升。解百臣等(2011)对 2000～2007 年我国 31 个地区的普通高中教育效率进行了评估研究，发现经济发展所处水平与教育效率值之间具有相关性，具体体现是发展处于中等水平的地区教育效率值较高，而经济发展水平较发达或较落后的地区教育效率值较低。冯艳和孙欣(2012)选取相关投入和产出指标，并建立 CCR 模型和超效率 DEA 模型对辽宁 1997～2010 年高等教育投入产出效率进行了测评，结果发现扩招之后辽宁省高等教育投入产出效率在不断上升。徐晓(2014)利用 2011 年和 2012 年全国 31 个省份中等职业教育的投入和产出数据，并运用 DEA 模型对全国 31 个省份中等职业教育投入产出效率进行了估算。分析结果表明，我国中等职业教育的综合效率存在较大的地区差异，且教育支出绩效有待进一步提高。侯强(2017)以 2014 年 31 个省区市的高等教育投入产出数据为样本，对高等教育效率的投入产出效率采用超效率 DEA 方法进行了研究，结果表明沿海地区高等教育效率最高，中部地区次之，而东部和西部教育效率较低。刘源和张建功(2017)以资源利用效率为切入点，运用因子分析方法，对我国 31 个省区市研究生教育服务绩效进行了评价和比较分析。第二，教育效率的影响因素分析。郭俞宏和薛海平(2011b)分析了学校类别、平均每名学生的教室面积和公用经费、“新机制”政策、校际竞争气氛、政府对学校的治理水平对我国义务教育阶段学校教育生产效率的影响。魏梅(2012)对影响区域高等教育效率增长的因素进行了实证分析，发现人力资本对于高等教育效率增长具有显著的正向影响，而地区经济增长和财政支出比重对高等教育效率的提高则不存在明显的影响。张爱英(2014)利用我国 31 个省区市 1998～2012 年的面板数据，并运用面板 Tobit 模型，依次对影响小学和普通中学教育效率差异的要素进行了回归分析。亓寿伟等(2016)从制度因素角度出发，利用 Tobit 面板模型分析了财政分权和地方政府竞争对基础教育支出效率的影响，结果表明分权体制对各地区教育支出效率水平具有显著的负向影响，而地方政府竞争对支出效率具有显著的正向影响。王伟(2017)利用空间计量方法对我国职业教育资源配置效率的影响因素进行分析，结果发现产业结构、教育结构、区域人口变迁、硬件设备、师资力量和人才培养质量等六个因素对教育资源配置效率具有促进作用，而经济实力和经费投入对教育资源配置效率具有约束作用。

总之，为进一步研究我国教育活动的绩效问题，目前存在的文献对教育服务绩效问题的研究给予了很好的支持。从已有文献来看，较少学者对我国各地区初等教育、中等教育及高等教育的教育服务绩效进行全面、系统的分析，大多数学者采用 DEA 方法来研究教育活动的绩效问题，也有少数学者采用了超效率 DEA 方法。尽管超效率 DEA 模型能够避免传统 DEA 模型的缺陷，即对效率值为 1 的有效决策单元进行进一步区分和排名，但不能将效率值分解为纯技术效率、规模效率。基于此，本书仍然采用传统的 DEA 方法，并结合全要素生产率对我国初等教育、中等教育和高等教育[①]的绩效问题进行静态和动态分析，以期全面、准确地测算我国各层次的教育服务绩效，为相关教育部门提供重要参考。

---

① 在这里，本书是按照统计年鉴的划分，将教育阶段主要划分为初等教育、中等教育及高等教育。其中，初等教育主要包括普通小学，中等教育主要包括普通初中、普通高中、中等职业学校，高等教育主要包括普通高校。

4.3.2 实证研究方法

1. DEA 模型

DEA 最早是由美国著名运筹学家 A. Charnes、W. W. Cooper 和 E. Rhodes 于 1978 年提出来的一种用来评价相对效率的分析方法，其基本原理是构建能充分反映评价目的的多投入和多产出指标体系，其采用线性规划的方法，对具有可对比性的同类型决策单元进行相对有效性评价。DEA 基本思路是将其里面的一个决策单元看成被平均单元，用全部的决策单元组织成评价参考集，再依据每个决策单元与生产前沿面的间隔来评判各决策单元是不是为DEA 有效，这样便能达到绩效评价的目的。由于 DEA 属于非参数方法，不需要预先假定模型的具体形式和分布，之所以有不少研究学者钟情于使用此方法来测度绩效，是因为 DEA 具备避开主观判断、算法简单、缩小误差和较广的适用范围等诸多优点。目前，该方法已经在教育、环境、政府绩效评价、宏观经济、企业管理决策、金融投资和成本收益等诸多领域得到了颇为广泛的应用。

DEA 模型类别很多，大概有以下六种，分别是基于收益不变的 DEA 模型、基于规模收益可变的 DEA 模型、基于规模收益非递增的 DEA 模型、基于规模收益非递减的 DEA 模型、带有权重约束的 DEA 模型、超效率 DEA 模型，应用领域也特别广泛。在现实中，使用最广的是基于规模收益不变的 CCR 模型和基于规模收益可变的 BCC 模型，这两种模型都有投入导向模型(也就是说在固定产出水平不变的情况尽可能减少投入)和产出导向模型(即固定不变的要素投入带来的产出水平尽可能地多)，下面基于投入导向模型来介绍 CCR 和 BCC 两种模型。

1)CCR 模型

CCR 模型是 DEA 方法的第一个模型，从数理公式的立场来看，其深刻描述了生产规模与技术有效性。CCR 模型建立在规模收益不变的基础上，所求技术效率值同时考虑了纯技术效率和规模效率，因此也称为综合技术效率，这是其模型基本原理。假设存在决策单元(DMU)n 个，记为DMU_j $(j=1,2,\cdots,n)$，每个决策单元都存在 m 种投入和 q 种产出，其中投入记为x_i $(i=1,2,\cdots,m)$，投入的权重表示为v_i $(i=1,2,\cdots,m)$，产出记为y_r $(r=1,2,\cdots,q)$，产出的权重表示为u_r $(r=1,2,\cdots,q)$，当前要测量的 DMU 记为DMU_k，其线性规划模型表示为

$$\begin{cases} \max \sum_{r=1}^{q} u_r y_{rk} \\ \text{s.t.}\ \ \sum_{r=1}^{q} u_r y_{rj} - \sum_{i=1}^{m} v_i x_{ij} \leqslant 0 \\ \sum_{i=1}^{m} v_i x_{ik} = 1 \\ v \geqslant 0; u \geqslant 0 \end{cases} \tag{4-17}$$

$$i = 1,2,\cdots,m, \quad r = 1,2,\cdots,q, \quad j = 1,2,\cdots,n$$

上述模型的对偶模型为

$$\begin{cases} \min\ \ \theta \\ \text{s.t.}\ \ \sum_{j=1}^{n} \lambda_j x_{ij} \leqslant \theta x_{ik} \\ \sum_{j=1}^{n} \lambda_j y_{rj} \geqslant y_{rk} \\ \lambda \geqslant 0 \end{cases} \tag{4-18}$$

$$i = 1,2,\cdots,m, \quad r = 1,2,\cdots,q, \quad j = 1,2,\cdots,n$$

2) BCC 模型

1984 年，Charnes、Cooper 和 Rhodes 三人又给出了评估规模效率的 BBC 模型，该模型假定规模效益可变，运行的结果是不包括规模效率部分的技术效率，而这主要是和 CCR 模型明显的差异。投入导向 BCC 模型的规划式如下：

$$\begin{cases} \min\ \ \theta \\ \text{s.t.}\ \ \sum_{j=1}^{n} \lambda_j x_{ij} \leqslant \theta x_{ik} \\ \sum_{i=1}^{n} \lambda_j y_{rj} \geqslant y_{rk} \\ \sum_{j=1}^{n} \lambda_j = 1 \\ \lambda \geqslant 0 \end{cases} \tag{4-19}$$

$$i = 1,2,\cdots,m, \quad r = 1,2,\cdots,q, \quad j = 1,2,\cdots,n$$

上述 BCC 模型的对偶规划式为

$$\begin{cases} \max \ \sum_{r=1}^{s} u_r y_{rk} - u_0 \\ \text{s.t.} \ \ \sum_{r=1}^{q} u_r y_{rj} - \sum_{i=1}^{m} v_i x_{ij} - u_0 \leqslant 0 \\ \sum_{i=1}^{m} v_i x_{ik} = 1 \\ v \geqslant 0 ; u \geqslant 0 \end{cases} \tag{4-20}$$

$$i = 1,2,\cdots,m, \quad r = 1,2,\cdots,q, \quad j = 1,2,\cdots,n$$

2. Malmquist 全要素生产率指数模型

一般来说，生产是一个长期的、连续的过程，技术也是不断进步的。而 CCR 模型和 BCC 模型是针对某一时间点的生产技术而言的，不能反映相对效率的动态变化。为此，Malmquist Sten 于 1953 年最先提出了 Malmquist 指数的定义，之后 Caves 等在 1982 年第一次使用这个指数推算了其生产率产生的变更状况。Malmquist 指数与 DEA 模型结合在一起，可以对相对效率的动态变化起到较好的刻画效果，因而被广泛运用在生产率测算领域。

1) Malmquist 指数的定义

假设有决策单元 n 个，每个决策单元在 t 期分别对应投入 m 种和产出 q 种。$x_j^t = (x_{1j}^t, x_{2j}^t, \cdots, x_{mj}^t)^{\mathrm{T}}$ 表示第 j 个决策单元在 t 期的投入，$y_j^t = (y_{1j}^t, y_{2j}^t, \cdots, y_{mj}^t)^{\mathrm{T}}$ 表示第 j 个决策单元在 t 期的产出指标值，并且均为正数，$t = 1,2,\cdots,T$。

在规模报酬不变的情况下，令 (x^t, y^t) 在 t 期的距离函数为 $D_{\mathrm{C}}^t(x^t, y^t)$，在 $t+1$ 期的距离函数为 $D_{\mathrm{C}}^{t+1}(x^t, y^t)$；$(x^{t+1}, y^{t+1})$ 在 t 期的距离函数为 $D_{\mathrm{C}}^t(x^{t+1}, y^{t+1})$，在 $t+1$ 期的距离函数为 $D_{\mathrm{C}}^{t+1}(x^{t+1}, y^{t+1})$。

在规模报酬可变的情况下，令 (x^t, y^t) 在 t 期的距离函数为 $D_{\mathrm{V}}^t(x^t, y^t)$，在 $t+1$ 期的距离函数为 $D_{\mathrm{V}}^{t+1}(x^t, y^t)$；$(x^{t+1}, y^{t+1})$ 在 t 期的距离函数为 $D_{\mathrm{V}}^t(x^{t+1}, y^{t+1})$，在 $t+1$ 期的距离函数为 $D_{\mathrm{V}}^{t+1}(x^{t+1}, y^{t+1})$。

在 t 期的技术条件下，从 t 期到 $t+1$ 期的技术效率变化为

$$M^t = \frac{D_C^t(x^{t+1}, y^{t+1})}{D_C^t(x^t, y^t)} \tag{4-21}$$

在 t+1 期的技术条件下，从 t 期到 t+1 期的技术效率的变化为

$$M^{t+1} = \frac{D_C^{t+1}(x^{t+1}, y^{t+1})}{D_C^{t+1}(x^t, y^t)} \tag{4-22}$$

为了可以从动态视角考察全要素生产率从 t 期到 t+1 期的变动，我们采用了几何平均值法来计算规模报酬不变的 Malmquist 指数，即用两个 Malmquist 生产率指数的几何平均值来表示，具体如下所示：

$$\begin{aligned} M &= (x^t, y^t, x^{t+1}, y^{t+1}) = \sqrt{M^t \times M^{t+1}} \\ &= \sqrt{\frac{D_C^t(x^{t+1}, y^{t+1})}{D_C^t(x^t, y^t)} \times \frac{D_C^{t+1}(x^{t+1}, y^{t+1})}{D_C^{t+1}(x^t, y^t)}} \end{aligned} \tag{4-23}$$

若 M>1，说明从 t 期到 t+1 期全要素生产率呈现出增长走势；若 M=1，说明从 t 期到 t+1 期全要素生产率固定不变；若 M<1，则说明从 t 期到 t+1 期全要素生产率为负值。

2）Malmquist 指数的分解形式

Malmquist 指数可剖析成两个变化，一方面是生产技术的变化，另一方面是技术效率的变化，前一个变化可用技术进步指数（TC）来体现，后一个变化可用综合技术效率变化指数（TEC）来体现。具体分解形式如下：

$$\begin{aligned} M &= (x^t, y^t, x^{t+1}, y^{t+1}) \\ &= \frac{D_C^{t+1}(x^{t+1}, y^{t+1})}{D_C^t(x^t, y^t)} \times \sqrt{\frac{D_C^t(x^{t+1}, y^{t+1})}{D_C^{t+1}(x^t, y^t)} \times \frac{D_C^t(x^{t+1}, y^{t+1})}{D_C^{t+1}(x^{t+1}, y^{t+1})}} \\ &= \mathrm{TEC} \times \mathrm{TC} \end{aligned} \tag{4-24}$$

综合技术效率变化指数（TEC）在很大程度上描绘了从 t 期到 t+1 期每个决策对象相对于 t 期生产前沿的追赶水平，也就是决策单元技术效率的变化程度。当 TEC 值超过 1 时，说明综合技术效率得到显著提升，由此可反映决策单位的管理方式与决策是有效的、确切的；当 TEC 值是 1 时，说明综合技术效率是保持不变的；当 TEC 值低于 1 时，说明综合技术效率显著降低，反映

出决策单位的管理方式与决策存在不足，需要改进。技术进步指数(TC)是指在生产过程中从 t 期到 t+1 期相邻两个时期生产前沿面的移动，也就是生产技术变化或者创新的程度。当 TC 值超过 1 时，表明生产活动中生产边界向外移动，也就是说生产技术在向好的方面发展，即技术在提高；当 TC 值是 1 时，表明生产活动中的技术维持在固定状态，即技术不变；当 TC 值低于 1 时，表明生产边界向原点转移，也就是说生产技术在落后，即技术退步。

综合技术效率变化指数(TEC)又可分解为规模效率变化指数(SE)和纯技术效率变化指数(PE)。详细的分解形式如下：

$$\begin{aligned} M &= (x^t, y^t, x^{t+1}, y^{t+1}) \\ &= \frac{D_{\mathrm{V}}^{t+1}(x^{t+1}, y^{t+1})}{D_{\mathrm{V}}^{t}(x^{t}, y^{t})} \times \frac{D_{\mathrm{C}}^{t+1}(x^{t+1}, y^{t+1}) / D_{\mathrm{V}}^{t+1}(x^{t+1}, y^{t+1})}{D_{\mathrm{C}}^{t}(x^{t}, y^{t}) / D_{\mathrm{V}}^{t}(x^{t}, y^{t})} \\ &\quad \times \sqrt{\frac{D_{\mathrm{C}}^{t}(x^{t+1}, y^{t+1})}{D_{\mathrm{C}}^{t+1}(x^{t}, y^{t})} \times \frac{D_{\mathrm{C}}^{t}(x^{t+1}, y^{t+1})}{D_{\mathrm{C}}^{t+1}(x^{t+1}, y^{t+1})}} \\ &= \mathrm{PE} \times \mathrm{SE} \times \mathrm{TC} \end{aligned} \tag{4-25}$$

其中，当 PE>1 时，表示纯技术效率在提高；当 PE=1 时，表示纯技术效率保持不变；当 PE<1 时，表示纯技术效率在下降。而当 SE>1 时，表示规模报酬在递增；当 SE=1 时，表示规模报酬保持不变；当 SE<1 时，表示规模报酬在递减。

4.3.3 指标体系及数据来源

1. 指标体系的构建原则

指标体系的构建是测度教育服务绩效的关键环节，其科学性与合理性的程度直接影响测度结果的准确性和客观性。为此，结合我国教育实际的发展情况，本书认为在构建指标体系时应遵循以下基本原则。

1) 目的性原则

任何评价指标体系的设计，都是建立于一定目的、一定社会经济需要的情况下。所以，目的性原则要求所构建的指标体系应全方位真切地体现出我国教育的本质和评价的目标，能够为教育服务绩效评价提供服务，做到不重复、不疏漏；此外，在紧扣评价目标的条件下，与评价目的关系不大或无关的指标应予以剔除。所以综上所述，掌握我国教育系统的绩效现状的同时了解不同区域教育服务绩效差距产生的原因，更重要的是引导绩效水平相对较低的区域教育系统改善系统行为，使之朝着正确的、长远的方向发展，是教育服务绩效评价的主要目的。因此在设计教育服务绩效评价指标时，需要紧紧围绕教育服务绩效评价的目的搜集相关的信息及其有关资料，从而使建立的绩效评价指标体系能够充分体现教育服务绩效评价的目的。

2) 科学性原则

科学性是指在构建指标体系时不能凭空捏造，选取的指标既要有科学的理论依据，又能反映客观实际情况，也就是说每个指标都应客观真实地反映教育活动的自身特点。因此，在策划评价指标体系时，要使构建的评价指标体系准确地反映评价对象的客观实际，就需要将理论与实际相结合，也就是说要把科学的理论作为主要指导，运用科学、合理的方法。在教育系统中，投入和产出的表现形式较为复杂，如何选取最主要、最本质和最有代表性的指标，以便客观、公正、科学地反映教育服务绩效的本质，既是构建绩效评价指标体系的关键，同时也是难点。另外，此原则还需要尽量减少评价指标当中的耦合联系，使模型结构更加清楚明了，并尽量科学、合理地分配指标权重，使其能够符合实际。

3) 可比性原则

可比性原则的定义是所确定的指标体系不仅可以对同一决策单元不同时段的绩效实施纵向比较，还可以对同一时段的不同区域的绩效实施横向比较，它要求所选取的指标在统计口径、测度方法等方面保持一致。因此，在教育服务绩效评价指标的遴选中要坚持可比性原则。总的来说，为能够达成各个地区之间的横向比较，不同地区之间的统计指标、统计口径应保持一致；同时确保指标体系的各项指标、各种参数的内涵与外延具有一定的稳定性，这样才能确保实现不同时间的纵向比较。

4) 可行性原则

可行性原则就是指我们所挑选的指标是可观测的且具有明确的内涵，它要求所选的指标具有可测性，内涵明确，不存在歧义。此外，数据的可获得性、查找数据的方便性也是非常关键的。所以，评价指标资料的特点应便于考察和采集，尽量能够从统计的资料中获得，以避免主观因素的影响。比如，要获得构建教育服务绩效指标体系需要的数据材料，可以查询全国或各个区域统计年鉴和不同专业年鉴(如教育统计年鉴、科技统计年鉴、教育经费统计年鉴等)或整理出二手资料。此外，还需注意数据不仅要规范，还需少用定性指标和经验指标来确保评价的客观性。

5)适应性原则

适应性原则也可称为兼容性原则，是指所选取的指标要符合研究方法和模型的要求。实证分析中采用的研究方法是 DEA，作为一种非参数方法，它对 DMU 的数量要求较少，如果 DMU 数量不够也许会出现所有 DMU 都有效的情形，这样的话使用 DEA 模型对效率进行评价就不存在意义和价值。故在 DMU 的数量应少于投入与产出的乘积的同时，还应保证其数量要大于或等于投入与产出数量总和的 3 倍，即 $n \geqslant \max\{m \times q, 3 \times (m+q)\}$ 。本书研究的是测算全国各地区教育活动的绩效问题，因此，如果 DMU 数量不够也许会出现所有 DMU 都有效的情形，这样的话使用 DEA 模型对效率进行评价就不存在意义和价值。

2. 指标体系的构建

由于指标体系的构建是衡量教育服务绩效的第一步，也是中心环节，因此，指标体系的构建不仅要契合实际，还要做到科学合理。首先，对于投入指标，虽然教育是造就人才的重要活动，但其同时也属于生产活动，需要像企业一样投入人力、物力和财力，因此，本书从人、财、物三个方面选取投入指标。其次，对于产出指标，学术界对教育服务产出至今也没有统一的认识，但也形成了一些观点。因此，本书参考了学者的观点，从培养的人才、与教学活动有关的科学研究以及社会服务等方面选取产出指标。最后，在借鉴已有文献选取指标的基础上，根据上述指标的选取原则，遴选了如下投入指标和产出指标。

1)投入指标的选取

投入指标可分为人力、物力和财力三个方面，其中人力投入包括专任教师数、教职工、行政人员等。实证中选取了具有代表性的专任教师数指标，参考了白雪洁和房伟(2010)、王惊涛(2010)、亓寿伟等(2016)的研究成果。高等教育中除了专任教师数外，人力投入还选取了高等学校的 R&D 人员全时当量，参考了张宏(2015)等的研究。物力投入包括固定资产总值、教学仪器设备、图书藏量、计算机台数、校舍建筑面积等，实证中选取了固定资产总值，参考了魏梅(2012)、王佳伟(2015)等的研究成果。财力投入涵盖了国家财政性教育经费、国家财政预算内教育经费、生均教育经费、社会捐赠经费等，实证中鉴于资料可得性选取了各阶段的生均预算内教育事业费，其中高等教育还选取了高等学校 R&D 经费内部支出。

2) 产出指标的选取

一般来说，教育的生产部门是学校，培养一定数量和质量的学生是学校的主要工作业绩，是衡量学校成本效益的出发点和最高标准。因此，教育的直接产出是学生。但高等教育与初等教育和中等教育不同，高等教育除了人才培养外，还具有科学研究、社会服务、文化传承与创新等产出，而初等教育和中等教育的产出主要是培养一定量的学生。因此，初等教育和中等教育的产出指标主要选取的是在校学生数和毕业生数，参考了白雪洁和房伟(2010)、李玲和陶蕾(2015)等研究成果；同时，结合数据的可得性，我们又选取了最佳小学 500 强数和最佳高中 260 强数来反映所培养学生的素质，在这里假定，学校越好，所培养的学生质量就越好，这也是与以往研究的不同之处。高等教育的产出指标主要选取了在校当量学生数、发表科技论文数、出版科技专著数、专利申请数及专利所有权转让及许可收入，参考了朱惠倩(2009)、魏梅(2012)、张宏(2015)等的研究成果。文化传承与创新也是高等教育的产出，但由于数据获取难度较大，故未就该方面进行研究。

3) 指标体系

根据上述选取的投入指标和产出指标构建的指标体系如表 4-2 所示。

表 4-2　教育服务绩效的指标体系构建

教育层次	一级指标	二级指标	三级指标	备注
初等教育	投入指标	人力投入	专任教师数	
		物力投入	固定资产总值	
		财力投入	生均预算内教育事业费	
	产出指标	人才培养	在校学生数	
			毕业生数	
			最佳小学 500 强数	每个地区所拥有最佳小学 500 强的学校数

续表

教育层次	一级指标	二级指标	三级指标	备注
中等教育	投入指标	人力投入	专任教师数	普通初中、普通高中、中等职业教育专任教师数加总
		物力投入	固定资产总值	普通初中、普通高中、中等职业教育固定资产总值加总
		财力投入	普通初中生均预算内教育事业费 普通高中生均预算内教育事业费 中等职业学校生均预算内教育事业费	
	产出指标	人才培养	在校学生数	普通初中、普通高中、中等职业教育在校生数加总
			毕业生数	普通初中、普通高中、中等职业教育毕业生数加总
			最佳高中 260 强数	每个地区所拥有最佳高中 260 强的学校数
高等教育	投入指标	人力投入	专任教师数	
			R&D 人员全时当量	
		物力投入	固定资产总值	
		财力投入	生均预算教育事业费	
			高等学校 R&D 经费内部支出	
	产出指标	人才培养	在校当量学生数	在校当量学生数=本专科生数+1.5×硕士生+2×博士生
		科学研究	发表科技论文数	
			出版科技专著数	
			专利申请数	
		社会服务	专利所有权转让及许可收入	

3. 数据来源

由于缺乏可得的统计数据，实证分析仅针对我国 31 个省区市，不包括台湾、香港及澳门。根据前文构建的指标体系可知，实证分析中涉及专任教师数、固定资产总值、生均预算教育事业费、在校学生数、毕业生数、R&D 人员全时当量、发表科技论文数及专利所有权转让及许可收入等指标，《中国教育统计年鉴》包含专任教师数、固定资产总值、在校学生数、毕业生数等指标的数据，而生均预算教育事业费的数据来自全国教育经费执行情况统计表，最佳小学 500 强数、最佳高中 260 强数的数据来源于中国教育在线网站，R&D 人员全时当量、发表科技论文、出版科技专著、专利申请、专利所有权转让及许可收入等指标的数据来源于《中国科技统计年鉴》。由于本书研究 2014～2017 年我国教育部门的绩效问题，本书所使用的数据来源于《中国教育统计年鉴》(2015～2018 年)、《中国科技统计年鉴》(2015～2018 年)、2014～2017 年全国教育经费执行情况及中国教育在线网站。

4.3.4　实证分析与结论

基于上述构建的指标体系，研究中运用投入导向型的 DEA 模型，借助 DEAP2.1 软件，对我国初等教育、中等教育及高等教育的绩效进行测度，并进行对比分析。同时在 DEA 模型的基础上结合使用 Malmquist 全要素生产率模型，对我国各阶段的教育服务绩效进行动态分析。

1. 初等教育服务绩效的测算与分析

1) 三种效率的测算结果与分析

根据 2014～2017 年我国 31 个省区市普通小学的统计数据，利用 DEAP2.1 软件对初等教育的绩效进行了测算，得到每个地区 4 年的综合效率值、纯技术效率值及规模效率值，测算结果如表 4-3～表 4-5 所示。

表 4-3　各地区初等教育综合效率的测算结果(2014～2017 年)

地区	2014 年	2015 年	2016 年	2017 年	各年均值
北京	1.000	1.000	1.000	1.000	1.000
天津	0.767	0.782	0.795	0.803	0.787
河北	0.993	1.000	0.993	1.000	0.997
山西	0.706	0.683	0.676	0.740	0.701
内蒙古	0.614	0.634	0.651	0.681	0.645

续表

地区	2014 年	2015 年	2016 年	2017 年	各年均值
辽宁	0.793	0.923	0.822	0.856	0.849
吉林	0.730	0.824	0.687	0.777	0.755
黑龙江	0.924	0.949	0.979	1.000	0.963
上海	1.000	1.000	1.000	1.000	1.000
江苏	0.880	0.909	0.922	0.919	0.908
浙江	0.996	0.974	0.947	0.943	0.965
安徽	0.869	0.878	0.894	0.916	0.889
福建	0.871	0.893	0.908	0.914	0.897
江西	1.000	1.000	1.000	1.000	1.000
山东	0.847	0.884	0.887	0.899	0.879
河南	1.000	1.000	1.000	1.000	1.000
湖北	0.970	0.928	0.888	0.890	0.919
湖南	1.000	1.000	1.000	1.000	1.000
广东	1.000	1.000	1.000	1.000	1.000
广西	1.000	1.000	1.000	0.989	0.997
海南	0.754	0.762	0.789	0.818	0.781
重庆	0.880	0.887	0.884	0.862	0.878
四川	0.882	0.888	0.893	0.889	0.888
贵州	1.000	1.000	1.000	1.000	1.000
云南	0.891	0.938	0.953	0.941	0.931
西藏	0.792	0.734	0.738	0.726	0.748
陕西	0.726	0.739	0.756	0.782	0.751
甘肃	0.715	0.703	0.690	0.699	0.702
青海	0.909	0.956	0.909	0.900	0.919
宁夏	0.903	0.927	0.907	0.923	0.915
新疆	0.705	0.724	0.724	0.746	0.725
全国均值	0.875	0.888	0.880	0.891	0.884

续表

地区	2014 年	2015 年	2016 年	2017 年	各年均值
东部均值	0.911	0.920	0.924	0.930	0.921
中部均值	0.924	0.915	0.910	0.924	0.918
西部均值	0.835	0.844	0.842	0.845	0.841
东北均值	0.816	0.899	0.829	0.878	0.855

注：东部地区包括北京、天津、河北、上海、江苏、浙江、福建、山东、广东和海南；中部地区包括山西、安徽、江西、河南、湖北和湖南；西部地区包括内蒙古、广西、重庆、四川、贵州、云南、西藏、陕西、甘肃、青海、宁夏和新疆；东北地区包括辽宁、吉林和黑龙江。本表均值数据由原始数据计算得出

表 4-4　各地区初等教育纯技术效率的测算结果（2014～2017 年）

地区	2014 年	2015 年	2016 年	2017 年	各年均值
北京	1.000	1.000	1.000	1.000	1.000
天津	0.961	1.000	1.000	1.000	0.990
河北	1.000	1.000	1.000	1.000	1.000
山西	0.842	0.818	0.802	0.845	0.827
内蒙古	0.637	0.651	0.685	0.716	0.672
辽宁	0.908	1.000	0.995	1.000	0.976
吉林	0.958	0.955	0.905	0.941	0.940
黑龙江	1.000	1.000	1.000	1.000	1.000
上海	1.000	1.000	1.000	1.000	1.000
江苏	0.881	0.912	0.926	0.923	0.911
浙江	1.000	0.977	0.949	0.943	0.967
安徽	0.870	0.888	0.905	0.922	0.896
福建	0.890	0.913	0.921	0.930	0.914
江西	1.000	1.000	1.000	1.000	1.000
山东	0.848	0.888	0.894	0.911	0.885
河南	1.000	1.000	1.000	1.000	1.000
湖北	1.000	1.000	1.000	0.995	0.999
湖南	1.000	1.000	1.000	1.000	1.000
广东	1.000	1.000	1.000	1.000	1.000

续表

地区	2014 年	2015 年	2016 年	2017 年	各年均值
广西	1.000	1.000	1.000	1.000	1.000
海南	0.924	0.935	0.974	1.000	0.958
重庆	0.924	0.914	0.912	0.908	0.915
四川	0.885	0.902	0.905	0.894	0.897
贵州	1.000	1.000	1.000	1.000	1.000
云南	0.901	0.976	0.973	0.944	0.949
西藏	1.000	1.000	1.000	1.000	1.000
陕西	0.735	0.746	0.771	0.798	0.763
甘肃	0.909	0.860	0.831	0.801	0.850
青海	1.000	1.000	1.000	1.000	1.000
宁夏	1.000	1.000	1.000	1.000	1.000
新疆	0.869	0.843	0.811	0.774	0.824
全国均值	0.934	0.941	0.941	0.943	0.940
东部均值	0.950	0.963	0.966	0.971	0.963
中部均值	0.952	0.951	0.951	0.960	0.954
西部均值	0.905	0.908	0.907	0.903	0.906
东北均值	0.955	0.985	0.967	0.980	0.972

表 4-5 各地区初等教育规模效率的测算结果(2014～2017 年)

地区	2014 年	2015 年	2016 年	2017 年	各年均值
北京	1.000	1.000	1.000	1.000	1.000
天津	0.798	0.782	0.795	0.803	0.795
河北	0.993	1.000	0.993	1.000	0.997
山西	0.838	0.835	0.842	0.876	0.848
内蒙古	0.965	0.974	0.952	0.951	0.961
辽宁	0.873	0.923	0.826	0.856	0.870
吉林	0.762	0.862	0.759	0.825	0.802
黑龙江	0.924	0.949	0.979	1.000	0.963

续表

地区	2014 年	2015 年	2016 年	2017 年	各年均值
上海	1.000	1.000	1.000	1.000	1.000
江苏	0.999	0.997	0.996	0.996	0.997
浙江	0.996	0.996	0.998	1.000	0.998
安徽	0.999	0.989	0.989	0.994	0.993
福建	0.978	0.979	0.985	0.982	0.981
江西	1.000	1.000	1.000	1.000	1.000
山东	0.999	0.996	0.993	0.986	0.994
河南	1.000	1.000	1.000	1.000	1.000
湖北	0.970	0.928	0.888	0.894	0.920
湖南	1.000	1.000	1.000	1.000	1.000
广东	1.000	1.000	1.000	1.000	1.000
广西	1.000	1.000	1.000	0.989	0.997
海南	0.816	0.815	0.810	0.818	0.815
重庆	0.952	0.970	0.969	0.949	0.960
四川	0.997	0.985	0.987	0.995	0.991
贵州	1.000	1.000	1.000	1.000	1.000
云南	0.989	0.961	0.979	0.996	0.981
西藏	0.792	0.734	0.738	0.726	0.748
陕西	0.988	0.991	0.981	0.980	0.985
甘肃	0.787	0.818	0.830	0.872	0.827
青海	0.909	0.956	0.909	0.900	0.919
宁夏	0.903	0.927	0.907	0.923	0.915
新疆	0.811	0.860	0.893	0.963	0.882
全国均值	0.937	0.943	0.935	0.944	0.940
东部均值	0.958	0.957	0.957	0.959	0.957
中部均值	0.968	0.959	0.953	0.961	0.960
西部均值	0.924	0.931	0.929	0.937	0.930
东北均值	0.853	0.911	0.855	0.894	0.878

注：本表均值数据由原始数据计算得出

A. 综合效率的测算结果与分析

综合效率值体现了在一定投入下决策单元可以获取多大程度产出的能力或在产出固定的条件下决策单元可以减缩多少程度投入的能力，从而体现决策单元集体有效性状况。

表 4-3 的综合效率测算结果显示，2014～2017 年我国初等教育综合效率均值为 0.884，小于 1，说明整体上我国初等教育呈现非 DEA 有效状态。从这四年综合效率的具体数值来看，我国初等教育综合效率呈现稳步向好的发展势头。从时间序列来看，2014 年有 8 个地区（占 25.81%）DEA 有效，分别为北京、上海、江西、河南、湖南、广东、广西、贵州；2015 年有上海、江西、广东、广西、湖南、河南、河北、贵州、北京 9 个地区（占 29.03%）DEA 有效，与上年相比增加了河北；2016 年有 8 个地区（占 25.81%）DEA 有效，地区分布与 2014 年相同；2017 年有贵州、广东、湖南、河南、河北、黑龙江、上海、北京、江西 9 个地区（占 29.03%）DEA 有效，与上年相比增加了河北，减少了广西。从这四年 DEA 有效的地区个数来看，集中在固定的 8～9 个地区，有效率偏少；只有北京、上海、江西、河南、湖南、广东、贵州 7 个省市的 DEA 延续往年有效状态，并在综合效率方面持续领先，每年保持优势发展。从区域来看，这四年间整体上东部地区的综合效率最高，均值达到了 0.921，且综合效率均值一直保持在 0.9 以上；而西部地区综合效率均值最低，仅为 0.841，这四年综合效率基本在 0.84 左右徘徊。中部地区和东北地区的综合效率均值分别为 0.918、0.855，前者略低于东部地区但高于全国平均水平（0.884），而后者略高于西部地区但低于全国平均水平。可见，我国初等教育综合效率呈现出西部—东北—中部—东部依次递增的阶梯状格局。这主要是因为东部地区经济实力雄厚，教育资源丰富，教育服务绩效处于领先水平；中部地区特别是江西、河南是教育大省，教育产出即在校学生和毕业生较多，因此教育服务绩效处于较高水平；而西部地区由于经济较为落后，教育资源匮乏，教育服务绩效远远不如东部地区。

B. 纯技术效率的测算与分析

纯技术效率是说我国不同区域是不是合理配置并充分运用教育资源要素，若纯技术效率是 1 则说明决策单元的纯技术效率最优。

由表 4-4 可以发现，整体上，2014～2017 年我国初等教育纯技术效率均值为 0.940，小于 1，说明我国 31 个地区的初等教育纯技术效率未达到 DEA 有效状态。从这四年纯技术效率的数值来看，2014 年为 0.934，2015 年为 0.941，2016 年为 0.941，2017 年为 0.943，纯技术效率呈现出稳步向好的发展趋势。从时序数据来看，2014 年全国纯技术效率均值为 0.934，达到 DEA 有效的地区有 15 个(占 48.39%)；2015 年全国纯技术效率均值为 0.941，达到 DEA 有效的地区有 16 个(占 51.61%)；2016 年全国纯技术效率均值为 0.941，达到 DEA 有效的地区有 15 个(占 48.39%)；2017 年全国纯技术效率均值为 0.943，达到 DEA 有效的地区有 16 个(占 51.61%)。这四年 DEA 有效地区的具体分布情况可参见表 4-4。从这四年 DEA 有效的地区个数来看，基本固定在 15～16 个，这里面东部地区稳定在 5～6 个，中部地区稳定在 3～4 个，西部地区稳定在 5 个，东北地区固定在 1～2 个；同时，北京、河北、上海、广东、黑龙江、江西、河南、湖南、广西、贵州、西藏、青海、宁夏等 13 个省区市的 DEA 延续历年有效状态，并在纯技术效率方面持续领先，每年保持优势发展。从区域来看，这四年间整体上东北地区的纯技术效率最高，均值达到了 0.972，且纯技术效率均值最高达 0.985；而西部地区纯技术效率均值最低，仅为 0.906，这四年纯技术效率基本徘徊在 0.906 左右。东部地区和中部地区的纯技术效率均值分别为 0.963、0.954，均高于全国平均水平(0.940)。可见，我国初等教育纯技术效率呈现出西部—中部—东部—东北依次递增的阶梯状格局。因此，中、西部地区应注重科技生产力带来的优势，通过提高管理层次，让投入和产出达到最佳的平衡状态，从而进一步提高初等教育的纯技术效率。

2) 规模效率的测算分析

规模效率是指我国不同地区初等教育资源投入规模集聚的效率。

表 4-5 的结果显示，2014～2017 年我国初等教育整体上规模效率均值为 0.940，小于 1，未达到 DEA 有效。同时，通过与纯技术效率均值(0.940)相比，可知纯技术效率和规模效率非 DEA 有效的共同影响导致了我国初等教育综合效率非 DEA 有效。从时序数据来看，2014 年有 8 个地区(占 25.81%)达到了 DEA 有效，分别为北京、上海、江西、河南、湖南、广东、广西、贵州；2015 年有 9 个地区(占 29.03%)达到了 DEA 有效，分别为北京、河北、上海、江西、河南、湖南、广东、广西、贵州，与上年相比增加了河北；2016 年有 8 个地区(占 25.81%)达到了 DEA 有效，地区分布情况与 2014 年相同。2017 年

有 10 个地区（占 32.26%）达到了 DEA 有效，分别为北京、贵州、广东、湖南、黑龙江、江西、河南、河北、浙江、上海，与上年相比增加了河北、黑龙江、浙江，减少了广西。从这四年 DEA 有效的地区个数来看，基本固定在 8～10 个；同时，北京、上海、江西、河南、湖南、广东、贵州 7 个省市 DEA 延续历年有效状态，并在纯技术效率方面持续领先，每年发展情况可观。从区域来看，这四年间整体上中部地区的规模效率最高，均值达到了 0.960，且规模效率均值最高达到了 0.968；而东北地区规模效率均值最低，仅为 0.878，除 2015 年达到了 0.911 外，其余三年均在 0.9 以下。西部地区和东部地区的规模效率均值分别为 0.930、0.957，前者略低于全国平均水平（0.940），后者高于全国平均水平。可见，我国初等教育规模效率呈现出东北—西部—东部—中部依次递增的阶梯状格局。

3）Malmquist 全要素生产率分析

Malmquist 生产指数能动态反映不同时期我国省际初等教育综合效率和技术进步的变化趋势。从全要素生产率理论我们可以知道，有形的生产要素增长并不属于全要素增长，所以，实证中对初等教育全要素生产率的分析是单方面地分析技术进步对其产生的影响，并不考虑有形的人力、物力和财力的投入。为此，利用 DEAP2.1 统计软件，运用 DEA-Malmquist 指数模型来测算我国 31 个省区市 2014～2017 年初等教育的动态效率。

表 4-6 的结果显示，总体来说，2014～2017 年我国初等教育的全要素生产率呈现下降的趋势，年均下降 4.4%。由于全要素生产率的变化可以分解为技术进步和综合效率变化两个方面，而技术进步年均降幅为 5.1%，综合效率年均增幅为 0.7%，很明显技术进步降幅高于综合效率增幅，所以，两者的相互影响导致了全要素生产率的降低，但下降的幅度小于技术进步的幅度。由此可见，初等教育整体全要素生产率的降低主要是由技术变化导致的，技术进步并没有促进生产力的提高。另外，分解综合效率可以发现，规模效率年均增长了 0.3%，反映了规模收益在缓慢提高；而纯技术效率年均增长 0.4%，反映了教育部门的生产能力也在缓慢提高。所以，技术退步会或多或少地阻碍我国初等教育全要素生产率的增长。而要提升全要素生产率，应该助力初等教育的整体技术进步，并积极改善学校的生产能力和内部结构。

表 4-6　初等教育全要素生产率指数及分解指标结果（2014～2017 年）

年份	全要素生产率	综合效率	技术进步	纯技术效率	规模效率
2014～2015	0.936	1.015	0.922	1.008	1.007
2015～2016	0.946	0.991	0.954	1.000	0.991
2016～2017	0.987	1.014	0.973	1.003	1.011
平均	0.956	1.007	0.949	1.004	1.003

注：本表 2014～2015 表示 2015 年相对于 2014 年的效率变化，余同

根据全要素生产率的变动趋势可以看出，2014～2015 年全要素生产率为 0.936，2015～2016 年为 0.946，2016～2017 年为 0.987，可见 2014～2017 年我国初等教育的全要素生产率均小于 1，但呈现出稳步向好的发展趋势。进一步分解可以发现，综合效率除 2015～2016 年小于 1 外，其余年份均大于 1，总体上综合效率提高了 0.7%。技术进步虽然在这四年期间均小于 1，且总体上下降了 5.1%，但具有逐步向好的发展势头，由 2014～2015 年的 0.922 提高到 2016～2017 年的 0.973。纯技术效率在 2014～2017 年均大于 1，且总体上提升了 0.4%。规模效率除 2015～2016 年小于 1 外，其余期间均大于 1，但总体来说提升了 0.3%。从上述数据可知，初等教育全要素生产率的下降主要是由技术退步导致的。

表 4-7 的数据显示，全要素生产率增长最快的是海南，增长幅度达到了 2.4%，主要是因为综合效率大幅提高了 2.7%；其次为江苏、内蒙古、福建，增长幅度均为 2%，其中这三个地区的综合效率发挥了很大的作用，具体表现为江苏提升了 1.5%，内蒙古提升了 3.5%，福建提升了 1.6%；随后是天津（1.5%）、安徽（1.2%）、陕西（1.1%），这三个地区的综合效率分别提高了 1.5%、1.8%、2.5%。而全要素生产率下降最快的是吉林，下降幅度达到了 12.6%，主要是因为技术进步大幅下降了 14.4%；其次为黑龙江，下降幅度为 12.2%，技术进步大幅下降了 14.5%；随后是辽宁（11.3%）、贵州（10.1%）、甘肃（9.6%），这三个地区的技术进步分别下降了 13.5%、10.1%、8.9%。可见，全要素生产率增长较快的地区主要是得益于综合效率的大幅度提高，而全要素生产率下降较快的地区主要是由技术进步的大幅度降低而导致。

表 4-7 各地区初等教育全要素生产率指数及分解指标结果（2014～2017 年）

地区	全要素生产率	综合效率	技术进步	纯技术效率	规模效率
北京	0.935	1.000	0.935	1.000	1.000
天津	1.015	1.015	0.999	1.013	1.002
河北	0.918	1.002	0.916	1.000	1.002
山西	0.935	1.016	0.921	1.001	1.015
内蒙古	1.020	1.035	0.986	1.040	0.995
辽宁	0.887	1.026	0.865	1.033	0.993
吉林	0.874	1.021	0.856	0.994	1.027
黑龙江	0.878	1.027	0.855	1.000	1.027
上海	0.949	1.000	0.949	1.000	1.000
江苏	1.020	1.015	1.006	1.015	0.999
浙江	0.985	0.982	1.003	0.981	1.001
安徽	1.012	1.018	0.994	1.020	0.998
福建	1.020	1.016	1.004	1.015	1.001
江西	0.911	1.000	0.911	1.000	1.000
山东	0.998	1.020	0.978	1.024	0.996
河南	0.918	1.000	0.918	1.000	1.000
湖北	0.920	0.972	0.947	0.998	0.973
湖南	0.940	1.000	0.940	1.000	1.000
广东	0.927	1.000	0.927	1.000	1.000
广西	0.970	0.996	0.973	1.000	0.996
海南	1.024	1.027	0.997	0.994	0.999
重庆	0.991	0.993	0.997	0.994	0.999
四川	0.988	1.003	0.985	1.003	0.999
贵州	0.899	1.000	0.899	1.000	1.000
云南	0.964	1.018	0.946	1.016	1.002
西藏	0.963	0.972	0.991	1.000	0.972
陕西	1.011	1.025	0.986	1.028	0.997

续表

地区	全要素生产率	综合效率	技术进步	纯技术效率	规模效率
甘肃	0.904	0.992	0.911	0.959	1.035
青海	0.974	0.997	0.997	1.000	0.997
宁夏	0.984	1.007	0.977	1.000	1.007
新疆	0.934	1.019	0.916	0.962	1.059
全国均值	0.956	1.007	0.949	1.004	1.003
东部均值	0.979	1.008	0.971	1.004	1.000
中部均值	0.939	1.001	0.939	1.003	0.998
西部均值	0.967	1.005	0.964	1.000	1.005
东北均值	0.880	1.025	0.859	1.009	1.016

注：本表均值数据由原始数据计算得出

从四大区域来看，我国各区域的全要素生产率均呈现下降的发展趋势，各个地区下降的幅度均不同。其中，东部地区全要素生产率下降的幅度最小，仅下降了 2.1%，这主要是因为其综合效率提高了 0.8%，在一定程度上弥补了技术进步（下降了 2.9%）的下降幅度。东北地区全要素生产率下降的幅度最大，下降了 12%，这主要是因为东北地区的技术进步下降幅度高达 14.1%，远远高于其综合效率的上升幅度（2.5%）。中部地区和西部地区全要素生产率分别下降了 6.1%和 3.3%，处于东部地区和东北地区地区之间，对应的技术进步分别下降了 6.1%和 3.6%。东部地区虽然有厚实的经济基础，并且相对于其他三大区域，东部地区在技术引进和创新技能方面处于领先水平，但技术进步也呈现下降的趋势（下降了 2.9%），说明东部地区在技术和创新方面有待加强。

从表 4-7 的分析可以归纳出，各区域技术进步的降低在很大程度上导致了各区域全要素生产率的下降，说明技术进步是真正推动我国初等教育效率水平提高的关键因素。因此，我国各地区应在技术引进和创新能力等方面进行重点加强，这样才能进一步提高初等教育的生产率。

2. 中等教育服务绩效的测算与分析

1）三种效率的测算结果与分析

根据 2014～2017 年我国 31 个省区市初中、普通高中、中等职业学校的统计数据，利用 DEAP2.1 软件对中等教育的绩效进行测算，得到各个地区的综合效率值、纯技术效率值及规模效率值，测算结果如表 4-8～表 4-10 所示。

表 4-8 各地区中等教育综合效率的测算结果(2014～2017 年)

地区	2014 年	2015 年	2016 年	2017 年	各年均值
北京	1.000	1.000	1.000	1.000	1.000
天津	0.865	0.964	1.000	0.993	0.956
河北	1.000	1.000	0.971	0.991	0.991
山西	0.819	0.789	0.774	0.769	0.788
内蒙古	0.739	0.731	0.749	0.739	0.740
辽宁	0.763	0.770	0.753	0.769	0.764
吉林	1.000	1.000	1.000	1.000	1.000
黑龙江	1.000	0.992	1.000	1.000	0.998
上海	0.827	0.824	0.831	0.831	0.828
江苏	0.987	0.984	0.963	0.980	0.979
浙江	0.862	0.873	0.853	0.830	0.855
安徽	0.911	0.944	0.998	0.948	0.950
福建	0.921	0.930	0.897	0.901	0.912
江西	0.887	0.916	0.954	0.956	0.928
山东	0.825	0.843	0.830	0.823	0.830
河南	1.000	1.000	1.000	1.000	1.000
湖北	1.000	0.955	0.884	0.883	0.931
湖南	1.000	1.000	1.000	1.000	1.000
广东	1.000	1.000	1.000	0.994	0.999
广西	1.000	1.000	1.000	1.000	1.000
海南	1.000	1.000	1.000	1.000	1.000
重庆	0.887	0.917	0.895	0.882	0.895
四川	0.984	1.000	1.000	1.000	0.996
贵州	1.000	1.000	1.000	1.000	1.000

续表

地区	2014 年	2015 年	2016 年	2017 年	各年均值
云南	0.882	0.863	0.863	0.859	0.867
西藏	0.820	0.776	0.756	0.719	0.768
陕西	0.821	0.820	0.795	0.778	0.804
甘肃	0.831	0.779	0.760	0.734	0.776
青海	0.785	0.828	0.809	0.813	0.809
宁夏	0.909	1.000	0.933	0.920	0.941
新疆	0.643	0.643	0.645	0.674	0.651
全国均值	0.902	0.908	0.900	0.896	0.902
东部均值	0.929	0.942	0.935	0.934	0.935
中部均值	0.936	0.934	0.935	0.926	0.933
西部均值	0.858	0.863	0.850	0.843	0.854
东北均值	0.921	0.921	0.918	0.923	0.921

表 4-9　各地区中等教育纯技术效率的测算结果(2014～2017 年)

地区	2014 年	2015 年	2016 年	2017 年	各年均值
北京	1.000	1.000	1.000	1.000	1.000
天津	0.907	1.000	1.000	1.000	0.977
河北	1.000	1.000	0.997	1.000	0.999
山西	0.912	0.922	0.904	0.902	0.910
内蒙古	0.763	0.754	0.770	0.763	0.763
辽宁	0.818	0.859	0.856	0.892	0.856
吉林	1.000	1.000	1.000	1.000	1.000
黑龙江	1.000	0.992	1.000	1.000	0.998
上海	0.835	0.830	0.838	0.841	0.836
江苏	1.000	1.000	1.000	1.000	1.000
浙江	0.880	0.887	0.866	0.843	0.869

续表

地区	2014 年	2015 年	2016 年	2017 年	各年均值
安徽	0.915	0.995	1.000	0.972	0.971
福建	0.926	0.935	0.904	0.921	0.922
江西	0.922	0.971	1.000	1.000	0.973
山东	0.833	0.848	0.847	0.841	0.842
河南	1.000	1.000	1.000	1.000	1.000
湖北	1.000	0.961	0.847	0.889	0.924
湖南	1.000	1.000	1.000	1.000	1.000
广东	1.000	1.000	1.000	1.000	1.000
广西	1.000	1.000	1.000	1.000	1.000
海南	1.000	1.000	1.000	1.000	1.000
重庆	1.000	1.000	0.973	0.961	0.984
四川	1.000	1.000	1.000	1.000	1.000
贵州	1.000	1.000	1.000	1.000	1.000
云南	0.956	0.996	0.977	0.909	0.960
西藏	1.000	1.000	1.000	1.000	1.000
陕西	0.827	0.984	0.892	0.896	0.900
甘肃	1.000	1.000	1.000	0.990	0.998
青海	1.000	1.000	1.000	1.000	1.000
宁夏	1.000	1.000	1.000	1.000	1.000
新疆	0.663	0.661	0.708	0.722	0.689
全国均值	0.941	0.955	0.949	0.947	0.948
东部均值	0.938	0.950	0.945	0.945	0.945
中部均值	0.958	0.975	0.959	0.961	0.963
西部均值	0.934	0.950	0.943	0.937	0.941
东北均值	0.939	0.951	0.952	0.964	0.952

注：本表均值数据由原始数据计算得出

表 4-10　各地区中等教育规模效率的测算结果(2014～2017 年)

地区	2014 年	2015 年	2016 年	2017 年	各年均值
北京	1.000	1.000	1.000	1.000	1.000
天津	0.954	0.964	1.000	0.993	0.978
河北	1.000	1.000	0.974	0.991	0.991
山西	0.898	0.856	0.856	0.853	0.866
内蒙古	0.968	0.970	0.973	0.969	0.970
辽宁	0.932	0.896	0.879	0.862	0.892
吉林	1.000	1.000	1.000	1.000	1.000
黑龙江	1.000	1.000	1.000	1.000	1.000
上海	0.990	0.992	0.992	0.988	0.991
江苏	0.987	0.984	0.963	0.980	0.979
浙江	0.980	0.984	0.985	0.984	0.983
安徽	0.996	0.949	0.998	0.974	0.979
福建	0.995	0.995	0.992	0.978	0.990
江西	0.995	0.944	0.954	0.956	0.962
山东	0.990	0.995	0.980	0.980	0.986
河南	1.000	1.000	1.000	1.000	1.000
湖北	1.000	0.993	0.980	0.993	0.992
湖南	1.000	1.000	1.000	1.000	1.000
广东	1.000	1.000	1.000	0.994	0.999
广西	1.000	1.000	1.000	1.000	1.000
海南	1.000	1.000	1.000	1.000	1.000
重庆	0.887	0.917	0.920	0.918	0.911
四川	0.984	1.000	1.000	1.000	0.996
贵州	1.000	1.000	1.000	1.000	1.000
云南	0.922	0.867	0.883	0.945	0.904
西藏	0.820	0.776	0.756	0.719	0.768
陕西	0.992	0.833	0.891	0.869	0.896

续表

地区	2014 年	2015 年	2016 年	2017 年	各年均值
甘肃	0.831	0.779	0.760	0.741	0.778
青海	0.785	0.828	0.809	0.813	0.809
宁夏	0.909	1.000	0.933	0.920	0.941
新疆	0.970	0.973	0.911	0.933	0.947
全国均值	0.960	0.951	0.949	0.947	0.952
东部均值	0.990	0.991	0.989	0.989	0.990
中部均值	0.982	0.957	0.965	0.963	0.966
西部均值	0.922	0.912	0.903	0.902	0.910
东北均值	0.977	0.965	0.960	0.954	0.964

注：本表均值数据由原始数据计算得出

A. 综合效率的测算结果与分析

表 4-8 的综合效率测算结果显示，2014～2017 年我国中等教育综合效率的平均值为 0.902，小于 1，说明整体上我国中等教育呈现非 DEA 有效状态。从这四年综合效率的具体数值来看，我国中等教育综合效率整体具有下降的趋势。从时间序列来看，2014 年有 11 个省区市(占 35.48%) DEA 有效，分别为吉林、贵州、湖南、湖北、广东、北京、广西、黑龙江、海南、河南、河北；2015 年同样有 11 个省区市(占 35.48%) DEA 有效，分别为四川、河南、广东、贵州、吉林、北京、海南、湖南、河北、广西、宁夏，与上年相比增加了四川、宁夏，减少了黑龙江、湖北；2016 年仍然有 11 个省区市(占 35.48%) DEA 有效，分别为天津、湖南、吉林、广东、黑龙江、贵州、海南、四川、广西、河南、北京，与上年相比增加了天津、黑龙江，减少了河北、宁夏；2017 年有 9 个省区市(占 29.03%) DEA 有效，分别为四川、贵州、广西、海南、湖南、河南、吉林、黑龙江、北京，与上年相比减少了天津、广东。从这四年 DEA 有效的地区个数来看，集中在固定的 9～11 个地区，有效率偏少；只有北京、吉林、广西、贵州、河南、湖南、海南等 7 个地区 DEA 延续往年有效状态，而且在综合效率方面持续领先，并保持优势发展。从区域来看，这四年间整体上东部地区的综合效率最高，四年均值达到了 0.935；

而西部地区综合效率均值最低，四年均值仅为 0.854，且没有一年达到过 0.9。中部地区和东北地区的综合效率均值分别为 0.933 和 0.921，均高于全国平均水平(0.902)。可见，我国中等教育综合效率呈现出西部—东北—中部—东部依次递增的阶梯状格局。

B. 纯技术效率的测算结果与分析

表 4-9 的结果显示，整体上，2014～2017 年我国中等教育纯技术效率均值为 0.948，小于 1，说明我国 31 个地区的中等教育纯技术效率未达到 DEA 有效；从这四年纯技术效率的数值来看，2014 年为 0.941，2015 年为 0.955，2016 年为 0.949，2017 年为 0.947，纯技术效率具有下降的迹象。从时序数据来看，2014 年全国纯技术效率均值为 0.941，达到 DEA 有效的地区有 18 个(占 58.06%)；2015 年全国纯技术效率均值为 0.955，达到 DEA 有效的地区有 17 个(占 54.84%)；2016 年全国纯技术效率均值为 0.949，达到 DEA 有效的地区有 18 个(占 58.06%)；2017 年全国纯技术效率均值为 0.947，达到 DEA 有效的地区有 17 个(占 54.84%)。这四年 DEA 有效地区的具体分布情况可参见表 4-4。从这四年 DEA 有效的地区个数来看，基本固定在 17～18 个，这里面东部地区保持在 5～6 个，中部地区保持在 2～4 个，西部地区固定在 6～8 个，东北地区固定在 1～2 个；同时，西藏、四川、贵州、广西、宁夏、吉林、青海、河南、湖南、江苏、海南、北京、广东等 13 个地区维持了历年 DEA 有效状态，在纯技术效率方面保持领先，发展势头良好。从区域来看，这四年间整体上中部地区的纯技术效率最高，均值达到了 0.963，且纯技术效率均值最高达 0.975；而西部地区纯技术效率均值最低，仅为 0.941，这四年纯技术效率基本徘徊在 0.934～0.950。东部地区和东北地区的纯技术效率均值分别为 0.945、0.952，前者低于全国平均水平(0.948)，而后者高于全国平均水平。可见，我国中等教育纯技术效率呈现出西部—东部—东北—中部依次递增的阶梯状格局。因此，东部地区和西部地区应注重科技生产力带来的优势，通过提高管理层次，使投入和产出达到最佳的平衡状态，从而进一步提高中等教育的纯技术效率。

C. 规模效率的测算结果与分析

表 4-10 的结果显示，2014～2017 年我国中等教育整体上规模效率均值为 0.952，小于 1，未达到 DEA 有效。同时，通过与纯技术效率均值(0.948)相比，

发现纯技术效率是影响我国初等教育综合效率非 DEA 有效的主要因素。纵观近四年我国规模效率的发展趋势，可以看出具有下降的迹象。从时序数据来看，2014 年有 11 个地区(占 35.48%)达到了 DEA 有效，依次为吉林、黑龙江、广东、广西、河南、河北、海南、湖南、湖北、北京、贵州；2015 年有 12 个地区(占 38.71%)达到了 DEA 有效，分别为海南、湖南、宁夏、贵州、吉林、北京、黑龙江、河南、广西、河北、四川、广东，比上年增加了四川、宁夏，减少了湖北；2016 年有 11 个地区(占 35.48%)达到了 DEA 有效，依次为天津、黑龙江、贵州、北京、广东、湖南、吉林、广西、河南、四川、海南，比上年增加了天津，减少了河北、宁夏；2017 年有 9 个地区(占 29.03%)达到了 DEA 有效，依次为吉林、黑龙江、北京、四川、贵州、河南、湖南、广西、海南，和上年相比减少了广东、天津。从这四年 DEA 有效的地区个数来看，基本固定在 9～12 个；此外，广西、贵州、吉林、黑龙江、河南、北京、湖南、海南 8 个地区延续历年有效状态，在规模效率方面持续领先，并保持优势发展。从区域来看，这四年间整体上东部地区的规模效率最高，均值达到了 0.990，且规模效率均值一直徘徊在 0.990 附近；而西部地区规模效率均值最低，仅为 0.910。中部地区和东北地区的规模效率均值分别为 0.966、0.964，均高于全国平均水平(0.952)。可见，我国中等教育规模效率呈现出西部—东北—中部—东部依次递增的阶梯状格局。

2)全要素生产率的动态分析

本书利用 DEAP2.1 统计软件，运用 DEA-Malmquist 指数模型来测算我国 31 个省区市 2014～2017 年中等教育的动态效率。

表 4-11 的结果显示，总体来说，2014～2017 年我国中等教育的全要素生产率表现出下降的走势，具体体现在年均降幅为 6%，根据全要素生产率的分解内容可以看出，技术进步年均降幅为 5.7%，综合效率降低的幅度为 0.3%。在综合效率和技术进步两者共同的作用下，使得全要素生产率降低了 6%。可见中等教育整体全要素生产率下降主要是由中等教育环境变化的技术变化降低引起的，技术进步并没有促进生产力的提高。进一步分解综合效率可以发现，规模效率年均下降 0.5%，反映了规模收益在下降；纯技术效率年均上升了 0.2%，反映了教育部门的生产能力有所提高。所以，技术退步会或多或少地阻碍我国中等教育全要素生产率的增长。而要实现全要素生产率的提升，

应整体上推动中等教育的技术进步，并且生产能力和学校的内部结构也需要调整改善。

表 4-11 中等教育全要素生产率指数及分解指标结果(2014～2017 年)

年份	全要素生产率	综合效率	技术进步	纯技术效率	规模效率
2014～2015	0.935	1.005	0.930	1.015	0.990
2015～2016	0.936	0.991	0.945	0.994	0.997
2016～2017	0.949	0.995	0.953	0.998	0.998
均值	0.940	0.997	0.943	1.002	0.995

注：本表 2014～2015 表示 2015 年相对于 2014 年的效率变化，余同

根据全要素生产率的变动趋向可以看出，2014～2017 年我国中等教育的全要素生产率均小于 1，呈现出逐步上升的发展趋势，总体上仍然下降了 6%。进一步分解可以发现，综合效率除 2014～2015 年略大于 1 外，其余年份均小于 1，总体上综合效率下降了 0.3%。技术进步虽然在这四年期间均小于 1，且总体上下降了 5.7%，但具有逐步向好的发展势头。纯技术效率在 2014～2015 年期间大于 1，其余年份均小于 1，总体上提升了 0.2%。规模效率在 2014～2017 期间均小于 1，总体上下降了 0.5%。从上述数据可知，2014～2017 年技术进步都低于综合效率，也就是说，这些年来技术的退步是引起中等教育全要素生产率的下降的主要原因。

表 4-12 的数据显示，31 个地区中等教育的全要素生产率均小于 1。其中，全要素生产率下降最快的是黑龙江，下降幅度达到了 11.1%，这是因为其技术进步大幅下降了 11.1%；其次为广东，下降幅度为 10.7%，技术进步大幅下降了 10.5%；随后 3 位是甘肃(10.6%)、吉林(10.3%)、海南(9.2%)，这些地区主要是因为技术进步下降幅度较大，分别为 6.8%、10.3%、9.2%。可见，全要素生产率下降较快的地区主要是由技术进步的大幅度降低而导致。

表 4-12 各地区中等教育全要素生产率指数及分解指标结果(2014～2017 年)

地区	全要素生产率	综合效率	技术进步	纯技术效率	规模效率
北京	0.926	1.000	0.926	1.000	1.000
天津	0.922	1.047	0.880	1.033	1.013

续表

地区	全要素生产率	综合效率	技术进步	纯技术效率	规模效率
河北	0.910	0.997	0.913	1.000	0.997
山西	0.930	0.979	0.950	0.996	0.983
内蒙古	0.975	1.000	0.975	1.000	1.000
辽宁	0.950	1.003	0.947	1.030	0.974
吉林	0.897	1.000	0.897	1.000	1.000
黑龙江	0.889	1.000	0.889	1.000	1.000
上海	0.962	1.002	0.960	1.002	0.999
江苏	0.967	0.997	0.970	1.000	0.997
浙江	0.944	0.987	0.956	0.986	1.001
安徽	0.968	1.013	0.955	1.021	0.993
福建	0.940	0.993	0.947	0.998	0.994
江西	0.965	1.025	0.941	1.027	0.998
山东	0.958	0.999	0.958	1.003	0.996
河南	0.929	1.000	0.929	1.000	1.000
湖北	0.920	0.959	0.959	0.962	0.998
湖南	0.944	1.000	0.944	1.000	1.000
广东	0.893	0.998	0.895	1.000	0.998
广西	0.925	1.000	0.925	1.000	1.000
海南	0.908	1.000	0.908	1.000	1.000
重庆	0.959	0.998	0.961	0.987	1.011
四川	0.951	1.005	0.946	1.000	1.005
贵州	0.961	1.000	0.961	1.000	1.000
云南	0.955	0.991	0.963	0.983	1.008
西藏	0.931	0.957	0.973	1.000	0.957
陕西	0.947	0.982	0.964	1.027	0.957
甘肃	0.894	0.959	0.932	0.997	0.962
青海	0.989	1.012	0.978	1.000	1.012

续表

地区	全要素生产率	综合效率	技术进步	纯技术效率	规模效率
宁夏	0.978	1.004	0.974	1.000	1.004
新疆	0.984	1.016	0.969	1.029	0.987
全国均值	0.940	0.997	0.943	1.002	0.995
东部均值	0.933	1.002	0.931	1.002	1.000
中部均值	0.943	0.996	0.946	1.001	0.995
西部均值	0.954	0.994	0.960	1.002	0.992
东北均值	0.912	1.001	0.911	1.010	0.991

注：本表均值数据由原始数据计算得出

从四大区域来看，我国各区域的全要素生产率均呈现下降的发展趋势，各个地区下降的幅度均不同。其中，西部地区全要素生产率下降的幅度最小，仅下降了 4.6%，这主要是因为综合效率和技术进步下降幅度较小，分别下降了 0.6%和 4%。东北地区全要素生产率下降的幅度最大，下降了 8.8%，这主要是因为东北地区的技术进步下降幅度高达 8.9%，尽管综合效率提高了 0.1%，但技术进步的下降幅度远远高于其综合效率的上升幅度，因此最终导致该区域全要素生产率快速下降。东部地区和中部地区全要素生产率分别下降了 6.7%和 5.7%，处于西部地区和东北地区之间。虽然东部地区综合效率提升了 0.2%，但是技术进步却下降了 6.9%；而中部地区综合效率和技术进步均下降，但幅度较小，分别为 0.6%和 4%。

从表 4-12 的分析可以归纳出，各区域技术进步下降是导致不同地区全要素生产率表现下降趋势的主要原因，说明技术进步是真正推动我国中等教育效率水平提高的关键因素。因此，我国各地区应在技术引进和创新能力等方面进行重点加强，这样才能进一步提高中等教育的生产率。

3. 高等教育服务绩效的测算与分析

1）三种效率的测算结果与分析

根据 2014～2017 年我国 31 个省区市普通高校的统计数据，利用 DEAP2.1 软件对高等教育的绩效进行测算，得到每个地区 4 年的综合效率值、纯技术效率值及规模效率值，测算结果如表 4-13～表 4-15 所示。

表 4-13 各地区高等教育综合效率的测算结果(2014～2017 年)

地区	2014 年	2015 年	2016 年	2017 年	各年均值
北京	1.000	1.000	1.000	1.000	1.000
天津	1.000	1.000	0.992	0.996	0.997
河北	1.000	1.000	0.967	0.953	0.980
山西	1.000	1.000	1.000	1.000	1.000
内蒙古	1.000	0.994	1.000	1.000	0.999
辽宁	1.000	1.000	1.000	1.000	1.000
吉林	0.913	0.913	0.984	1.000	0.953
黑龙江	0.920	0.906	0.956	0.889	0.918
上海	1.000	1.000	1.000	1.000	1.000
江苏	1.000	1.000	1.000	1.000	1.000
浙江	1.000	0.975	0.997	1.000	0.993
安徽	1.000	1.000	1.000	1.000	1.000
福建	1.000	1.000	0.900	1.000	0.975
江西	0.920	0.951	1.000	1.000	0.968
山东	1.000	1.000	1.000	1.000	1.000
河南	1.000	1.000	1.000	1.000	1.000
湖北	1.000	1.000	1.000	1.000	1.000
湖南	1.000	0.989	1.000	1.000	0.997
广东	1.000	1.000	1.000	1.000	1.000
广西	1.000	1.000	1.000	1.000	1.000
海南	1.000	1.000	1.000	1.000	1.000
重庆	1.000	1.000	1.000	1.000	1.000
四川	0.935	0.944	1.000	1.000	0.970
贵州	1.000	0.899	0.932	0.936	0.942
云南	1.000	1.000	0.995	0.953	0.987
西藏	0.921	0.906	0.704	0.934	0.866
陕西	1.000	1.000	1.000	1.000	1.000

续表

地区	2014 年	2015 年	2016 年	2017 年	各年均值
甘肃	1.000	1.000	1.000	1.000	1.000
青海	1.000	0.978	0.949	1.000	0.982
宁夏	1.000	1.000	0.845	0.843	0.922
新疆	1.000	1.000	1.000	1.000	1.000
全国均值	0.987	0.982	0.975	0.984	0.982
东部均值	1.000	0.998	0.986	0.995	0.995
中部均值	0.987	0.990	1.000	1.000	0.994
西部均值	0.988	0.977	0.952	0.972	0.972
东北均值	0.944	0.940	0.980	0.963	0.957

表 4-14　各地区高等教育纯技术效率的测算结果（2014～2017 年）

地区	2014 年	2015 年	2016 年	2017 年	各年均值
北京	1.000	1.000	1.000	1.000	1.000
天津	1.000	1.000	1.000	1.000	1.000
河北	1.000	1.000	0.987	0.954	0.985
山西	1.000	1.000	1.000	1.000	1.000
内蒙古	1.000	1.000	1.000	1.000	1.000
辽宁	1.000	1.000	1.000	1.000	1.000
吉林	0.918	0.925	0.985	1.000	0.957
黑龙江	1.000	0.980	1.000	0.974	0.989
上海	1.000	1.000	1.000	1.000	1.000
江苏	1.000	1.000	1.000	1.000	1.000
浙江	1.000	0.978	1.000	1.000	0.995
安徽	1.000	1.000	1.000	1.000	1.000
福建	1.000	1.000	0.919	1.000	0.980
江西	0.950	0.980	1.000	1.000	0.983
山东	1.000	1.000	1.000	1.000	1.000

续表

地区	2014 年	2015 年	2016 年	2017 年	各年均值
河南	1.000	1.000	1.000	1.000	1.000
湖北	1.000	1.000	1.000	1.000	1.000
湖南	1.000	0.990	1.000	1.000	0.998
广东	1.000	1.000	1.000	1.000	1.000
广西	1.000	1.000	1.000	1.000	1.000
海南	1.000	1.000	1.000	1.000	1.000
重庆	1.000	1.000	1.000	1.000	1.000
四川	0.953	0.985	1.000	1.000	0.985
贵州	1.000	0.971	1.000	0.975	0.987
云南	1.000	1.000	1.000	1.000	1.000
西藏	1.000	1.000	1.000	1.000	1.000
陕西	1.000	1.000	1.000	1.000	1.000
甘肃	1.000	1.000	1.000	1.000	1.000
青海	1.000	1.000	1.000	1.000	1.000
宁夏	1.000	1.000	0.933	0.964	0.974
新疆	1.000	1.000	1.000	1.000	1.000
全国均值	0.994	0.994	0.994	0.996	0.995
东部均值	1.000	0.998	0.991	0.995	0.996
中部均值	0.992	0.995	1.000	1.000	0.997
西部均值	0.996	0.996	0.994	0.995	0.995
东北均值	0.973	0.968	0.995	0.991	0.982

注：本表均值数据由原始数据计算得出

表 4-15　各地区高等教育规模效率的测算结果（2014～2017 年）

地区	2014 年	2015 年	2016 年	2017 年	各年均值
北京	1.000	1.000	1.000	1.000	1.000
天津	1.000	1.000	0.992	0.996	0.997
河北	1.000	1.000	0.980	0.999	0.995

续表

地区	2014 年	2015 年	2016 年	2017 年	各年均值
山西	1.000	1.000	1.000	1.000	1.000
内蒙古	1.000	0.994	1.000	1.000	0.999
辽宁	1.000	1.000	1.000	1.000	1.000
吉林	0.994	0.988	1.000	1.000	0.996
黑龙江	0.920	0.924	0.956	0.912	0.928
上海	1.000	1.000	1.000	1.000	1.000
江苏	1.000	1.000	1.000	1.000	1.000
浙江	1.000	0.998	0.997	1.000	0.999
安徽	1.000	1.000	1.000	1.000	1.000
福建	1.000	1.000	0.979	1.000	0.995
江西	0.968	0.970	1.000	1.000	0.985
山东	1.000	1.000	1.000	1.000	1.000
河南	1.000	1.000	1.000	1.000	1.000
湖北	1.000	1.000	1.000	1.000	1.000
湖南	1.000	0.999	1.000	1.000	1.000
广东	1.000	1.000	1.000	1.000	1.000
广西	1.000	1.000	1.000	1.000	1.000
海南	1.000	1.000	1.000	1.000	1.000
重庆	1.000	1.000	1.000	1.000	1.000
四川	0.981	0.958	1.000	1.000	0.985
贵州	1.000	0.925	0.932	0.960	0.954
云南	1.000	1.000	0.995	0.953	0.987
西藏	0.921	0.906	0.704	0.934	0.866
陕西	1.000	1.000	1.000	1.000	1.000
甘肃	1.000	1.000	1.000	1.000	1.000
青海	1.000	0.978	0.949	1.000	0.982
宁夏	1.000	1.000	0.906	0.874	0.945

续表

地区	2014 年	2015 年	2016 年	2017 年	各年均值
新疆	1.000	1.000	1.000	1.000	1.000
全国均值	0.994	0.988	0.980	0.988	0.988
东部均值	1.000	1.000	0.995	1.000	0.999
中部均值	0.995	0.995	1.000	1.000	0.997
西部均值	0.992	0.980	0.957	0.977	0.976
东北均值	0.971	0.971	0.985	0.971	0.975

注：本表均值数据由原始数据计算得出

A. 综合效率的测算结果与分析

表 4-13 综合效率的测算结果显示，2014～2017 年我国高等教育综合效率的均值为 0.982，小于 1，说明整体上我国高等教育呈现非 DEA 有效状态。从这四年综合效率的具体数值来看，由 2014 年的 0.987 下降至 2016 年的 0.975；然后再上升至 2017 年的 0.984，呈现出先下降后上升的发展态势。从时间序列来看，2014 年有 5 个省区（占 16.13%）非 DEA 有效，分别为吉林、黑龙江、江西、四川、西藏；2015 年有 10 个省区（占 32.26%）非 DEA 有效，依次是青海、贵州、四川、内蒙古、黑龙江、吉林、西藏、湖南、江西、浙江，与上年相比增加了内蒙古、浙江、湖南、贵州、青海；2016 年有 11 个省区市（占 35.48%）非 DEA 有效，依次是天津、青海、河北、宁夏、浙江、青海、吉林、黑龙江、西藏、云南、贵州、福建，和上年相比较可以看出增加的城市有天津、河北、福建、云南、宁夏，减少了内蒙古、江西、湖南、四川；2017 年有 7 个省区市（占 22.58%）非 DEA 有效，分别为天津、河北、黑龙江、贵州、云南、西藏、宁夏，与上年相比减少了吉林、浙江、福建、青海。从这四年非 DEA 有效的地区个数来看，呈现出先增长后下降的发展趋势。总体来说，这四年期间存在 15 个地区（占 48.39%）综合效率非 DEA 有效，其中，东部地区 4 个（天津、河北、浙江、福建），中部地区 2 个（湖南、江西），西部地区则有 7 个（分别是宁夏、云南、青海、内蒙古、四川、贵州、西藏），东北地区 2 个（吉林、黑龙江）。从区域来看，这四年间东部地区的综合效率最高，均值达到了 0.995。紧随其后的是中部地区，均值达到了 0.994，略低于东部地区。西部地区和东北地区的综合效率均值分别为 0.972、0.957，均低于全国

平均水平(0.982)。可见，我国高等教育综合效率呈现出东北—西部—中部—东部依次递增的阶梯状格局。

B. 纯技术效率的测算结果与分析

由表 4-14 的结果可知，整体上，2014～2017 年我国高等教育纯技术效率均值为 0.995，小于 1，说明我国 31 个地区的高等教育纯技术效率未达到 DEA 有效，但逐渐向生产前沿面移动，具有良好的发展趋势。从时序数据来看，2014 年全国纯技术效率均值为 0.994，非 DEA 有效的地区有 3 个(占 9.68%)，分别为吉林、江西、四川；2015 年全国纯技术效率均值为 0.944，非 DEA 有效的地区有 7 个(占 22.58%)，分别为吉林、黑龙江、浙江、江西、湖南、四川、贵州，与上年相比增加了黑龙江、浙江、湖南、贵州；2016 年全国纯技术效率均值为 0.994，非 DEA 有效的地区有 4 个(占 12.9%)，分别为河北、吉林、福建、宁夏，与上年相比增加了河北、福建、宁夏，减少了黑龙江、浙江、江西、湖南、四川、贵州；2017 年全国纯技术效率均值为 0.996，非 DEA 有效的地区有 4 个(占 12.9%)，分别为河北、黑龙江、贵州、宁夏，与上年相比增加了黑龙江、贵州，减少了吉林、福建。从这四年纯技术效率非 DEA 有效的地区个数来看，个数在 3～7 个之间变动；总体来说，这四年期间存在 10 个地区纯技术效率非 DEA 有效，其中东部地区 3 个(河北、福建、浙江)，中部地区 2 个(江西、湖南)，西部地区 3 个(四川、贵州、宁夏)，东北地区 2 个(吉林、黑龙江)。从区域来看，这四年间中部地区的综合效率最高，均值达到了 0.997。紧随其后的是东部地区，均值达到了 0.996，略低于中部地区。西部地区和东北地区的综合效率均值分别为 0.995、0.982，其中西部地区与全国平均水平持平(0.995)，而东北地区低于全国平均水平。从区域结果可知，尽管东、中、西部的经济发展水平差异较大，但就纯技术效率均值来看相差并不大，区域差异在不断缩小。总体来看，我国高等教育综合效率呈现出东北—西部—东部—中部依次递增的阶梯状格局。

C. 规模效率的测算结果与分析

表 4-15 的结果显示，2014～2017 年我国高等教育整体上规模效率均值为 0.988，小于 1，未达到 DEA 有效。同时与纯技术效率均值(0.995)进行比较，可以得出导致我国高等教育综合效率非 DEA 有效的主要因素是规模效率。从时序数据来看，2014 年全国规模效率均值为 0.994，非 DEA 有效的地区有 5

个(占 16.13%)，分别为吉林、黑龙江、江西、四川、西藏；2015 年全国规模效率均值为 0.988，非 DEA 有效的地区有 10 个(占 32.26%)，依次是江西、湖南、浙江、贵州、四川、青海、西藏、吉林、黑龙江、内蒙古，与上年相比增加了内蒙古、浙江、湖南、贵州、青海；2016 年全国规模效率均值为 0.980，非 DEA 有效的地区同样有 10 个(占 32.26%)，依次是贵州、云南、青海、福建、天津、浙江、西藏、河北、黑龙江、宁夏，和上年相比较增加的城市有宁夏、云南、福建、河北、天津，而减少的城市有四川、湖南、吉林、江西、内蒙古；2017 年全国规模效率均值为 0.988，非 DEA 有效的地区有 7 个(占 22.58%)，分别为天津、河北、黑龙江、贵州、云南、西藏、宁夏，与上年相比减少了浙江、福建、青海。从这四年规模效率非 DEA 有效的地区个数来看，个数在 5～10 个之间变动；总体来说，这四年期间存在 14 个地区(占 45.16%)规模效率非 DEA 有效，其中东部地区 4 个(天津、河北、福建、浙江)，中部地区 1 个(江西)，西部地区 7 个(内蒙古、四川、贵州、云南、西藏、青海、宁夏)，东北地区 2 个(吉林、黑龙江)。从区域来看，这四年间东部地区的综合效率最高，均值达到了 0.999。紧随其后的是中部地区，均值达到了 0.997，略低于东部地区。对于西部和东北地区，它们的综合效率均值分别为 0.976、0.975，两者相差不大，但均低于全国平均水平(0.988)。总体来看，我国高等教育规模效率呈现出东北—西部—中部—东部依次递增的阶梯状格局。

2) Malmquist 全要素生产率分析

利用 DEAP2.1 统计软件，运用 DEA-Malmquist 指数模型测算我国 31 个省区市 2014～2017 年高等教育的动态效率。

表 4-16 高等教育全要素生产率指数及分解指标结果(2014～2017 年)

年份	全要素生产率	综合效率	技术进步	纯技术效率	规模效率
2014～2015	0.999	0.995	1.004	1.000	0.995
2015～2016	0.991	0.991	1.000	1.000	0.990
2016～2017	1.043	1.011	1.032	1.002	1.009
平均	1.011	0.999	1.012	1.001	0.998

注：本表 2014～2015 表示 2015 年相对于 2014 年的效率变化，余同

表 4-16 的结果显示，总体来说，2014～2017 年我国高等教育的全要素生

产率呈现攀升的趋势，年均上升 1.1%。从全要素生产率的分解情况来看，技术进步大幅提高了 1.2%，而综合效率仅仅下降了 0.1%。因此，在两者的相互作用下，全要素生产率总体来说提高了 1.1%。可见，高等教育整体全要素生产率的提高得益于其环境变化的技术变化提升，从综合效率分解的情况可以看出，规模效率降幅为 0.2%，而纯技术效率增幅为 0.1%，反映了教育部门的生产能力在缓慢提高，但规模调整方面有所不足。所以，从一定程度上来说，技术的进步对我国的高等教育全要素生产率的增长起到了推动作用。如果此时要使全要素生产率得到快速提升的话，则应当进一步提高高等教育的技术进步，并对生产能力和学校的内部结构进行调整改善。

依据全要素生产率的变动趋向可以看出，2014～2017 年我国高等教育的全要素生产率由 2014～2015 年的 0.999 上升至 2016～2017 年的 1.043，总体呈现上升的发展势头。进一步分解可以发现，综合效率在 2014～2015 年、2015～2016 年分别下降了 0.5%、0.9%，而在 2016～2017 年则提升了 1.1%。技术进步在这四年期间表现为先下降后上升，总体上技术进步提升了 1.2%。纯技术效率在 2014～2016 年无变化，但在 2016～2017 年提升了 0.2%。规模效率在 2014～2015、2015～2016 年分别下降了 0.5%、1%，但在 2016～2017 年提升了 0.9%。总体来看，2014～2017 年技术进步促进了高等教育全要素生产率的提高。

表 4-17　各地区高等教育全要素生产率指数及分解指标结果（2014～2017 年）

地区	全要素生产率	综合效率	技术进步	纯技术效率	规模效率
北京	1.160	1.000	1.160	1.000	1.000
天津	0.986	0.999	0.987	1.000	0.999
河北	0.940	0.984	0.955	0.984	1.000
山西	0.963	1.000	0.963	1.000	1.000
内蒙古	1.062	1.000	1.062	1.000	1.000
辽宁	1.041	1.000	1.041	1.000	1.000
吉林	1.052	1.031	1.020	1.029	1.002
黑龙江	1.002	0.989	1.013	0.991	0.997
上海	0.964	1.000	0.964	1.000	1.000

续表

地区	全要素生产率	综合效率	技术进步	纯技术效率	规模效率
江苏	1.121	1.000	1.121	1.000	1.000
浙江	1.073	1.000	1.073	1.000	1.000
安徽	1.051	1.000	1.051	1.000	1.000
福建	1.180	1.000	1.180	1.000	1.000
江西	1.124	1.028	1.093	1.023	1.004
山东	1.042	1.000	1.042	1.000	1.000
河南	1.050	1.000	1.050	1.000	1.000
湖北	0.998	1.000	0.998	1.000	1.000
湖南	0.970	1.000	0.970	1.000	1.000
广东	1.001	1.000	1.001	1.000	1.000
广西	1.020	1.000	1.020	1.000	1.000
海南	0.951	1.000	0.951	1.000	1.000
重庆	0.997	1.000	0.997	1.000	1.000
四川	0.995	1.023	0.972	1.016	1.006
贵州	0.943	0.978	0.964	0.996	0.982
云南	0.987	0.984	1.003	1.000	0.984
西藏	0.989	1.005	0.984	1.000	1.005
陕西	1.041	1.000	1.041	1.000	1.000
甘肃	0.939	1.000	0.939	1.000	1.000
青海	0.867	1.000	0.867	1.000	1.000
宁夏	0.914	0.945	0.968	0.988	0.956
新疆	0.979	1.000	0.979	1.000	1.000
全国均值	1.011	0.999	1.012	1.001	0.998
东部均值	1.041	0.998	1.043	0.998	1.000
中部均值	1.026	1.005	1.021	1.004	1.001
西部均值	0.978	0.995	0.983	1.000	0.994
东北均值	1.032	1.007	1.025	1.007	1.000

注：本表均值数据由原始数据计算得出

表 4-17 的数据显示，福建的全要素生产率的增速以 18%的幅度位居第一，主要是因为技术进步大幅提高了 18%；其次为北京，增长幅度为 16%，主要是因为技术进步提高了 16%；随后是江西（12.4%）、江苏（12.1%）、浙江（7.3%），三个地区的全要素生产率增长也较快，且均是因为技术进步大幅提升，提升幅度分别为 9.3%、12.1%、7.3%，其中江西的综合效率提高了 2.8%。全要素生产率下降最快的是青海，下降幅度达到了 13.3%，主要是因为技术进步大幅下降了 13.3%；其次为宁夏，下降幅度为 8.6%，其中综合效率下降了 5.5%，技术进步下降了 3.2%；随后是甘肃（6.1%）、河北（6%）、贵州（5.7%），三个地区的全要素生产率下降也较快，且均是因为技术进步大幅下降，降低幅度分别为 6.1%、4.5%、3.6%，其中河北、贵州的综合效率分别下降了 1.6%、2.2%。从上述分析结果可以看出，技术进步有利于全要素生产率增长，而技术退步则会导致全要素生产率下降，且技术进步或退步的幅度与全要素生产率增速或降速有关。

从四大区域来看，东部、中部及东北地区的全要素生产率均大于 1，而西部地区小于 1，可见，除西部地区的全要素生产率具有下降的趋势外，其他三大区域均呈现提升的发展势头。从全要素生产率及其分解指标的具体数值来看，东部地区的全要素生产率增长最快，达到了 4.1%，其中技术进步提高了 4.3%，综合效率下降了 0.2%；其次为东北地区，全要素生产率增长了 3.2%，其中技术进步提高了 2.5%，综合效率提高了 0.7%；紧随其后的是中部地区，全要素生产率增长了 2.6%，其中技术进步提高了 2.1%，综合效率提高了 0.5%；最后为西部地区，全要素生产率下降了 2.2%，其中技术进步降低了 1.7%，综合效率降低了 0.5%

从表 4-17 的分析可以归纳出，技术进步是真正推动我国高等教育效率水平提高的关键因素。因此，我国各地区特别是西部地区需要在技术引进和创新能力方面重点加强，才能进一步提高高等教育的生产率。

4. 实证分析的主要结论

在参考和借鉴已有文献的基础上，本小节通过选取投入指标和产出指标构建分析体系，运用 DEA 模型和全要素生产率模型，对我国初等教育、中等教育和高等教育的效率分别进行了测算和分析。分析结果具体如下。

首先，初等教育的测算结果显示：①从综合效率来看，2014～2017 年我国初等教育综合效率的均值为 0.884，小于 1，整体上呈现非 DEA 有效状态，但具有稳步向好的发展势头；综合效率呈现出西部—东北—中部—东部依次递增的阶梯状格局。②从纯技术效率来看，2014～2017 年我国初等教育纯技术效率均值为 0.940，小于 1，未达到 DEA 有效状态，但呈现稳步向好的发展趋势；纯技术效率呈现出西部—中部—东部—东北依次递增的阶梯状格局。③从规模效率来看，2014～2017 年我国初等教育整体上规模效率均值为 0.940，小于 1，未达到 DEA 有效；规模效率呈现出东北—西部—东部—中部依次递增的阶梯状格局。④2014～2017 年我国初等教育的全要素生产率呈现下降的趋势，年均下降 4.4%，其中，技术进步降低的幅度为 5.1%，而综合效率提高了 0.7%，归纳出初等教育全要素生产率的下降主要是由技术退步所导致。

其次，中等教育的测算结果显示：①从综合效率来看，2014～2017 年我国中等教育综合效率的均值为 0.902，小于 1，整体上呈现非 DEA 有效状态，且整体具有下降的趋势；综合效率呈现出西部—东北—中部—东部依次递增的阶梯状格局。②从纯技术效率来看，2014～2017 年我国中等教育纯技术效率均值为 0.948，小于 1，未达到 DEA 有效状态，2016 年和 2017 年具有下降的发展趋势；纯技术效率均值小于规模效率均值，因此纯技术效率是影响我国中等教育综合效率非 DEA 有效的主要因素；纯技术效率呈现出西部—东部—东北—中部依次递增的阶梯状格局。③从规模效率来看，2014～2017 年我国中等教育整体上规模效率均值为 0.952，小于 1，未达到 DEA 有效；规模效率呈现出西部—东北—中部—东部依次递增的阶梯状格局。④2014～2017 年我国中等教育的全要素生产率呈现下降的趋势，年均下降 6%，其中，技术进步降低的幅度为 5.7%，综合效率降低的幅度为 0.3%，归纳出全要素生产率的下降主要是由技术进步下降所导致。

最后，高等教育的测算结果显示：①从综合效率来看，2014～2017 年我国高等教育综合效率的均值为 0.982，小于 1，整体上呈现非 DEA 有效状态，呈现出先下降后上升的发展态势；综合效率呈现出东北—西部—中部—东部依次递增的阶梯状格局。②从纯技术效率来看，2014～2017 年我国高等教育纯技术效率均值为 0.995，小于 1，未达到 DEA 有效状态，但逐渐向生产前沿面移动；纯技术效率呈现出东北—西部—东部—中部依次递增的阶梯状格局。

③从规模效率来看，2014～2017 年我国高等教育整体上规模效率均值为 0.988，小于 1，未达到 DEA 有效，是影响我国高等教育综合效率非 DEA 有效的主要原因；规模效率呈现出东北—西部—中部—东部依次递增的阶梯状格局。④2014～2017 年我国高等教育的全要素生产率呈现攀升的趋势，年均提高 1.1%，其中，技术进步提高的幅度为 1.2%，而综合效率下降了 0.1%，归纳出技术进步促进了高等教育全要素生产率的提高。

第 5 章 医疗卫生服务产出测度与绩效评价问题研究

医疗卫生服务是非市场活动的重要组成部分之一。自新中国成立以来，我国的医疗卫生事业快速稳步发展。2009 年 3 月，中共中央、国务院发布了《中共中央 国务院关于深化医药卫生体制改革的意见》，进一步强调了政府在开展医疗卫生工作中的先锋主导作用。数据显示，2018 年全国财政医疗卫生支出 1.57 万亿元，是新医改启动前的 2008 年的 5.6 倍。基于医疗卫生行业在国民经济中的重要地位及国家政策的大力支持，医疗卫生行业正处于快速发展的黄金时期。但是与此同时，和医疗卫生相关的统计理论与实践却发展缓慢。本章将对医疗卫生服务产出测度与绩效评价问题进行研究分析。

5.1 医疗卫生服务测度的基本理论

医疗卫生服务测度的基本理论由三部分组成，本节分别对医疗卫生服务的定义、特征和分类，医疗卫生服务的外延和内涵以及医疗卫生服务产出的基本问题进行阐述。

5.1.1 医疗卫生服务的定义、特征和分类

要测算我国在一定时期内所生产的医疗卫生服务的产出，首先要对医疗卫生服务的概念做出清晰的界定，确定医疗卫生服务所包含服务的具体内容

都有哪些。然后，在此基础上，我们才能划定医疗卫生服务最终生产成果的核算范围，明确医疗卫生服务的外延和内涵。只有明确了医疗卫生服务的外延和内涵，才能准确地对医疗卫生服务的成果、效率进行测算。

1. 医疗卫生服务的定义

到目前为止，医疗卫生服务还没有一个权威的定义。学者出于不同的研究目的给医疗卫生服务下的定义也不尽相同。有的定义侧重于提供医疗卫生服务的主体，如陶春海(2010)将医疗卫生服务定义为以医院为代表的医疗卫生服务机构利用各种设备和技术手段满足患者健康需求的活动及其相关结果。也有的定义侧重于医疗卫生服务的特点和本质属性，如杨湛等(2005)将医疗卫生服务定义为由具有特定服务资质的专业人员通过服务组织和服务让渡为特殊顾客患者提供生命与健康保障，满足其生命与健康服务需求，并同时使服务提供者获得合法利润的互动过程。另外，核算体系 2016 则将卫生保健活动定义为“利用医学知识以提高和维持人体健康状况、预防健康状况恶化、减轻不健康影响为主要目标的活动”。

鉴于本书的研究对象是具有公共产品性质的非市场服务，尤其是由政府积极介入或直接参与提供的这部分非市场服务，本书将医疗卫生服务定义为医疗卫生机构(医院、疗养院、卫生防疫站、妇幼保健站、药品检验所、医学科研机构及其他医疗卫生部门)为了满足人们对身体健康的需要，通过预防、治疗、康复等生产性活动从而提供的市场和非市场的医疗服务。

2. 医疗卫生服务的特征

医疗卫生服务作为一种服务，首先具备三点特征。

第一，无形性。服务本身是无形无质的，除非医疗卫生服务的交易过程不像货物那样，可以脱离生产过程而单独地进行交易。

第二，即时性。即时性是指服务的生产过程和消费过程是同时进行的，该项服务既无法提前生产，也不能够进行存储。

第三，不可存储性。和有形的货物不同，服务在生产出来以后无法存储，也无法进行转售或退货。

除此之外，医疗卫生服务还具有以下特征。

(1) 专业性。在医疗卫生服务的生产领域存在进入障碍(蒋萍，2001)。医疗卫生服务的提供者，都是接受过专业学习并具备相关的专业知识和技能的人员。因此，医疗卫生服务的供给受到医学教育的规模、水平及效率的影响，同时也受到行医资格条件的限制。事实上，医疗卫生服务的供给在短期内通常趋于稳定。这也决定了对医疗卫生服务人员的培养应有一定的预见性。假如某一领域的医疗卫生从业人员的培养数量不足，将会导致该领域的医疗卫生服务在相当长的一段时间内供给不足。例如，最近几年每当流感肆虐，我国各大医院的儿科急诊就人满为患。由于种种原因，我国的儿科医生目前严重短缺，青黄不接，形势非常严峻。儿科医疗卫生服务供给不足的局面在短时间内都无法扭转。假如某一领域的医疗卫生从业人员的培养数量过多，则导致一段时期内该领域的医疗卫生服务供过于求，可能会加重诱导需求的现象。

(2)垄断性。医疗卫生服务的垄断性一方面是由医疗卫生活动高度的专业性决定的，另一方面，只有具有相关资质的行业从业人员才被允许生产和提供医疗卫生服务。久而久之，在医疗卫生服务的生产领域形成了较高的门槛，造成的结果是医疗卫生服务的生产部门在地区内形成垄断，从而导致医疗卫生资源不能得到充分合理配置和利用，医疗卫生服务供给的效率低下。

(3)受益的非排他性和消费的非竞争性。受益的非排他性是指从技术上无法阻止拒绝为之付款的企业或居民享用到某项公共物品或服务(高培勇，2004)。消费的非竞争性是指某一企业或居民对某项公共物品或服务进行消费的同时，不会降低其他企业或居民所享用的该项公共物品或服务的数量或质量，因此完全不会妨碍到其他企业或居民同时对该项公共物品或服务的享用。具有公共产品性质的医疗卫生服务通常具有受益的非排他性和消费的非竞争性，如健康知识的普及教育、疫区灭螺控制血吸虫病等。公共医疗卫生服务不可或缺，而且投入少，效果好，但是由于搭便车现象的存在，仅仅依靠公众通过捐款或者是分摊成本的方式必然无法满足保证公共医疗卫生服务的有效供给所需要达到的资金规模，因此，只有采用非市场的方式，依靠政府部门通过公共财政，才能保证医疗卫生服务被充足必要地供给。

(4)异质性。医疗卫生服务的异质性主要体现在两个方面。一方面，医疗卫生服务的提供者具有差异性。每个医疗卫生服务提供者的技术背景、从业经验以及硬软件条件等都各不相同；由不同的医疗生产部门提供的具有同质性的服务，质量和效果可能相差较大；即使是由同一个医疗卫生机构所生产提供出来的医疗服务，实际的质量也可能受到各种其他因素的影响，导致结果不同。例如，同样是“膝关节前交叉韧带重建手术”，两家医院所提供的医疗服务可能就不是同质的，该服务在手段、质量、疗效等方面都存在较大差异。另一方面，医疗卫生服务的使用者也存在个体差异，如年龄、性别、生活习惯、健康状况、既往病史、遗传基因等，即使是同一种疾病的患者，其临床表现、相关指标也可能完全不同。因此，医疗卫生活动无法像一般商品那样进行批量生产。

(5) 随机性。由于医疗活动的复杂性，医疗卫生服务的结果受到很多随机因素的影响，医疗活动的投入和结果之间不存在必然的关系。因此，医疗卫生服务的最终结果并非完全可控。没有哪种方法可以确保百分之百地解决问题，也没有哪种治疗方式可以完全规避风险。

(6) 患者参与性。和一般商品由生产者独自生产不同，在基础医疗活动中患者参与或部分参与了医疗卫生服务的生产过程。事实上，要想达到良好的治疗效果，不光需要医疗服务提供者的努力，很大程度上还需要医疗卫生服务使用者本身的配合。

3. 医疗卫生服务的分类

公共经济学的理论认为，公共物品或服务具有三个主要特性。第一，效用的非可分割性，指的是公共物品或服务是面向全社会公众提供的，全社会公众共同受益的同时也共同承担所产生的费用；第二，消费的非竞争性，指某一企业或居民对某项公共物品或服务的享用，不会降低其他企业或居民所享用的该项公共物品或服务的数量或质量，因此不会妨碍影响到其他企业或居民同时对某项公共物品或服务的享用；第三，受益的非排他性是指从技术上讲，没有办法能够阻止拒绝为之付款的企业或居民享受公共物品或服务。

那么按照所具有的公共物品或服务特性的程度，可将医疗卫生服务分为公共医疗卫生服务、基本医疗卫生服务和特殊医疗卫生服务三类。其中，公共医疗卫生服务具有纯公共物品性质，基本医疗卫生服务具有准公共物品性质，而特殊医疗卫生服务具有私人物品性质。

1) 公共医疗卫生服务

公共医疗卫生服务是为居民提供的公益性的医疗卫生服务，它的生产主体通常是城乡公共医疗卫生服务机构，如疾病预防和控制机构、城市社区卫生中心和乡镇卫生院等。公共医疗卫生服务具有效用的非可分割性，同时完全具备消费的非竞争性和受益的非排他性，因此公共医疗卫生服务属于标准的纯公共物品。由于公共医疗卫生服务具备消费的非竞争性和受益的非排他性，居民对这一类型的医疗卫生服务只能被动接受，而没有选择或放弃的权利。

公共医疗卫生服务以预防为原则和核心理念。公共医疗卫生服务主要包括卫生监督、妇幼保健、健康教育、精神卫生、疾病预防控制、计划免疫、卫生应急、急救、采血服务、食品安全监管、职业病防治和饮水安全等 12 个领域。

公共医疗卫生服务往往采取政府出资组建公益医疗机构的方式来实现这部分公共医疗卫生服务的免费提供，主要出于以下三个方面的原因。

(1) 公共医疗卫生服务具有纯公共产品的典型特征，使得私人部门没有意愿和动力来提供这种医疗卫生服务，依靠市场提供无法达到帕累托最优，所以只能由政府进行提供。

(2) 从公共医疗卫生服务的主要内容来讲，也应该由政府来提供。公共医疗卫生服务以居民的健康需求为导向，以保护居民的健康为出发点，它的内容主要涵盖了疾病防控、预防免疫以及计划生育等，这类医疗卫生服务有明显的公共产品的特性，它的社会效益远大于服务于消费者给个人所带来的效益。

(3) 从公共医疗卫生服务的主要功能来看，保护健康、疾病预防以及促进健康这三大功能都聚集于世界卫生组织提出的“人人享有卫生保健”的战略目标，所以说也必须由政府来出资提供。只有政府积极主导公共医疗卫生服务的供给，才能全面提高居民的健康水平，才能促进经济的可持续发展和社会的和谐稳定。

2) 基本医疗卫生服务

准公共物品是指其既不是纯公共物品，也不是私人物品，而是介于二者之间。基本医疗卫生服务是指医疗卫生服务提供者根据接受服务的居民的健康状况，遵循医学和公共卫生的原理原则按照常规的要求必须提供的医疗卫生服务。基本医疗卫生服务是以基本的诊疗服务、基本药品、基本设施和基本的支付费用为模块，采用基本药物、使用适宜技术、按照规范诊疗程序提供的急慢性疾病的诊断、治疗和康复等医疗卫生服务。

基本医疗卫生服务实际上是医疗制度中对居民的一个最基本的福利性的照顾，目标是保障居民能够得到最基本的生命健康权利。具体来说，我国的基本医疗卫生服务主要涉及包括常见病和多发病在内的一些小病，包括医疗卫生服务机构为患者提供的检查、诊断、治疗等。从目前来看，它的主体范围是最广泛的，而且在整个医疗卫生服务领域里所占的比重也是最大的。另外，由于这一类型的医疗卫生服务相对于大病来讲，需要耗费的医疗资源和资金较少，而且对于小病的防治可以起到预防大病的作用，因此说基本医疗卫生服务具有社会效应高和经济效应低的特点，其供给的质量直接影响到人们的健康状况。

基本医疗卫生服务是具有公共性的医疗卫生服务。基本医疗卫生服务部分具有消费的非竞争性和受益的非排他性，同时还具有正外部性。居民在对基本医疗卫生服务进行消费以后会产生正外部效应，其他消费者无法拒绝和排除这种外部效应。

基本医疗卫生服务主要由政府举办的公立医疗机构与市场组织投资的营利性医疗机构联合供给，且通过以公立医疗机构供给为主、营利性医疗机构供给为辅的方式实现。由于基本医疗卫生服务具有准公共产品的性质，容易出现市场失灵的情况，因此政府有必要积极介入和参与。

现阶段基本公共医疗卫生服务的供给主要依靠各级政府的投入(含债务)，并逐步引入市场机制，大体上有三种模式： 一是各级政府投入或者政府之间的共建，具体包括中央财政包干和两级财政分担两种模式，在中央财政包干模式下，投入的绝大部分由中央一级财政承担，如英国，其 90%以上的卫生经费都由中央政府承担；在两级财政分担模式下，投入由中央财政和省级财政共同承担，如加拿大、澳大利亚。二是政府与社会之间的共建。三是政府与个人之间的共建，如新型农村合作医疗。从各国的实践来看，这类医疗卫生服务一般首先由政府给予一定的财政支持，不足的部分再由个人或企事业单位进行支付。目前，我国通过用人单位和个人缴费筹资的方式，同时由政府给予一部分补贴，已经形成了以社会医疗保险模式为主的医疗保障格局。城镇职工基本医疗保险、城镇居民基本医疗保险和新型农村合作医疗的确立，意味着我国已经建立起了基于社会医疗保险模式的全覆盖医疗保险制度。

基本医疗卫生服务部分具有消费的非竞争性和受益的非排他性，而且存在信息不对称、道德风险、逆向选择等问题，因此容易引起市场失灵，同时，由于这部分医疗卫生服务具有鲜明的正外部性和良好的盈利前景，由私人部门来经营这部分医疗卫生服务可以获得成本的补偿，甚至实现盈利。所以，这部分医疗供给可以在政府主导下引入市场竞争机制，充分发挥私人部门的效率优势。

3）特殊医疗卫生服务

一般来说，特殊医疗卫生服务包括一些医学上的专科性、个体需求差异性或是高附加值的医疗产品或服务，如特需病房、康复服务、保健服务等。因此特殊医疗卫生服务主要由市场组织投资的营利性医疗机构供给。特殊医疗卫生服务完全具备排他性和竞争性，一般不具有外部性。

从前文的叙述中我们知道，医疗卫生服务分为公共医疗卫生服务、基本医疗卫生服务和特殊医疗卫生服务三类，其中公共医疗卫生服务、基本医疗卫生服务属于非市场服务。非市场服务的显著特征表现在该服务的提供是无偿的，或者服务的价格没有经济意义。

5.1.2 医疗卫生服务的外延和内涵

医疗卫生服务的形式多样，接下来对医疗卫生服务的边界和具体表现形式做一个简要的讨论。

1. 医疗卫生服务的外延

医疗卫生服务的外延是指医疗卫生服务机构生产活动的边界，只有在医疗卫生服务的外延边界以内的生产活动才被认为是医疗卫生服务机构的生产活动。因此，医疗卫生服务产出的核算范围不应该包含生产医疗卫生服务之前所做的准备活动以及生产医疗卫生服务之后所做的其他相关活动。具体来说，以下服务产出都不应属于医疗卫生服务的范畴，均不应计入医疗卫生服务产出。

1）医药生产厂商所生产提供的药品以及医疗卫生器械设备

医疗卫生器械设备的制造属于货物生产范围，虽然此类厂商的生产活动本身划归医疗卫生机构，但是其产出应计入工业生产成果。而公立医院所向病人销售的药品，绝大部分都是医药生产厂商生产的，只有少部分是医院自产的。因此，虽然公立医院的收支中有相当一部分是和药品交易相关的，但是药品的生产应当和医疗器械一样视为工业生产活动。

此外，药品的销售属于流通领域的生产活动，也不应包括在医疗卫生服务产出的范畴内。事实上，公立医院的药房及药库与市场上国营或私营的药店所从事的药品批发零售的性质并无本质差异。类似地，医疗卫生保险、医学及药品的研究与开发产出均不应计入医疗卫生服务产出。

2) 医疗卫生部门所销售的药品

医疗卫生部门所销售的药品主要分为两部分，一部分是医药公司所属的国营和私营药店，另一部分是专职医疗卫生部门所属的药店。其中，前者的性质和一般商品的销售并无差异，不应计入医疗卫生服务产出；而后者在我国医疗卫生部门统计中计入医疗卫生服务的总和。这点和我国的医疗卫生部门目前实行的“药医合业”制度有关。国际上通常实行的是“药医分业”制度，“药医分业”制度是指在医疗卫生活动中，由医生负责诊断和开出处方，由药剂师负责根据医生开出的处方配药，医院和药房不仅在技术上而且在经济上都是完全独立的。而“药医合业”制度则是由医生开出处方，病人持处方到药房交钱取药，药房是医院的组成部分。虽然药品交易在公立医院收支中所占比例较大，但是公立医院的药房药库所提供的服务只是一般商品的购买、储存、销售服务，和市场上国营或私营的药店所从事的药品批发零售相比，在活动的性质和功能上都无本质差异。因此，医疗卫生部门所提供的药品服务活动应划归非金融企业部门的经济活动，其服务产出同样不应计入医疗卫生服务产出，应包括在非金融企业的服务核算范畴内。

3) 医学卫生部门提供的医疗教育培训

医学卫生部门提供的医疗教育培训服务的受益者是接受教育培训服务的医疗专业人员。虽然教育培训提高了医疗卫生服务人员的专业素养和技术水平，但是这些服务并没有直接使患者受益，因此医学卫生部门提供的医疗教育培训服务产出不应计入医疗卫生服务产出，而应该计入教育服务产出。

4) 医学和药品的研究与开发

医学和药品的研究与开发是现代医学不断进步的源动力，共同推动着现代医学的发展。医学研究是对人体生理、病理以及治疗方法等进行科学研究探索的一项活动。它推动了现代医学水平的发展，提高了人类抵御疾病侵害的能力，保障了人们的身体健康。作为一项基础科学研究，医学研究属于公共服务的范畴，其活动经费来源是政府税收。虽然说这项服务主要由医学科研单位和医学教学机构提供，但是医学研究服务的产出不应计入医疗卫生服务产出，而应包括在科研单位或教学机构的服务产出中。

药品的研发主要也由医学研究机构组织进行。药品的研发活动同一般商品的研发一样，属于研发企业生产经营成果的一部分，因此此类服务产出同样不应计入医疗卫生服务产出，而应计入非金融企业部门或为住户服务的非营利机构部门的产出。

5）医疗卫生保险

医疗卫生保险是一项由政府、社会、个人参与支付的，共同分担医疗卫生风险的经济活动。该活动所提供的服务能使参保成员免于因为无法支付高额医疗费用而无法得到必要的治疗的风险。我国的医疗卫生保险主要包括四个部分：公费医疗、劳保医疗、新型农村合作医疗以及商业保险。虽然在我国医疗卫生保险的覆盖面广，受益人群多，但是从医疗卫生保险的活动性质上看，该类活动实质上是充当患者和医疗卫生部门之间的支付中介，并不属于直接向公众提供医疗卫生服务的经济活动，因此医疗卫生保险服务不应计入卫生服务产出。

2. 医疗卫生服务的内涵

医疗卫生服务的内涵即医疗卫生服务具体的表现形式。医疗卫生服务有着丰富的内涵。从我国政府卫生支出的具体去向来看，大致有以下十个方面的表现形式：医疗卫生管理、医疗卫生服务、社区卫生服务、医疗保障、疾病预防控制、卫生监督、妇幼保健、农村卫生、中医药和其他医疗卫生支出。

医疗卫生服务的成果大致可以概括为三个类别。

（1）生理治疗服务。生理治疗服务是指医疗卫生服务机构根据患者的个体差异，利用其所持有的医疗资源，采用各种医疗方法、医疗手段，结合临床医学知识，以生理学和病理学意义上的人体作为劳动对象，通过一系列医疗活动恢复和改善其生理健康状态的服务。

（2）心理治疗服务。心理治疗服务是指医疗卫生服务机构根据患者的个体差异，利用其所持有的医疗资源如心理医生及相关设备、固定资产等，结合心理学、社会学等专业知识，对服务对象进行治疗使其心理状态恢复健康的服务。

(3) 卫生防疫保健服务。卫生防疫保健服务是指医疗卫生服务机构为了全体社会成员的健康而开展的疫情预防、疾病控制有关的卫生医疗服务，尤其是各种传染病的控制和监测，如非典型肺炎的防控。通常来说，卫生防疫保健服务主要由政府出资和引导。

5.1.3　医疗卫生服务产出的基本问题

1. 医疗卫生服务产出的概念

和教育服务相比，医疗卫生服务所涵盖的范围要宽广得多，同时种类也更加繁多。在国际疾病分类中总共存在数千种疾病，还不包括各种复杂的并发症。和这数千种疾病相对应的是大量的医疗干预措施和治疗手段。除此之外，即使是同一种类型的干预手段，在不同的医疗方案中也可能产生新的变化。因此，如何衡量服务质量变化给产出带来的影响，对医疗卫生服务产出的核算和分析提出了挑战。

从概念上讲，医疗卫生服务产出应该是在核算期内医疗卫生服务的生产者所生产出来的医疗卫生服务总量的经济价值。

2. 医疗卫生服务产出的分类

我们知道，服务产出从不同的角度可分为直接产出和间接产出。直接产出指的是服务的生产者所生产和提供的服务的数量，而间接产出指的是服务的消费者因为消费服务而产生的一系列变化影响。根据产生影响的时间长短，间接产出又可以分为即期间接产出和后续间接产出。即期间接产出指的是消费者在消费服务的当期，自身状态发生的变化给消费者带来的效用；而后续间接产出是指服务的消费者在消费服务的后续一系列时期内，由自身状态变化带来的影响，从而进一步发生状态的改变。

将以上的直接产出、即期间接产出和后续间接产出的概念应用到医疗卫生服务上，医疗卫生服务的产出同样可以分为直接产出、即期间接产出和后续间接产出。具体来讲，医疗卫生服务的直接产出是医疗卫生部门所提供的医疗卫生服务的数量；医疗卫生服务的即期间接产出是患者在消费了医疗卫生服务后他的身体被治愈，得以恢复健康；医疗卫生服务的后续间接产出是患者在消费了医疗卫生服务以后身体恢复了健康，从而使得国民整体的身体素质得到提高，健康状态得到改善，人力资本得到提升，从而整个社会能够创造出更多的财富和价值。

3. 医疗卫生服务产出的测度范围

上文说到，医疗卫生服务的产出同样可以分为直接产出、即期间接产出和后续间接产出。然而，后续间接产出实际上还包括由于恢复健康而获得的一系列额外的收益，比如，由于恢复健康而额外获得的可用于工作或闲暇的时间带来的收益，免于因过早死亡而得以增加的生存时间带来的收益，由于身体健康而不必亲人家属的陪护所节省的时间带来的收益等。

虽然说这些额外收益和医疗卫生活动之间多少存在着因果关系，但是这并不能成为将后续间接产出包含在医疗卫生服务产出的核算范围之内的理由。原因有以下几点。

第一，全体社会公众的健康水平，不仅取决于医疗卫生服务的提供水平，还受到经济水平、周边环境、生活习惯等各种因素的影响。不能将全社会健康水平的提高，都作为医疗卫生活动的结果。

第二，病人由于恢复健康而得以创造的额外收益，属于消费医疗卫生服务的间接效应，而医疗卫生服务的直接效应仅仅是使病人恢复到健康状态，因此和间接产出并没有直接的必然的关系。

第三，既然在货物的产出核算中使用的是单一产出原则，那么在服务的产出核算中也应当保持一致，否则会影响总产出指标或增加值指标的一致性。举个很简单的例子，假如吃一顿饭能够延长一名工人 5 小时的工作时间，但是该工人在这 5 小时中所生产出商品的价值显然不应该计入这顿饭的产出里。

值得注意的是，医疗卫生服务的产出和整个医疗体制的功能或者效率是不一样的。考虑这样一种情况，假定在某一年所开展的疾病预防工作充分有效，或者某些公共政策影响了公众的行为从而使其生活方式更加健康，总之整个医疗体制的工作都取得了圆满的成功，但是与此同时，医疗卫生服务，尤其是一些带有治疗性质的医疗服务，它们的产出可能反而会减少。因此在对医疗卫生服务产出展开更深入的探讨之前，有必要对医疗卫生服务的产出和投入、过程、结果等做一个区分。

医疗卫生服务的投入是指在生产和提供医疗卫生服务时所使用与消耗的各种资源，具体包括水、电、药品乃至生产过程中使用的设备、建筑，医疗人员和非医疗人员的时间成本，以及其他中间投入和其他资本提供的服务。

医疗卫生服务的过程是指通过利用医疗资源对个体患者的身体或心理状态进行改善的医疗卫生活动。医疗卫生服务的过程通常包含针对某一特殊疾病的一系列治疗项目，在提供医疗服务的同时形成了医疗卫生服务生产者的产出。具体来说，医疗过程包括手术、诊断检查、门诊、医疗咨询等医疗服务。有时候，医疗过程和治疗是一致的，但是这并不适用于所有的情况。如果仅对医疗活动的过程进行简单加总，当医疗过程只反映了治疗的一部分内容，或者医疗过程的质量发生了变化的时候，可能并不能满足完整测算医疗卫生服务产出的需求。但是无论如何，对治疗过程进行计算，从目前来看都是一个相对更为合理且唯一具有操作性的测算医疗卫生服务的办法。

医疗卫生服务的结果通常是指消费者所描述评价的某种情形，如健康状态。医疗卫生服务的供给和医疗卫生服务的结果并不能等同，因为除了医疗之外还存在一系列其他影响因素，包括但不限于以下几类。

(1)社会经济因素，如收入水平、收入分布、就业、教育。

(2)行为因素，如抽烟、饮食、锻炼、卫生状况。

(3)环境因素，如居住环境、饮水、污染。

(4)个人因素，如基因、年龄、性别。

除此之外，医疗行业本身并不直接生产健康结果，而只能帮助人们实现他们潜在的健康。因此医疗卫生服务的结果还取决于患者个人的努力，医疗卫生服务的结果是一种共同生产的产品。

国民账户的目的是测算经济交易的价值和规模，而不是经济交易的影响或结果，因此医疗卫生服务的产出必须是直接产出或即期间接产出，这也是将医疗卫生服务对公众健康状态的影响排除在讨论范围之外的原因。在后文还会提到，尽管国民账户的目标并不是医疗卫生服务的结果，但是医疗卫生服务的产出和结果之间仍然存在联系，毕竟，一项医疗服务的质量是改进还是下降取决于其最终给患者的健康状态带来的是改善还是恶化。

5.2 医疗卫生服务产出测度的思路

服务业的产出多用服务消费的结果作为服务产出的计量基础。例如，在实践中，交通服务业的产出通常用运输距离和运输数量的乘积来计量。但是在医疗卫生服务领域，以服务对象的状态变化作为服务产出的计量基础的思路并不完全适用。原因在于交通服务业消费的结果与实际服务过程非常一致，而对于医疗卫生服务业来说，其结果并不完全反映服务过程。例如，基本医疗卫生服务的产出是应当根据接受了治疗服务的病人总数计算，还是应当依据接受过治疗并且成功被治愈的病人总数来计算。显然，这是个存在争议的问题。既然依靠传统的方法并不可行，我们只能寻找合适的方法。

要对医疗卫生服务的产出进行测算，主要有两个方面的难点：第一，医疗卫生服务并不是一个标准化的产品，由于伴随着一系列的复杂生产过程，它更像是一个为患者量身定制的产品。第二，对于很多非市场服务和货物来说，其缺乏一个市场价格，或者说具有经济意义的价格。

根据医疗卫生活动的价格是否具有经济意义，可以将三类医疗卫生服务中的公共医疗卫生服务划为无偿医疗卫生服务，将基本医疗卫生服务和特殊医疗卫生服务划为有偿医疗卫生服务。

对于无偿医疗卫生服务，由于其公共产品的属性，其生产和提供的主体都是由政府创立或提供资金支持的医疗卫生机构，且受益的群体是全体社会民众。由于公共服务完全无法找到具有参考意义的价格，难以按照常规思路核算其产出，因此，到目前为止，国民经济核算仍然采用投入替代法对其产出进行核算。对于有偿医疗卫生服务，我国医疗卫生部门在提供该服务时按照服务项目收取费用，且这个费用的价格是在政府的宏观指导下确定的，或按市场原则由医患双方协商确定。因为这个价格能够弥补服务生产过程中的成本耗费，所以我们将其视为有经济意义的价格。因此，我们也可以考虑采用产出指标法或完整治疗法来对有偿医疗卫生服务的产出进行核算。

5.2.1　投入替代法

医疗卫生服务的规模或价格的变化，主要取决于投入的规模或价格的变化。因此，当前测算医疗卫生服务产出的标准做法是按业务活动支出进行汇总，以投入额代替生产产出，也就是投入替代法。

1. 投入替代法的核算原理

非市场服务产出是由政府或为住户服务的非营利机构所生产的非市场货物和服务的价值，这部分非市场货物和服务通常以免费的价格或者是以没有显著经济意义的价格提供给其他机构单位享用。SNA2008 对非市场服务产出核算的建议是："向住户部门免费提供的非市场产出的价值按以下生产成本之和核算：a. 中间消耗；b. 雇员报酬；c. 固定资本消耗；d. 其他生产税(减生产补贴)。如果支付象征性的成本就可以获得产出，那么相关价格就不是有显著经济意义的价格，它既不能反映相关生产成本也不能反映相关消费者的偏好，因此也就不能以此为基础来计算相关货物服务的产出。"因此，非市场总产出一般按生产总成本估价。

公共医疗卫生服务和基本医疗卫生服务通常是由政府直接参与或者委托第三方机构参与生产管理，其经费支出主要由国家财政支持，或虽然有部分营业收入，但无法弥补自身经营活动成本。投入替代法的本质是假定营业盈余为零，然后用投入总量替代产出总量。在我国现行的国民经济核算体系中，这类单位的总产出一般按业务活动支出，也就是生产期间发生的有关费用进行核算，即等于经常性支出加固定资产折旧。

2. 采用投入替代法的原因

采用投入替代法来测算医疗卫生服务产出的原因主要有两个方面。

第一，非市场服务的生产和提供从严格意义上讲不是市场行为，因为通常来讲，非市场服务不以市场价格为依据，因此很难找到合适的价格。虽然也有部分服务项目同时存在市场服务和非市场服务，但是它们往往并不完全同质，要么在类别上要么在质量上都或多或少存在一些差异。因此，在大多数情况下，不可能找到和非市场服务完全同质的市场服务，从而无法直接将其价格用于估价非市场服务。

第二，采用投入替代法能够和整个国民账户核算体系保持一定的兼容性，假如虚拟出一个生产率，那么最后得出的增加值将违背三方等价原则。

第三，对于医疗卫生服务，尤其是公共医疗卫生服务，很难将其产出区分为价格和物量两部分，因此投入替代法在很多情况下也是不得已而为之。

3. 投入替代法的缺陷

虽然投入替代法是当下测算非市场服务产出的主流方法，而且世界各国已经实践多年，但是它并不是一个完美的解决方案。相反，投入替代法存在着诸多令人诟病的弊端，具体如下。

第一，强行假定营业盈余为零，与实际不符，而且有悖于经济规律。

第二，直接用“投入”来对“产出”进行替代，与一般社会再生产的基本原理不符。

第三，投入替代法的设定强行假定医疗卫生服务的生产效率为零，一方面会使生产效率的测算失去意义，另一方面与客观实际相违背，因为无论是从服务机构的数量看，还是从医疗卫生服务本身的整体质量来看，我国的医疗卫生事业都取得了长足的发展，医疗卫生服务的总量和质量长期以来有了显著的提升。

第四，改变了 GDP 指标的产出性质。GDP 和社会总产出作为国民经济总量的核心指标，其中心目的是反映一定时期内国民经济生产的总成果，它们都具有产出性质。而采用投入替代法计算得到的结果一方面会造成核算 GDP 及其增长率时的偏差，另一方面也改变了 GDP 指标的产出性质，使得 GDP 成为一个“产出”和“投入”的混合体，而不完全是一个单纯的产出指标。

第五，无法区分物量和价格的变化。设物量为 q，价格为 p，则一般来说物量和价格的综合变动可以用 $\frac{\sum p_1q_1}{\sum p_0q_0}$ 表示，可以用 $\frac{\sum p_0q_1}{\sum p_0q_0}$ 表示物量变化，可以用 $\frac{\sum p_1q_1}{\sum p_0q_1}$ 表示价格变化。而投入替代法由于无法对物量和价格进行区分，因此也无法体现出医疗卫生服务的物量变化和价格变化。

第六，从某种程度上讲，一旦采用了投入替代法，则会导致“消耗社会资源越多，其产出贡献越大”的悖论。

第七，不利于测算相关政府部门及非营利机构部门的绩效。

鉴于投入替代法存在的种种弊端，国内有学者提出在产出指标法还不完全成熟时，可以继续沿用投入替代法，但是要做出调整，即调整后的投入替代法。调整后的投入替代法仍然是从投入的角度，和调整前的区别在于它放松了生产率为零的假设条件，避免了由生产率为零的假设条件导致的一系列弊端，从而得出了在一定生产率条件下的总产出。这样一来，如何准确计算总产出的问题就转化成为如何准确估算生产率的问题。如果进一步采用不同的价格指数进行减缩，还可以得出不变价格的医疗卫生服务产出。

5.2.2　产出指标法

尽管调整后的投入替代法相对现有的投入替代法在一定程度上是一种进步，但是本质上仍然是从投入的角度对产出进行测算，而没有独立于投入测度的产出测度，这样就无法构建有意义的生产率测度。因此也有学者提出就医疗卫生服务的产出核算产出，也就是说，医疗卫生的产出应该基于医疗卫生机构所生产提供的医疗卫生服务的数量进行测度，同时将新产品或新服务的出现、医疗卫生服务质量的变化等因素纳入考虑调整的范围。

1. 产出指标法的核算原理

医疗卫生服务的生产过程需要投入和消耗各种各样的生产资料，如对劳动力的投入、中间投入和固定资产投入。与此同时，医疗卫生机构往往根据医疗项目的内容收取相应的医疗费用，以覆盖医疗卫生服务的生产过程所消耗的成本。在投入卫生资源的前提下，医疗卫生机构的一系列医疗活动才得以开展。因此，有学者提出通过选取合适的医疗卫生服务活动的产出指标来反映医疗卫生服务的活动成果。

产出指标法是首先寻找合适的医疗卫生服务活动的产出指标，然后计算医疗卫生服务的现价和不变价产出。具体来说，产出指标法的计算公式为

$$总产出=\sum 医疗卫生服务量\times 服务价格 \tag{5-1}$$

这样一来，产出指标法就可以从产出的角度计算出医疗卫生服务的产出。

2. 产出服务量指标和服务价格指标

那么，如何选取合适的医疗卫生服务的产出服务量指标呢？通常来说，

产出服务量指标至少应当符合三个标准：一是必须与医疗卫生活动的目的相一致；二是必须是“最终产出”，只有医疗卫生服务的消费者是患者的情况下该项医疗卫生服务才被纳入产出的核算范围；三是必须是直接产出或即期间接产出。

我国的医疗卫生统计的相关统计资料通常分为门诊和住院两类。

门诊类的产出指标中具有代表性的有门诊次数和手术次数。门诊次数反映了医疗机构在一定时期内为患者提供的门诊服务的规模水平，虽然它并不能反映每次门诊所花费的时间，也不能反映每次门诊所消耗的医疗资源，但是这些差异在某种程度上体现在了门诊的不同收费价格中。手术次数反映了医疗机构在一定时期内为患者提供的手术服务的规模水平，虽然它同样没有反映每次手术过程中所消耗的医疗资源，但是这些差异也同样将体现在手术的价格中。

住院类的产出指标中具有代表性的有住院天数和病床利用时长。住院天数和病床利用时长不仅反映了医疗卫生服务的规模，还能够反映很多信息，如患者的个体差异、医术水平等，这些信息都会对患者的住院天数产生较大的影响。但是假设这样一种情况，医疗水平的进步使得病人的康复时间缩短，从而住院天数和病床利用时长会相对减少，这将使医疗卫生服务的产出量减少。即使更先进的医疗服务会有相应更高的价格，也无法确保医疗卫生服务的产出能够如实准确地反映出来自医疗卫生服务产出的变化和来自医疗卫生服务质量的变化。

总之，医疗卫生服务的产出同时包括了实物量产出指标和价值量产出指标。由于实物量产出指标能够较为完整地反映医疗卫生服务的生产过程，并且相关统计资料相对更容易获取，目前在医疗卫生服务产出核算的实际工作中实物量指标体系的应用相对较多，也较为成熟。而价值量产出指标相比实物量产出指标增加了价格因素，难点在于如何赋予医疗卫生服务一个有经济意义的价格。目前普遍认为主要可以从两个方面着手来解决这个问题：一是参考营利性医疗卫生机构所提供的同类型的医疗卫生服务的价格；二是通过成本估算，从而得到一个包含营业盈余的医疗卫生服务价格。

3. 产出指标法存在的问题

毫无疑问，产出指标法相比投入替代法是巨大的进步，但是也必须承认，产出指标法也存在一些缺陷和不足。

具体来说，首先，如果采用传统的治愈率、病死率等反映医疗卫生服务间接产出的评价指标，则既没有反映具体的病情，也无法反映在医疗卫生服务的生产过程中所投入的卫生资源的数量和医疗技术的进步，因此从某种程度上讲，传统的反映医疗卫生服务间接产出的评价指标丢失了医疗卫生服务产出的内涵。其次，如果不对病种病情加以考虑，就不具备可比性，因此这些指标也不适用于衡量医疗卫生服务的质量或效率的变化；由于各医院收治的病人必然存在个体差异，个体差异必然导致实际卫生资源投入的差别，因此即使引入能够反映直接投入的评价指标，如病人的医疗支出或病人实际占用床位日等，也无法反映医疗卫生服务的质量。再次，产出指标法在质量调整问题上存在难题，例如，当医疗技术提升使得病床护理时间缩短时，病人的体验得到了提升，但是从产出的数值上看，医疗卫生服务的产出反而减少。尤其是对于某些存在互补性的医疗卫生服务，按照常规方法计算的拉式价格指数会得到与实际不符的结论，从而引发对消费者价格指数的高估或低估。最后，目前还没有令人满意的方法能够使“免费或无显著经济意义的价格”过渡到有经济意义的价格，也使得产出指标法在实践层面上存在困难。

5.2.3　完整治疗法

1. 完整治疗法的核算原理

按照产出指标法的思路计算医疗卫生服务产出也并非完美的，考虑到病人的个体差异将导致实际卫生资源投入的差别，有学者提出可将病人按其疾病病种、病情、年龄等条件进行分类，使得在同一类别下的病人所消耗的卫生资源趋于一致，然后用一段时期内医疗卫生机构所治愈的疾病数量作为医疗卫生服务的产出服务量。这正是完整治疗法的精髓所在，病例组合方案随着这一思想的提出应运而生。目前，病例组合被公认为是一种合理有效的医疗产出测量基本单位。

采用完整治疗法可以在一定程度上克服产出指标法的不足。完整治疗指的是一个个体为了达到对某种疾病完全治疗的目的而接受的一系列医疗服务的集合，这些医疗服务可以由一个或几个医疗卫生机构共同提供。

完整治疗法认为，医疗卫生服务的核心部分是疾病的预防和治疗，因此完整医疗法对医疗卫生服务产出的测度主要围绕疾病进行。一般来说，基于完整治疗法测算的医疗卫生服务产出可以定义为经过质量调整以后的医疗卫生机构所生产和提供的全部完整治疗的价值。完整治疗法和产出指标法最大的差异在于，完整治疗往往包含了不止一项医疗卫生服务项目，只有当一系列医疗卫生服务项目集合在一起组成治疗具体疾病的一整套治疗程序时，它们才是一个完整治疗的过程。

从完整治疗的内容上看，完整治疗不仅包括治疗活动本身，还应该包含那些以预防某项疾病为目的的医疗服务，如 X 光检查、核磁共振等。除此之外，完整治疗还包括一些和疾病不相关或部分相关的医疗服务，如长期的护理服务、提升身体状态或心理健康的医疗服务等。实际上，医疗卫生服务并没有一个绝对的定义能够完整地包含所有的方方面面，但是目前为止，我们所划定的范围已经适用于大多数具有代表性的例子。

2. 完整治疗法的质量调整

正因为病例组合是由多项医疗服务组成的完整治疗，它才能产生更同质的产出单位，从而正确计算每种疾病的预防和治疗的实际花费，并且，完整治疗法能够反映由技术进步引起的医疗服务的组合的变化。从理论上讲，完整治疗法的基本测算单位是完整治疗的数量，同时根据医疗卫生服务提供的过程中服务质量的变化进行质量调整，从而能够将医疗卫生服务产出总量的变化分解为价格、数量、质量三部分的变化。

假设所有的病例可按病种、病情、年龄等分为 i 组，$T_{i,t}$ 为第 t 期的病例组合的数量，同时按质量调整（q_i）进行适当加权（w_i），则用完整治疗法计算的医疗卫生服务产出的拉式物量指数可表示为

$$L_q = \sum\left[T_{i,t}(q_{i,t}) / T_{i,t-1}(q_{i,t-1})\right]w_i \quad (5\text{-}2)$$

式（5-2）是采用完整治疗法测算医疗卫生服务产出的拉氏物量指数，这和国民经济核算中通常采用的通过价格指数减缩得到的物量指数有很大不同。

虽然通过完整治疗法测算医疗卫生服务产出更加合理，但是完整治疗的基本测算单位完整治疗的数量 $T_{i,t}$ 并不容易获得，而且权数 w_i 应当如何选取仍存在疑问。尽管目前有文献对完整治疗法的质量调整问题做了实证研究，但是

由于完整治疗的数量 $T_{i,t}$ 难以直接获取，完整治疗法到目前为止还缺乏可行性。

3. 完整治疗法的现状和前瞻

当然，完整治疗法本身也有其局限性。例如，对慢性病而言，完整治疗可能仅能涵盖疾病治疗的某一个阶段，因此并不完全适用。由于定义和实践方面的原因，即使是和疾病相关的健康服务，医疗卫生服务的定义也不能保证能够直接适用于所有的场景，但是它至少提供了一种概念上的具有可操作性的参考。

完整治疗的提出相对原有的基于医疗指标或治疗项目的医疗投入产出管理毫无疑问是一种进步。随着对病例组合的研究逐渐深入和病例组合在发达国家的迅速推广，病例组合的研究对象从最初的住院病人进一步扩展到门诊病人、急诊病人、家庭病人、精神病人、康复病人和社区等。同发达国家相比，我国对病例组合的研究才刚刚起步，到目前为止还没有将病例组合的思想应用到实践中，但是已经成为医疗卫生服务发展研究中的一个重要课题。可以预见，在不远的将来，随着我国医疗保险制度改革的逐渐深入，相关政策与配套措施会更加完善，完整治疗法会更具有可操作性，病例组合方案将在产出核算领域、控制医疗费用过快上涨、评估医疗服务效率方面发挥重要作用，并且不断发展和充实。

5.3　医疗卫生服务绩效评价的实证研究

5.3.1　医疗卫生服务绩效评价的方法

目前，生产前沿分析方法是测算医疗卫生服务绩效的主流方法。生产前沿的含义是在技术水平不变的情况下投入不同比例的生产资料或资源后所能达到的可能最大产出的集合。根据生产函数的具体形式是否已知，生产前沿分析方法可以分为参数方法和非参数方法两种。其中具有代表性的参数方法是随机前沿分析法，具有代表性的非参数方法是 DEA 方法。与前文保持一致，本章采用 DEA 方法来测算我国各地区医疗卫生服务绩效。

5.3.2 指标体系及数据来源

1. 指标体系的构建原则

要在国家或地区的宏观层面对医疗卫生服务绩效进行测度，关键在于确定合理的医疗卫生服务投入和产出变量。本书把各地区的医疗卫生系统作为医疗卫生服务生产决策单元(DMU)，使用 DEA 方法基于非参数型确定性前沿生产函数进行分析。

医疗卫生服务的绩效评价从本质上讲是通过构建一个合理的包含恰当的投入、产出和质量指标的绩效评价指标体系，来达到测算医疗卫生服务的绩效水平的最终目的。考虑到指标体系的合理与否将直接影响到各地区医疗卫生服务绩效测算的准确性，在对各地区医疗卫生服务的绩效进行测度之前，本书将依据科学性、可测性、可比性、系统性和有效性五点原则，建立一套评价医疗卫生服务绩效的指标体系，从宏观层面对我国 2016 年的医疗卫生服务绩效进行测算、评价和分析。(由于人均卫生总费用、城镇居民人均医疗保健支出和农村居民人均医疗保健支出等指标 2017 年数据在笔者进行研究时还未披露，后文实证部分采用 2016 年数据。)

从医疗卫生服务业的基本特征出发，本书认为在构建医疗卫生服务绩效评价指标体系的过程中应遵循科学性、可测性、可比性、系统性和有效性五点原则。

1) 科学性原则

科学性原则有两层含义，第一层含义是构建医疗卫生服务绩效评价指标体系所使用的评估方法、技术手段要具有科学性，第二层含义是在设计医疗卫生服务绩效评价指标体系的过程要具有科学性。这就意味着要对所选取的医疗卫生服务绩效评价指标，从定义、统计口径、计算方法到体系的建立和数据收集等各方面都做到客观、科学，严格遵循科学性原则。

2) 可测性原则

可测性原则一方面要求医疗卫生服务绩效评价指标本身要具备可测性，另一方面则要求医疗卫生服务绩效评价指标在测算过程要具备现实可行性。这意味着在选择医疗卫生服务绩效评价指标时，既要考虑指标的全面性，又要考虑其可操作性。最终确定的评价指标不仅要具有代表性，还应该便于搜集和分析，而且来源可靠。为了减少指标重叠，增强指标的科学性，在对所选取的指标进行取舍时应尽量选择对测算结果影响权重较大的关键性指标。

3) 可比性原则

之所以要对我国分地区的医疗卫生服务绩效进行测算，目的之一就是要通过科学的定量分析方法比较判别各地区在效率上的优劣差异。所以我们在构建医疗卫生服务绩效评价指标体系时必须遵循可比性原则，尽量选择含义明确、统计口径一致的指标。

4) 系统性原则

为了完整地刻画评价目标医疗卫生服务的特征，我们将选取一系列指标，这些指标之间可能存在较为复杂的内在联系。系统性原则要求同一层次的指标之间应该尽可能地界限分明，具体来讲要注意以下几点。

(1) 综合性指标数量和层次不宜过多，否则绩效评价指标体系会显得过于繁杂。恰当的综合性指标能够规范、准确地反映医疗卫生服务水平状况，从而揭示出我国各地区的医疗卫生服务绩效存在差异的原因。

(2) 在选取医疗卫生服务指标时要考虑到指标之间可能存在的较为复杂的内在联系，兼顾好各方面的关系。

(3) 设计指标体系时应该具有系统性和整体性。系统性和整体性强调对各项指标之间的各种关系做到有机结合、统筹兼顾，从而对各地区医疗卫生服务绩效做出客观的测度和评价。

5) 有效性原则

指标体系的有效性具有两个方面的含义，一是所设计的医疗卫生服务绩效评价指标体系应符合绩效测算的标准，符合测算的理论依据；二是分项测算结果、综合测算结果及测算结果的标准应反映出各地区医疗卫生服务的真实水平。

2. 指标的选取

目前国内外有不少学者采用 DEA 方法对医疗卫生服务的绩效进行测算评估，由于每篇文献的研究视角和侧重点的差异，不同的作者在投入和产出指标的选择上存在较大的差异。对部分具有代表性的研究进行归纳，结果如表 5-1 所示。

表 5-1 国内外使用 DEA 方法评价医疗卫生服务绩效所采用投入产出指标一览

作者	投入指标	产出指标
Swan（1991）	床位数、工作人员数、业务费用、资金	调整康复病人数、培训人数、门诊人次、门诊手术数
Delannoy 等（1990）	医生工作时数、护士工作时数、床位数、其他消耗	调整出院人数、门诊人次、培训人次
Mutlu（1993）	床位数、工作人员数、业务费用	门诊人次、调整住院病人数、培训人次
Chen 和 Grant（1998）	医疗支出、床位数	门诊人次、急诊人次、调整住院人数、住院床日数、教学科研指标
侯文等（2001）	职工数、床位数、固定资产、专用设备	医疗收入、年工作量
李杰等（2003）	医院床位数、出院病人平均住院天数、总支出	病例组合指数×出院病人数、住院病人手术人次、门诊收入、住院收入、总收入、病床使用率、病床周转次数

综合上述现有的相关研究，笔者认为在现有文献的基础上存在以下几个方面改进的可能。

第一，现有文献通常以医疗机构为研究对象，在选取投入产出指标时没有考虑患者的投入和产出。

第二，现有的相关研究中所选取的投入产出指标大都是统计绝对数。鉴于本书的研究对象是各省区市，各地区的常住人口数量相差较大，为消除人口因素的影响，本书在选取投入、产出指标时均采用相对指标来反映各地区的医疗卫生服务投入和产出。

第三，现有文献所选取的产出指标或者仅是直接产出指标，或者仅是间接产出指标。

医疗卫生服务的投入按照筹资来源的不同可以分为医疗卫生机构的投入和患者的投入。医疗卫生机构的投入首先包括对人力资源的投入，如医疗机构对相关从业人员的培训的投入；其次包括对物质资源的投入，如医院对医疗设备、医疗用品等的投入；除此之外还包括对技术资源的投入，如对基础科学的研究和对医疗领域专业知识的研究等。通常认为，由于医生（医师、护士、药剂师等）、医院床位、相关医疗设备以及卫生经费等因素直接决定了医疗卫生服务的数量和质量，这些因素会对医疗卫生服务产出产生直接影响。

因此，可将这些因素作为面向人口的健康生产系统的直接投入等。

考虑到各地区在人口数量上有巨大的差异，本书中将各地区每千人卫生技术人员数、每千人口医疗卫生机构床位数、人均卫生总费用(包括政府卫生支出、社会卫生支出和个人卫生支出)、城镇居民人均医疗保健支出、农村居民人均医疗保健支出以及人均医疗卫生机构净资产作为医疗卫生服务的投入变量。其中，各地区每千人卫生技术人员数、每千人口医疗卫生机构床位数、人均卫生总费用(包括政府卫生支出、社会卫生支出和个人卫生支出)、人均医疗卫生机构净资产属于医疗卫生机构的投入，城镇居民人均医疗保健支出、农村居民人均医疗保健支出属于患者的投入。

在产出方面，住院和门诊利用率的不断提高，反映出政府和患者对医疗卫生的投入提升了居民消费医疗卫生服务的意愿和能力；人口平均预期寿命的提高和婴儿死亡率的下降，反映出人民的健康水平得到了较大的改善。由于缺少我国分地区的婴儿死亡率数据，本书选取各地区人口的平均预期寿命、死亡率的倒数、医师日均担负诊疗人次、医师日均担负住院人次作为医疗卫生服务的产出变量，本书的数据来源是《中国卫生和计划生育统计年鉴 2017》和《中国卫生健康统计年鉴 2018》。

综合以上分析，得到对医疗卫生服务绩效进行测度的投入、产出指标(表 5-2)。

表 5-2　医疗卫生服务绩效测度的投入产出指标

投入指标	产出指标
各地区每千人卫生技术人员数	
每千人口医疗卫生机构床位数	各地区人口的平均预期寿命
人均卫生总费用	死亡率的倒数
城镇居民人均医疗保健支出	医师日均担负诊疗人次
农村居民人均医疗保健支出	医师日均担负住院人次
人均医疗卫生机构净资产	

5.3.3　实证分析与结论

接下来基于前文所构建的医疗卫生服务投入产出指标，建立 DEA 模型，对医疗卫生服务的绩效进行评价。

1. 模型参数的设定

考虑到医疗卫生服务的生产自身的特点，本书将选取产出导向的 BCC 模型。选取 BCC 模型的原因在于，第一，假定医疗卫生服务生产的规模报酬不变在长期是不现实的，第二，有现有研究表明，居民健康水平的提升会随着经济总量的增加边际递减。因此，假定规模报酬改变的 BCC 模型更符合现实情况。采用产出导向型形式的原因在于，通常情况下医疗卫生服务的财政预算约束是既定的，医疗卫生机构部门要在给定的预算条件下，尽可能提高系统产出水平。

2. 各地区医疗卫生服务绩效的测算

选取产出导向 BCC 模型，借助 DEA 分析软件 DEAP2.1，计算中国各地区医疗卫生服务的绩效。在计算时，本书以每一产出指标作为产出变量，以七个投入指标作为投入变量来分别测算每一产出指标的综合效率、纯技术效率和规模效率。各产出指标的效率值测算结果如表 5-3 所示。

表 5-3 中国各省市、区医疗卫生服务单项产出效率值

地区	预期寿命（Y1）				死亡率倒数（Y2）			
	综合效率	纯技术效率	规模效率	规模报酬	综合效率	纯技术效率	规模效率	规模报酬
北京	0.821	1.000	0.821	递减	0.828	0.921	0.899	递减
天津	1.000	1.000	1.000	不变	0.857	1.000	0.857	递增
河北	0.979	1.000	0.979	递减	0.905	0.906	0.999	递减
山西	0.922	0.993	0.928	递减	0.926	0.940	0.985	递减
内蒙古	0.860	0.972	0.844	递减	0.785	0.803	0.977	递减
辽宁	0.847	1.000	0.918	递减	0.771	0.784	0.984	递增
吉林	0.918	1.000	0.918	递减	0.776	0.789	0.984	递减
黑龙江	0.837	1.000	0.837	递减	0.777	0.810	0.959	递减
上海	0.847	1.000	0.847	递减	0.814	0.869	0.937	递减
江苏	0.830	0.989	0.839	递减	0.591	0.650	0.909	递减
浙江	0.844	0.998	0.845	递减	0.750	0.826	0.908	递减

续表

地区	预期寿命(Y1)				死亡率倒数(Y2)			
	综合效率	纯技术效率	规模效率	规模报酬	综合效率	纯技术效率	规模效率	规模报酬
安徽	1.000	1.000	1.000	不变	1.000	1.000	1.000	不变
福建	0.948	0.994	0.954	递减	0.817	0.818	0.999	不变
江西	1.000	1.000	1.000	不变	1.000	1.000	1.000	不变
山东	0.832	1.000	0.832	递减	0.700	0.732	0.956	递减
河南	1.000	1.000	1.000	不变	0.865	1.000	0.865	递增
湖北	0.762	0.981	0.777	递减	0.681	0.722	0.943	递减
湖南	0.912	0.992	0.919	递减	0.823	0.835	0.986	递减
广东	1.000	1.000	1.000	不变	1.000	1.000	1.000	不变
广西	1.000	1.000	1.000	不变	1.000	1.000	1.000	不变
海南	1.000	1.000	1.000	不变	0.916	1.000	0.916	递增
重庆	0.888	0.990	0.896	递减	0.656	0.677	0.969	递减
四川	0.815	0.985	0.827	递减	0.723	0.753	0.960	递减
贵州	1.000	1.000	1.000	不变	0.959	1.000	0.959	递增
云南	0.959	1.000	0.959	递增	0.952	1.000	0.952	递增
西藏	1.000	1.000	1.000	不变	1.000	1.000	1.000	不变
陕西	0.823	0.976	0.843	递减	0.702	0.731	0.960	递减
甘肃	1.000	1.000	1.000	不变	0.966	1.000	0.966	递增
青海	0.798	0.915	0.872	递减	0.697	0.769	0.906	递减
宁夏	1.000	1.000	1.000	不变	1.000	1.000	1.000	不变
新疆	0.722	0.935	0.772	递减	0.824	0.939	0.877	递减

地区	医师日均担负诊疗人次(Y3)				医师日均担负住院床日(Y4)			
	综合效率	纯技术效率	规模效率	规模报酬	综合效率	纯技术效率	规模效率	规模报酬
北京	0.725	0.754	0.962	递减	0.407	0.438	0.930	递减
天津	1.000	1.000	1.000	不变	0.635	1.000	0.635	递增
河北	0.711	0.771	0.922	递增	0.735	0.736	0.998	递增
山西	0.505	0.513	0.984	递增	0.594	0.610	0.973	递减

续表

地区	医师日均担负诊疗人次（Y3）				医师日均担负住院床日（Y4）			
	综合效率	纯技术效率	规模效率	规模报酬	综合效率	纯技术效率	规模效率	规模报酬
内蒙古	0.619	0.624	0.992	递减	0.688	0.717	0.959	递减
辽宁	0.656	0.678	0.967	递增	0.770	0.884	0.871	递减
吉林	0.637	0.639	0.997	递减	0.712	0.726	0.981	递减
黑龙江	0.550	0.564	0.975	递增	0.731	0.817	0.895	递减
上海	1.000	1.000	1.000	不变	0.768	0.781	0.983	递减
江苏	0.856	0.869	0.985	递减	0.777	0.844	0.921	递减
浙江	0.919	0.940	0.978	递减	0.698	0.728	0.959	递减
安徽	0.902	1.000	0.902	递增	0.971	0.993	0.978	递增
福建	1.000	1.000	1.000	不变	0.817	0.840	0.973	递增
江西	0.883	1.000	0.883	递增	1.000	1.000	1.000	不变
山东	0.605	0.615	0.984	递增	0.652	0.719	0.907	递减
河南	0.920	1.000	0.920	递增	0.924	1.000	0.924	递增
湖北	0.643	0.663	0.970	递减	0.753	0.906	0.831	递减
湖南	0.644	0.663	0.972	递增	0.891	0.953	0.935	递减
广东	1.000	1.000	1.000	不变	0.854	1.000	0.854	递增
广西	1.000	1.000	1.000	不变	0.935	1.000	0.935	递增
海南	0.975	1.000	0.975	递增	0.965	1.000	0.965	递增
重庆	0.906	0.907	0.999	递减	0.968	1.000	0.968	递减
四川	0.719	0.730	0.985	递减	0.867	1.000	0.867	递减
贵州	0.921	1.000	0.921	递增	1.000	1.000	1.000	不变
云南	1.000	1.000	1.000	不变	1.000	1.000	1.000	不变
西藏	1.000	1.000	1.000	不变	1.000	1.000	1.000	不变
陕西	0.776	0.791	0.981	递减	0.797	0.875	0.911	递减
甘肃	0.922	1.000	0.922	递增	1.000	1.000	1.000	不变
青海	0.654	0.659	0.993	递减	0.822	0.913	0.900	递减
宁夏	1.000	1.000	1.000	不变	1.000	1.000	1.000	不变
新疆	0.603	0.618	0.976	递减	0.776	0.896	0.866	递减

3. 综合效率分析

综合效率表示为任一地区的医疗卫生机构在要素投入成本一定的情况下的最大产出。综合效率值可用于测算各地区医疗卫生机构的投入项是否得到有效利用以达到产出最大化。综合效率越高，表示要素投入的利用越有效率，资源配置就越有效。中国各地区医疗卫生服务综合效率如表 5-4 所示。

表 5-4 中国各地区医疗卫生服务综合效率分析

地区	*Y*1	*Y*2	*Y*3	*Y*4	平均值
东部地区					
北京	0.821	0.828	0.725	0.407	0.695
天津	1.000	0.857	1.000	0.635	0.873
河北	0.979	0.905	0.711	0.735	0.832
辽宁	0.847	0.771	0.656	0.770	0.761
上海	0.847	0.814	1.000	0.768	0.857
江苏	0.830	0.591	0.856	0.777	0.764
浙江	0.844	0.750	0.919	0.698	0.803
福建	0.948	0.817	1.000	0.817	0.896
山东	0.832	0.700	0.605	0.652	0.697
广东	1.000	1.000	1.000	0.854	0.964
海南	1.000	0.916	0.975	0.965	0.964
平均值	0.904	0.814	0.859	0.734	0.828
中部地区					
山西	0.922	0.926	0.505	0.594	0.737
吉林	0.918	0.776	0.637	0.712	0.761
黑龙江	0.837	0.777	0.550	0.731	0.724
安徽	1.000	1.000	0.902	0.971	0.968
江西	1.000	1.000	0.883	1.000	0.971
河南	1.000	0.865	0.920	0.924	0.927
湖北	0.762	0.681	0.643	0.753	0.710

续表

地区	Y1	Y2	Y3	Y4	平均值
中部地区					
湖南	0.912	0.823	0.644	0.891	0.818
平均值	0.919	0.856	0.711	0.822	0.827
西部地区					
内蒙古	0.860	0.785	0.619	0.688	0.738
广西	1.000	1.000	1.000	0.935	0.984
重庆	0.888	0.656	0.906	0.968	0.855
四川	0.815	0.723	0.719	0.867	0.781
贵州	1.000	0.959	0.921	1.000	0.970
云南	0.959	0.952	1.000	1.000	0.978
西藏	1.000	1.000	1.000	1.000	1.000
陕西	0.823	0.702	0.776	0.797	0.774
甘肃	1.000	0.966	0.922	1.000	0.972
青海	0.798	0.697	0.654	0.822	0.743
宁夏	1.000	1.000	1.000	1.000	1.000
新疆	0.722	0.824	0.603	0.776	0.731
平均值	0.905	0.855	0.843	0.904	0.877
总平均值	0.908	0.841	0.812	0.823	0.846

从表 5-4 中我们可以得出以下结论。

第一，预期寿命（*Y*1）产出的综合效率达到最佳规模的地区有天津、广东、海南、安徽、江西、河南、广西、贵州、西藏、甘肃、宁夏，大约占全国的 35.48%；死亡率倒数（*Y*2）产出的综合效率达到最佳规模的地区有广东、安徽、江西、广西、西藏、宁夏，大约占全国的 19.35%；医师日均担负诊疗人次（*Y*3）产出的综合效率达到最佳规模的地区有天津、上海、福建、广东、广西、云南、西藏、宁夏，大约占全国的 25.81%；医师日均担负住院床日（*Y*4）产出的综合效率达到最佳规模的地区有江西、贵州、云南、西藏、甘肃、宁夏，大约占全国的 19.35%。

第二，各地区的医疗卫生服务综合效率总体水平不高，总平均产出效率为 0.846，而且除预期寿命(*Y*1)这一产出指标的平均综合效率大于 0.9 外，其余三个产出指标的平均综合效率都在 0.82 左右。这表明总体上，各地区卫生资源的投入均存在较严重的浪费，有相当一部分卫生资源投入没能产生应有的效益或贡献。综合效率是纯技术效率与规模效率的乘积，所以造成技术效率不佳的可能原因是规模效率不佳或营运规模的不合理。这部分原因不是短期内可以通过管理手段扭转的，因此必须通过长期的规模调整，才能改变这部分无效率的现状。

第三，就个别地区而言，西藏、宁夏的医疗卫生服务的综合效率最高，四个指标的平均产出综合效率达到 1，而且四个指标的产出完全有效率，这不仅说明西藏、宁夏的地区医院的运营效率在全国最高，同时也说明由于人口较少，其卫生资源的配置在全国也处于最佳状态。产出综合效率略低于西藏、宁夏的地区有广东、海南、安徽、江西、河南、广西、贵州、云南、甘肃，这些地区的产出综合效率均在 0.9 以上。除以上地区以外的其他地区，医疗卫生服务的产出综合效率相对更低，说明所投入的卫生资源没能得到有效利用，因此没有达到产出最大化，同时，这也说明这些地区的运营效率有较大的提升空间。

第四，我国东部地区的医疗卫生服务的平均产出综合效率为 0.828，中部地区为 0.827，西部地区为 0.877，中、东、西部地区的医疗卫生服务产出综合效率相差不大，这与公众印象中西部地区医疗卫生服务整体效率远远落后于中、东部地区的状况形成鲜明反差。西部地区医疗卫生服务整体效率明显提高有赖于国家加大了对西部地区卫生资源的投入及相关政策的扶持力度。实施西部大开发战略以来，我国持续对西部地区投入大量卫生资金，并且给予了各种优惠扶持政策，经过数十年来的努力，西部地区医疗卫生服务水平有了明显提高，也正因如此，人民群众的身体健康状况不断改善。西部地区的医疗卫生服务综合效率在国家加大对其卫生资源的投入力度后得以明显提高也说明了卫生资源配置对医疗卫生服务的生产效率有着较大影响。

第五，表 5-4 还表明，北京作为我国的政治中心，虽然经济、教育等各方面相对发达，但是从模型的结果来看，北京医疗卫生服务的综合效率值远低于全国平均水平。一方面，说明北京在现有的医疗卫生服务产出规模下，所消耗的卫生资源存在较为严重的浪费；另一方面，也揭示了北京医疗卫生资源配置效率相对不高的现实。北京社会卫生服务中心发展情况远远落后于江苏、广东等经济发展程度接近的地区，原因在于北京医疗卫生资源的供给呈典型的“倒三角形”，大部分医疗卫生资源集中在大医院，只有少部分分布于社区。这一方面造成了大医院人满为患，医护人员负担较重的情况，另一方面社区医院门可罗雀，举步维艰，形成了鲜明的对比。众多医疗机构分布不合理，相互之间恶性竞争，医疗资源分散，形成不了规模优势，是北京医疗卫生服务效率低下的症结所在。

4. 技术效率分析

技术效率表示任一地区在投入相同时所能达到的最大医疗卫生服务产出，可以此衡量产出导向下各地区医疗机构的综合效率中能被纯技术无效率解释的部分所占的比例。和规模效率的提高必须经过长时间的营运规模调整方能达成不同，技术无效率可以通过合理的管理逐渐提高。中国各地区医疗卫生服务技术效率如表 5-5 所示。

表 5-5　中国各地区医疗卫生服务技术效率分析

地区	*Y*1	*Y*2	*Y*3	*Y*4	平均值
东部地区					
北京	1.000	0.921	0.754	0.438	0.778
天津	1.000	1.000	1.000	1.000	1.000
河北	1.000	0.906	0.771	0.736	0.853
辽宁	1.000	0.784	0.678	0.884	0.837
上海	1.000	0.869	1.000	0.781	0.913
江苏	0.989	0.650	0.869	0.844	0.838
浙江	0.998	0.826	0.940	0.728	0.873
福建	0.994	0.818	1.000	0.840	0.913
山东	1.000	0.732	0.615	0.719	0.767
广东	1.000	1.000	1.000	1.000	1.000
海南	1.000	1.000	1.000	1.000	1.000
平均值	0.998	0.864	0.875	0.815	0.888

续表

地区	Y1	Y2	Y3	Y4	平均值
中部地区					
山西	0.993	0.940	0.513	0.610	0.764
吉林	1.000	0.789	0.639	0.726	0.789
黑龙江	1.000	0.810	0.564	0.817	0.798
安徽	1.000	1.000	1.000	0.993	0.998
江西	1.000	1.000	1.000	1.000	1.000
河南	1.000	1.000	1.000	1.000	1.000
湖北	0.981	0.722	0.663	0.906	0.818
湖南	0.992	0.835	0.663	0.953	0.861
平均值	0.996	0.887	0.755	0.876	0.878
西部地区					
内蒙古	0.972	0.803	0.624	0.717	0.779
广西	1.000	1.000	1.000	1.000	1.000
重庆	0.990	0.677	0.907	1.000	0.894
四川	0.985	0.753	0.730	1.000	0.867
贵州	1.000	1.000	1.000	1.000	1.000
云南	1.000	1.000	1.000	1.000	1.000
西藏	1.000	1.000	1.000	1.000	1.000
陕西	0.976	0.731	0.791	0.875	0.843
甘肃	1.000	1.000	1.000	1.000	1.000
青海	0.915	0.769	0.659	0.913	0.814
宁夏	1.000	1.000	1.000	1.000	1.000
新疆	0.935	0.939	0.618	0.896	0.847
平均值	0.981	0.889	0.861	0.950	0.920
总平均值	0.991	0.880	0.836	0.883	0.898

从表 5-5 中我们可以得出以下结论。

第一，预期寿命（$Y1$）产出的技术效率达到最佳规模的地区有北京、天津、河北、辽宁、上海、山东、广东、海南、吉林、黑龙江、安徽、江西、河南、广西、贵州、云南、西藏、甘肃、宁夏，大约占全国的61.29%；死亡率倒数（$Y2$）产出的技术效率达到最佳规模的地区有天津、广东、海南、安徽、江西、河南、广西、贵州、云南、西藏、甘肃、宁夏，大约占全国的38.71%；医师日均担负诊疗人次（$Y3$）产出的技术效率达到最佳规模的地区有天津、上海、福建、广东、海南、安徽、江西、河南、广西、贵州、云南、西藏、甘肃、宁夏，大约占全国的45.16%；医师日均担负住院床日（$Y4$）产出的技术效率达到最佳规模的地区有天津、广东、海南、江西、河南、广西、重庆、四川、贵州、云南、西藏、甘肃、宁夏，大约占全国的41.94%。

第二，各地区医疗卫生服务的产出技术效率总体水平较高，总平均产出效率为 0.898，其中预期寿命的产出平均技术效率达到 0.991，这表明剔除规模效率的因素的影响后，由技术无效导致的投入成本虚耗仅为0.009。这一结果一方面反映了各地区预期寿命的投入产出的高效率，另一方面也反映了随着我国疾病预防、控制、治疗水平以及人民生活水平和生活质量的提高，我国人口平均预期寿命高于世界平均水平这一事实。此外，四个产出指标的产出技术效率均为 1 的地区有天津、广东、海南、江西、河南、广西、贵州、云南、西藏、甘肃和宁夏，这也表明这 11 个地区的医疗卫生服务的产出技术效率均位于生产前沿面。

第三，我国中、东、西部地区的医疗卫生服务技术效率非常接近，表明我国西部地区和东部地区的技术差异在逐渐缩小。这一方面是因为国家长年以来对西部地区持续大力投入卫生资源，另一方面也得益于东部地区的医疗机构对西部地区的医疗机构在技术上的对口支援。

5. 规模效率分析

规模效率表示当评价对象处于最大产出状态时，达到技术效率的生产边界的投入量和最适规模下的投入量之间的比值，它的值等于综合效率值除以技术效率值。规模效率通常用于衡量在产出导向下，任一地区的医疗卫生机构是否处于最适生产规模。若生产的规模报酬递减，则应该适当缩小生产规模，减少卫生资源投入。反之，若生产的规模报酬递增，则可以考虑进一步扩大生产规模，加大卫生资源投入。中国各地区医疗卫生服务规模效率分析和规模报酬分析如表 5-6 和表 5-7 所示。

表 5-6　中国各地区医疗卫生服务规模效率分析

地区	Y1	Y2	Y3	Y4	平均值
东部地区					
北京	0.821	0.899	0.962	0.930	0.903
天津	1.000	0.857	1.000	0.635	0.873
河北	0.979	0.999	0.922	0.998	0.975
辽宁	0.918	0.984	0.967	0.871	0.935
上海	0.847	0.937	1.000	0.983	0.942
江苏	0.839	0.909	0.985	0.921	0.914
浙江	0.845	0.908	0.978	0.959	0.923
福建	0.954	0.999	1.000	0.973	0.982
山东	0.832	0.956	0.984	0.907	0.920
广东	1.000	1.000	1.000	0.854	0.964
海南	1.000	0.916	0.975	0.965	0.964
平均值	0.912	0.942	0.979	0.909	0.936
中部地区					
山西	0.928	0.985	0.984	0.973	0.968
吉林	0.918	0.984	0.997	0.981	0.970
黑龙江	0.837	0.959	0.975	0.895	0.917
安徽	1.000	1.000	0.902	0.978	0.970
江西	1.000	1.000	0.883	1.000	0.971
河南	1.000	0.865	0.920	0.924	0.927
湖北	0.777	0.943	0.970	0.831	0.880
湖南	0.919	0.986	0.972	0.935	0.953
平均值	0.922	0.965	0.950	0.940	0.944
西部地区					
内蒙古	0.844	0.977	0.992	0.959	0.943

续表

地区	Y1	Y2	Y3	Y4	平均值
西部地区					
广西	1.000	1.000	1.000	0.935	0.984
重庆	0.896	0.969	0.999	0.968	0.958
四川	0.827	0.960	0.985	0.867	0.910
贵州	1.000	0.959	0.921	1.000	0.970
云南	0.959	0.952	1.000	1.000	0.978
西藏	1.000	1.000	1.000	1.000	1.000
陕西	0.843	0.960	0.981	0.911	0.924
甘肃	1.000	0.966	0.922	1.000	0.972
青海	0.872	0.906	0.993	0.900	0.918
宁夏	1.000	1.000	1.000	1.000	1.000
新疆	0.772	0.877	0.976	0.866	0.873
平均值	0.918	0.961	0.981	0.951	0.952
总平均值	0.916	0.955	0.972	0.933	0.944

表 5-7 中国各地区医疗卫生服务规模报酬分析

类型	Y1	Y2	Y3	Y4
规模报酬不变	天津、安徽、江西、河南、广东、广西、海南、贵州、西藏、甘肃、宁夏	安徽、福建、江西、广东、广西、西藏、宁夏	天津、上海、福建、广东、广西、云南、西藏、宁夏	江西、贵州、云南、西藏、甘肃、宁夏
规模报酬递增	云南	天津、辽宁、河南、海南、贵州、云南、甘肃	河北、山西、辽宁、黑龙江、安徽、江西、山东、河南、湖南、海南、贵州、甘肃	天津、河北、安徽、福建、河南、广东、广西、海南
规模报酬递减	北京、河北、山西、内蒙古、辽宁、吉林、黑龙江、上海、江苏、浙江、福建、山东、湖北、湖南、重庆、四川、陕西、青海、新疆	北京、河北、山西、内蒙古、吉林、黑龙江、上海、江苏、浙江、山东、湖北、湖南、重庆、四川、陕西、青海、新疆	北京、内蒙古、吉林、江苏、浙江、湖北、重庆、四川、陕西、青海、新疆	北京、山西、内蒙古、辽宁、吉林、黑龙江、上海、江苏、浙江、山东、湖北、湖南、重庆、四川、陕西、青海、新疆

从表 5-6 和表 5-7 中我们可以得出以下结论。

第一，各地区医疗卫生服务产出的整体规模效率平均值为 0.944，而整体综合效率平均值为 0.846，这表明各地区医疗卫生服务的规模效率普遍较高，但医疗卫生服务技术效率偏低，导致医疗卫生服务的综合效率偏低。因此，要想提高各地区医疗卫生服务的综合效率，就要进一步提高各地区医疗卫生服务的技术水平，而无须再扩大生产规模。

第二，由于北京、天津、江苏、浙江等地区的规模效率偏低，我国东部地区的医疗卫生服务的平均规模效率略低于中部地区和西部地区。虽然北京、天津、江苏、浙江四个地区的卫生资源相对丰富，医疗机构数量众多，但由于医疗机构分布不合理，相互之间可能存在恶性竞争的情况，再加上卫生资源配置不合理，无法形成规模效益，已经严重阻碍了这些地区医疗卫生事业的发展。

第三，根据各地区医疗服务产出的综合效率、技术效率和规模效率的大小，可分析其综合效率不佳的原因及提高的主要途径。以山东为例，山东的平均综合效率为 0.697，而平均规模效率却高达 0.920，这表明，该地区医疗卫生服务无效率主要是由医疗卫生服务技术水平低下、医疗资源没有得到合理配置等导致的。因此，建议山东要进一步提高医疗卫生服务的技术水平，合理配置卫生资源，而并非扩大医疗卫生服务生产规模。又如，天津的平均综合效率为 0.873，而平均技术效率为 1，这表明天津的医疗卫生服务无效率是由医疗卫生服务生产规模无效率引起的，即天津现有的卫生资源投入已达到了最大产出，要进一步提高其医疗卫生服务产出的综合效率，其根本途径是调整其医疗卫生服务生产规模，而并非提高医疗卫生服务技术水平。而且天津的四个产出指标中，除了预期寿命和医师日均担负诊疗人次的产出规模报酬不变外，其余两个产出指标死亡率倒数和医师日均担负住院床日的产出规模报酬皆处于递增阶段，这也表明该地区的医疗卫生服务产出规模报酬总体处于递增阶段，因而政府应进一步加大卫生投入，扩大医疗卫生服务生产规模，使其处于有效的生产前沿面。

第四，四个产出指标的产出规模效率中，除少数地区的规模效率处于生产前沿面，其余绝大部分地区都属于规模无效率。而在规模无效率的地区中，绝大部分地区的医疗卫生服务生产又处于规模报酬递减阶段。这表明，我国医疗服务业的生产总体上处于规模报酬递减阶段。医疗体制改革、“以药养医”

的补偿机制、不完全竞争的医疗市场等因素促使大部分医院盲目扩张以获得较高的市场占有率和高利润。但最终结果却背道而驰，医院规模的膨胀不仅导致了医疗卫生服务成本的增加及效率的下降，同时也导致了卫生资源的严重浪费，并进一步加剧了“看病贵”问题。这也说明各地区医疗机构的盲目扩张必将导致医疗机构的规模不经济。

按照微观经济学理论，规模报酬递减的地区若在现阶段继续加大卫生资源的投入，医疗卫生服务的边际产出反而减少。而少数医疗卫生服务生产处于规模报酬递增阶段的地区，可考虑适当增加卫生资源的投入，或者通过医疗机构的合并提高生产效率。

6. 结论

根据以上对中国各地区医疗卫生服务的绩效测度的分析结果，可以得出以下六点结论。

第一，各地区的经济水平不可避免地存在差距，因而各地的医疗卫生资源的投入力度也大小各异。而医疗卫生服务产出的质量和数量在相当程度上受到各地区在医疗卫生资源的投入力度的限制，因此，各地区在医疗卫生资源方面的投入力度的差异决定了各地区医疗卫生服务的绩效。

第二，各地区的医疗卫生服务综合效率普遍不高，各地医疗卫生资源的投入均存在不同程度的浪费情况，尤其是一些经济发达地区，拥有大量优质医疗卫生资源，但是其综合效率却远低于全国平均水平。这一结果表明，目前一些经济发达地区应当适当放缓乃至减少医疗卫生投入，提高医疗卫生资源配置效率，不宜再盲目扩大医疗卫生服务的生产规模，同时，还应当提高医疗服务技术水平，合理配置卫生资源。

第三，对于一些医疗卫生服务技术效率过低的地区，应该侧重于提高医疗卫生服务技术水平，而不是继续扩大医疗卫生服务生产规模。

第四，中、东、西部地区的医疗卫生服务产出技术效率比较接近，说明西部地区和东部发达地区的技术差距有逐年缩小的趋势，因此应该继续保持对西部地区的卫生资源的投入力度，增进东西部地区医疗机构之间的技术交流。

第五，地区的医疗卫生服务生产存在规模不经济。医疗体制改革、“以药养医”的补偿机制、不完全竞争的医疗市场等因素造成大部分医院盲目扩张以期获得较高的市场占有率和高利润。但现实结果往往与初衷背道而驰，多数地区的医疗卫生服务生产处于规模收益递减状态说明，医院规模的盲目扩张不仅会增加医疗卫生服务成本、降低医疗卫生服务效率，而且会造成医疗卫生资源的大量浪费，必将导致医疗机构的规模不经济。

第六，与东、中部地区相比，西部地区虽然卫生资源投入相对较少，但是西部地区医疗卫生服务生产的综合效率、技术效率和规模效率的平均水平均高于东部和中部地区。

第 6 章

其他一般政府服务产出测度与绩效评价问题研究

其他一般政府服务作为非市场服务的重要组成部分，其产出测度和绩效评价是否科学合理，不仅影响政府部门服务总产出测度的正确性，也会影响政府部门运行绩效评估的准确性。对其他一般政府服务进行产出测度与绩效评价问题进行研究，具有十分重要的理论和实践意义。

从理论上看，为了完善国民经济统计核算理论，必须正确地对其他一般政府服务产出进行合理测算；客观地评价一般政府服务绩效，则能够为促进社会资源公平与合理的配置提供理论依据。从实践上看，合理、客观地对其他一般政府服务进行产出测度和绩效评价，一方面能够在一定程度上提高我国统计数据的准确性，另一方面也有利于加强对政府部门的监管，提高管理的科学性。

因此，本章分别从测度方法和绩效评价两个角度对其他一般政府服务进行研究。

6.1 其他一般政府服务测度范围及其特征

其他一般政府服务是政府服务的重要构成部分，欲对其服务产出进行正确测量，对其产出绩效进行客观评价，首要前提是科学界定其他一般政府服务的测度范围。故本节将在合理确定其他一般政府服务测度范围的基础上对其主要特征进行深入讨论。界定测度范围实际上为后续研究划定了外延、理清了脉络，为有的放矢地进行研究奠定了基础；剖析典型特征的目的在于有针对性地选择合适的产出测算方法。

6.1.1　其他一般政府服务的测度范围

由政府机构单位提供，服务于全体居民的一般政府服务的根本目的是满足国家正常管理及运行的需要。一般政府服务涵盖的范围很大，如一般行政管理活动、国防与治安、外交与司法、灾害预防、城镇规划与环境保护、社会保障与经济政策制定等。

我国政府部门提供的一般政府服务有：一般政府行政管理；国防和治安；教育、医疗、卫生、体育等；文艺、广播、电影电视等；科学研究及福利事业等；其他行业服务。

本章研究的其他一般政府服务是除教育、医疗卫生以外的一般政府服务，涉及面广，复杂多样，难以一一详细阐述，因此，本章将主要以该类服务中的行政管理服务、国防安全服务以及社会保障服务为对象进行讨论研究。

6.1.2　其他一般政府服务的特征

1. 行政管理服务的特征

行政管理服务是指在法律的监督下，政府部门依法行使国家权力，组织和管理国家事务。它是一般政府部门的基本职能之一。政府行政管理活动服务于全体社会成员，各级权力机关、行政管理机关、司法监察机关以及外事机构等部门的活动是政府行政管理活动的核心组成部分。

行政管理服务最基本的特征如下。

(1) 高度垄断性。仅有国家权力机关能提供公共行政管理服务，而政府是唯一能够代表国家和人民利益并行使国家权力的部门，这决定了公共行政管理服务的高度垄断性。而这将影响行政管理服务活动的成本核算，容易出现不经济、不效率的行为。为了保证政府行政管理活动的有效性，民主社会制定了一整套监督体制，在法律体系中设置了针对政府官员的各种监督条文和措施。但事实上这些措施难以保证公共行政管理活动在经济上的有效性，同样也很难对政府部门公共管理活动过程中存在的过度使用和浪费社会资源的行为进行有效监管和约束。

(2)间接和长期性。行政管理活动的服务对象是全体社会居民，目的是维护社会经济的正常运行、制定相关法律法规、维护社会治安、保护环境等。这些活动与每个居民的生活质量息息相关，有利于提高居民的生活水平。然而，针对个人而言，很难在其消费效用函数中设置参数变量用于描述行政管理服务，但行政管理服务却长期持续地对居民生活水平产生间接影响。因此，行政管理服务具有间接性和长期性的特点。

2. 国防安全服务的特征

国防安全服务分为国防服务和公共安全服务。国防服务是指国家为保卫国家领土主权的完整和安全所进行的军事活动，包括防备和抵抗侵略、制止武装颠覆、打击恐怖分子等，以及与军事有关的政治、经济、科技、外交、教育等方面的活动。公共安全服务是指国家行政机关为了维护社会公共安全秩序，保障公民合法权益，保证社会活动秩序而发生的各项行政活动。与行政管理服务一致，国防安全服务也服务于全体社会成员。

国防安全服务具有以下两个特征。

(1)非竞争和非排他性。国防安全服务同行政管理服务类似，属于政府部门提供的纯公共产品。国防安全服务产生的效用在全体社会成员中不可分割，具有非竞争和非排他的特点。具体而言，个体消费该项服务并不会对他人对该项服务的消费产生影响，换言之，增加一个消费者的边际成本为零。国防安全服务的需求来源于全体社会成员渴望社会安定的意愿，国防安全服务供给的多少取决于社会资源在该领域的分配。国防安全支出可以看作为消费国家安全而支付的成本，这一成本由全体社会成员共同支付。而政府作为全体社会成员利益的代理人，集中行使配置军事、警察资源的职能。总而言之，政府运用法律手段，对资源进行集中配置，赋予军队和警察相应的权力和财力，通过军事经济运行构成国家威慑力，从而满足全体社会成员对安全的需求。

(2)间接和长期性。与行政管理服务一样，国防安全服务也有间接和长期的特点。每个个体在生活中并不或者很少与国防安全服务产生直接接触，但如果国防安全服务缺失，社会便会动乱，人民的生产生活秩序也会受到影响。因此，国防安全服务必将长期对全体社会成员的生产生活产生间接影响。正是这种间接和长期性使得国防安全服务的统计测度难度很大。

3. 社会保障服务的特征

社会保障服务是其他一般政府服务的重要组成部分，许多学者对社会保障概念进行研究，但并未统一。国际劳工组织于1984年在《社会保障导言》中对社会保障做出如下定义："社会保障即社会通过一系列的公共措施对其成员提供的保护，以防止他们由于疾病、妊娠、工伤、失业、残疾、老年及死亡而导致的收入中断或大大降低而遭受经济和社会困窘，对社会成员提供的医疗照顾，及对有儿童的家庭提供的补贴。"这种定义从一定程度上体现出了西方国家的国情和价值观，社会保障制度对劳动者和普通公民的权利进行了有效保护，切实保障了真正需要帮助的人，极大地体现了公平性原则。而国内学者对社会保障概念的理解区别于西方学者。《中国劳动人事百科全书》对社会保障的定义为："社会保障是由一整套完整的保险和福利项目构成的并由中央政府管理的体系，旨在向全体公民提供一系列基本生活保障，使其免遭或摆脱人生的一切灾害。"

尽管学者的研究角度不同，社会保障的概念也没有完全统一，但仍然存在一个大体上的共识。这种共识可以表述为：社会保障服务指的是由政府及其所属非营利机构为保护社会居民而采取一些特殊方式所提供的服务，其主要目标是消除由年老、疾病、伤残、失业和死亡等因素造成的家庭或社会贫困。

社会保障服务分为社会保险、社会救助、社会福利和社会优抚。具有普遍性、适度性、综合性、间接性和长期性的特点。

(1) 普遍性。每个生活困难的社会成员都有相同的机会获得社会保障。

(2) 适度性。社会保障服务必须满足生产力发展需要，即要保证社会保障服务项目、发展水平等与生产力发展水平相适应。换言之，必须在社会生产力提高的前提下逐步提升社会保障服务水平，而不能盲目追求高福利。

(3) 综合性。为了有效地提高社会保障服务水平，应将与社会保障服务相关的各项活动(如医疗卫生、保健等)实施综合性管理。

(4) 间接性和长期性。作为政府服务之一，社会保障服务与前两种服务(行政管理服务和国防安全服务)一样，都具有间接和长期的特点。

6.2 其他一般政府服务产出测度的思路

根据上文分析，其他一般政府服务具有非排他、非竞争以及间接、长期的特点，这些特点直接导致了现行政府服务产出测度方法在其他一般政府服务测度上的不适用或存在缺陷。故本节将对这一问题进行分析并对其他一般政府服务产出测度方法的改进思路进行探讨。

6.2.1 投入法

现行的国民经济核算体系(SNA2008)中，大体是基于交易视角对行业产出进行测度，运用该方法必须满足两个前提条件：第一，产品具备可分割性；第二，单位产品的价值以市场交易价格为准。而其他一般政府服务不同于市场服务，也不同于教育和医疗服务，它不满足以上两个条件中的任何一个，其提供的服务是面向全社会成员的纯公共产品，而且具有非排他、非竞争以及间接、长期的特点，这使得其他一般政府服务的产出测算存在较大困难。主要体现在以下两个方面。

1. 产品无法分割，产出难以度量

其他一般政府服务是无形的，且无特定对象。换言之，其他一般政府服务(行政管理服务、国防安全服务和社会保障服务)的活动成果不存在具体形态，即使替代品都很难找到，也无法进行分割。这使得我们无法采用传统核算方法测算这类服务的产出总量。

2. 无市场价格和可供参考的私人物品服务价格

其他一般政府服务是纯公共品，都是免费向社会成员提供，不能向消费者收取费用，因此，该服务没有市场价格。同时，政府部门提供公共品服务具有垄断性和非竞争性、非排他性，故该服务也无可供参考的私人服务价格。

一无产量，二无价格。其他一般政府服务产出测度的思路不在产出指标法上，必须将目光转向“投入”。

6.2.2　投入法的缺陷

联合国编制的 SNA1993 指出一般政府单位及为住户服务的非营利机构的服务产出测度应使用投入替代法。对于这类服务，成本的计量比较容易实现，可以将物力、财力和人力的投入分别采用价值量加以衡量，再加总求和即可。投入替代法，顾名思义，即将政府服务看作政府购买服务后转向社会提供服务的过程，故核算时可利用购买成本代替政府服务产出进行间接测算。投入替代法的出现解决了政府服务产出测度面临的很多问题，为政府服务产出测度提供了可能，但是要想将这种方法应用在其他一般政府服务产出测度上，还需考虑以下几点问题。

(1) 无法反映劳动增长率的变化。投入替代法没有将劳动生产率的变化考虑在内，而是直接将劳动生产率增长率假定为零。然而，现实中人类社会的进步会促进生产力的发展，与此同时，劳动生产率也会有所提升。劳动生产率水平增长至一定水平，即使减少投入，产出量也会继续上升。采用投入替代法，难以衡量劳动增长率的变化。

(2) 容易导致资源配置无效率。采用投入替代法对其他一般政府服务进行测度，容易出现资源浪费。政府作为其他一般政府服务的主体，其服务效率缺乏有效的监督机制。这将导致其他一般政府服务活动对社会资源的过度消耗。以行政管理服务为例，由于其具有垄断性，并且不存在成本核算的压力，不在乎活动效率的高低，这就使得政府在提供行政管理服务的过程中会大量占用有限资源，进而破坏资源配置的有效性。由此可以看出，不科学的服务产出测度方法可能导致生产经营活动的无效率和全社会福利水平的降低。

(3) 难以提供科学的考评依据。采用投入替代法对其他一般政府服务进行测度，也不利于为政府机构及其所属的非营利机构的管理及考评提供客观的参考依据。基于现代经济管理理论，其他一般政府服务活动同样需要进行科学的管理评价。一般政府服务活动的管理目标包括对成本的核算、对效率的评估、对最佳的生产组合和最经济的生产组织形式的选择等。宏观管理的关键性指标即总产出或 GDP，然而采用投入替代法得到的总产出或 GDP 的真实性很难令人信服。因此，采用这种产出指标作为管理和评价的依据，很难保证其科学和客观性。

6.2.3 调整后的减缩指数和增长率调整法

1. 调整后的减缩指数法

调整后的减缩指数法是在投入替代法的基础上进行改进得到的。针对投入替代法无法反映劳动生产率变化的缺陷，调整后的减缩指数法在使用投入替代法计算产出值时考虑劳动生产率变化的影响，间接测算出特定生产率条件下的其他一般政府服务总产出。

这种方法的基本思路为：将所选择核算的部门平均工资的变化分为雇员人数的变化、物价水平的变化和劳动生产率的变化三个部分。其中物价水平的变化能用合同规定的基本工资增长率指数来衡量，利用这一指数对政府部门工资和薪金进行有效的减缩。具体如下：

$$L_t = A_t \times C_t \times P_t \tag{6-1}$$

其中，L_t表示t年工资和薪金总额的环比指数；A_t表示t年有偿雇员人数的环比指数；C_t表示t年基本工资增长率的环比指数；P_t表示t年劳动生产率的环比指数。

对式(6-1)进行变换，对其中劳动生产率的环比指数做三年期移动平均处理，即

$$L_t = A_t \times \overline{C}_t \times \overline{P}_t \tag{6-2}$$

$$\overline{P}_t = \frac{P_{t-1} + P_t + P_{t+1}}{3} \tag{6-3}$$

将(6-3)式代入式(6-2)，可得

$$\overline{C}_t = \frac{L_t}{A_t} \times \frac{3}{(P_{t-1} + P_t + P_{t+1})} \tag{6-4}$$

又由式(6-1)得

$$P_t = \frac{L_t}{A_t} \times \frac{1}{C_t} \tag{6-5}$$

这样，将式(6-5)代入式(6-4)，可得工资和薪金的减缩指数$\overline{C}_t$：

$$\overline{C}_t = \frac{3}{\left(\frac{A_t}{L_t} \times \frac{L_{t-1}}{A_{t-1}}\right) \times \frac{1}{C_{t-1}} + \frac{1}{C_t} + \left(\frac{A_t}{L_t} \times \frac{L_{t+1}}{A_{t+1}}\right) \times \frac{1}{C_{t+1}}} \tag{6-6}$$

在上式的基础上，乘以社会保障保险费变化指数，得到的新指数可以用于对社会福利支出进行调整。而利用一般政府不变价的总资本形成的连续序列可以对固定资本消耗进行减缩，其中在永久存货的框架下计算总资本形成。

利用这种方法对工资薪金总额进行调整，计算过程复杂，但多国实践证明，采用减缩法对一般政府服务增加值年增长率进行测算，其结果与调整前相比有较大变动。以荷兰为例，其政府服务增加值增长率若直接采用投入替代法测算，平均年增长率为–0.4%，而采用调整后的减缩方法，平均年增长率则为 0.1%。在实际应用中，各国可根据具体情况适当调整指标和数值进行相应的产出测算。

2. 增长率调整法

除调整后的减缩指数法外，学者还提出了增长率调整法来弥补投入替代法无法反映生产率变化的缺陷。该方法的思路是：以投入替代法为基础，采用合理的生产率增长率对政府服务产出进行修正。但关于合理的增长率的确定，理论界尚不存在统一定论。下面介绍几种最具代表性的方法。

1) 社会劳动生产率增长率调整法

这种方法的测算思路是：利用全社会劳动生产率的平均增长率对政府部门的劳动生产率增长率进行替代，修正其他一般政府部门的服务产出。通过这种修正，能够反映其他一般政府服务生产部门劳动生产率的变化。

作为一国权力机构的政府部门，其任务是制定政策法规、调节宏观经济运行和维护社会安全秩序。政府拥有至高无上的权力，它在资源配置上具备一定优先权，从业人员素质也相对较高。因此，政府部门的劳动生产率的增长相对更快，至少要快于社会平均生产率的增长。

而社会劳动生产率的测算公式如下：

$$\text{社会劳动生产率} = \frac{\text{报告期内生产总值}}{\text{报告期社会从业人员平均人数}} \tag{6-7}$$

在确定计算周期后，根据统计数据可对社会劳动生产率的平均增长率进行测算。将此测算结果作为政府部门劳动生产率增长水平的估计值，便可对其他一般政府服务产出进行调整：

$$\begin{aligned}&\text{其他一般政府服务产出}\\&=(\text{经常性业务支出}+\text{虚拟固定资本折旧})\\&\quad\times(1+\text{全社会劳动生产率的平均增长率})\end{aligned} \tag{6-8}$$

2）人均 GDP 物量指数调整法

这种方法的测度思路是：对人均 GDP 物量指数进行测算，并将测算结果减 1（即人均 GDP 物量指数–1），如此可以估算出其他一般政府服务劳动生产率增长水平。

政府服务的对象是社会居民和企业，其终极目标是使经济得到发展，人民的生活水平得以提高。因此，政府服务生产率水平的高低能够对社会实体经济的增长变化产生影响，反过来，经济发展水平的好坏也能够映射出政府服务生产率的变动。假设一个国家或地区的经济在较高的水平上发展，那么人均 GDP 物量增长率水平就高，一般政府服务对经济发展的促进作用就大，服务活动的生产效率就高；假设一个国家或地区的经济在较低的水平上发展，那么人均 GDP 物量增长率水平就低，一般政府服务对经济发展的促进作用不大，服务活动的生产效率就相对较低。基于这种考虑，利用人均 GDP 物量增长率对其他一般政府服务产出进行调整。

而人均 GDP 物量指数的测算方法如下：

$$\begin{aligned}\text{人均GDP物量指数}&=\frac{\text{报告期按基期价格计算的GDP}}{\text{基期按基期价格计算的GDP}}\\&=\frac{\text{人均GDP总值指数}}{\text{人均GDP减缩指数}}\end{aligned} \tag{6-9}$$

因此，其他一般政府服务产出可修正为

$$\begin{aligned}&\text{修正后的其他一般政府服务产出}\\&=(\text{经常性业务支出}+\text{虚拟固定资产折旧})\\&\quad\times\text{人均GDP物量指数}\end{aligned} \tag{6-10}$$

3）费用支出的人均 GDP 强度指数调整法

与人均 GDP 物量指数调整法基本类似，这种调整方法的现实基础是政府服务与经济发展及居民生活水平息息相关。换言之，国家的经济发展水平越高，政府服务活动对经济发展的促进作用就越大，那么在服务对象人数相同和服务产出相同的条件下，政府服务的平均花费所引起的 GDP 增量就越大。据此，可以得出费用支出的人均 GDP 强度指数调整法的思路，即利用目标年份的费用支出的人均 GDP 强度指数减去 1 对政府部门的劳动生产率进行估计，并利用它对其他一般政府服务产出进行修正，以此来衡量其他一般政府服务产出劳动生产率的变动。

而费用支出的人均 GDP 强度测算公式如下：

$$\text{费用支出的人均GDP强度} = \frac{\text{可比价人均GDP}}{\text{一般政府服务的费用支出}} \tag{6-11}$$

其中，一般政府服务的费用支出由中间投入、固定资本消耗、劳动报酬组成。

费用支出的人均 GDP 强度指数的测算方法为

$$\text{费用支出的人均GDP强度指数} = \frac{\text{报告期费用支出的人均GDP强度}}{\text{基期费用支出的人均GDP强度}} \tag{6-12}$$

综上，得出修正后的其他一般政府服务产出为

$$\begin{aligned} &\text{修正后的其他一般政府服务产出} \\ &= (\text{经常性业务支出} + \text{虚拟固定资产折旧}) \\ &\quad \times \text{费用支出的人均GDP强度指数} \end{aligned} \tag{6-13}$$

4) 人均费用支出物量指数调整法

这种方法的基本测度思路是：对人均费用支出物量指数进行测算，并对测算结果求倒数后减 1(即人均费用支出物量指数的倒数–1)，计算结果为其他一般政府服务劳动生产率增长水平的估计值，并利用该估计值对投入替代法所得产出进行调整。

其他一般政府服务的对象是全社会居民。在一般政府服务生产中，提供相同的服务所花费的成本越少，则该项服务的生产率水平越高。例如，行政管理服务中，若从业人员规模越小，所耗费的耗材以及固定资产设备越少，生产效率水平则越高。因此，采用人均费用支出物量指数对其他一般政府部门的劳动生产率进行估算。

而人均费用支出的测算方法为

$$人均费用支出=\frac{政府部门提供服务时所消耗的总成本}{该地区常住人口总数} \tag{6-14}$$

人均费用支出物量指数基于可比价格进行测算，即

$$人均费用支出物量指数=\frac{报告期按基期价格计算的人均费用支出}{基期按基期价格计算的人均费用支出} \tag{6-15}$$

故修正后的其他一般政府服务产出为

$$\begin{aligned}&修正后的其他一般政府服务产出\\&=(经常性业务支出+虚拟固定资产折旧)\\&\div 人均费用支出物量指数\end{aligned} \tag{6-16}$$

5）发展与民生指数调整法

除以上四种增长率调整指数外，有学者指出可以采用发展与民生指数对利用投入替代法测算的其他一般政府服务产出进行调整，该方法的测算思路是，以地区发展与民生指数增长率作为其他一般政府服务劳动生产率的估计值，对根据投入产出替代法测算出来的其他一般政府服务产出进行修正。

第一，从政府职能层面上来说，我国政府服务活动的成果可以由发展与民生指数体现出来。作为一国的国家行政机关，政府实现国家职能的手段是对社会的公共管理。政府对社会进行管理和监督，其目标是社会建设的高质量。不同国家的社会建设重点存在差别，就我国而言，政府社会建设的重中之重即民生项目。十九大报告指出，“增进民生福祉是发展的根本目的。必须多谋民生之利，多解民生之忧，在发展中补齐民生短板、促进社会公平正义”。[①]我国的民生建设成果的好坏，在一定程度上意味着政府是否发挥出了良好的社会建设作用，同时也从侧面体现出了一般政府服务劳动生产率水平的高低。特别是在社会发展进程不断推进的今天，我国的民生建设理念不断加强和实践，民生建设已然成为我国社会建设的重要构成之一，民生建设的成果将在很大程度上直接反映一般政府服务产出的成果。

第二，从发展与民生指数编制层面上看，发展与民生指数的本质是对一般政府服务的一种较科学且全面的评价。《中华人民共和国国民经济和社会发

① 习近平：决胜全面建成小康社会　夺取新时代中国特色社会主义伟大胜利——在中国共产党第十九次全国代表大会上的报告，http://www.gov.cn/zhuanti/2017-10/27/content_5234876.htm [2021-06-01]。

展第十二个五年规划纲要》提出“推动科学发展、加快转变经济发展方式的绩效评价考核体系和具体考核办法”，由此看出，编制发展与民生指数的目的是纠正各级政府的绩效评价标准，将以 GDP 为导向的政绩评价观调整为以科学发展与民生改善为导向的合理绩效评价体系。在指标设计上，根据“十八大”提出的“五位一体”的思想，发展与民生指数分六个方面(经济发展、民生改善、社会发展、生态建设、科技创新、公众评价)选择了 42 项指标进行编制，而其他一般政府服务中包括的行政管理服务、国防安全服务、社会保障服务基本涵盖在指标体系的范畴内。

基于以上考虑，利用发展与民生指数增长率作为其他一般政府服务的劳动生产率增长率的替代，对投入替代法测算出的其他一般政府服务产出进行调整。

调整公式如下：

$$\begin{aligned}&\text{调整后的其他一般政府服务产出}\\&=(\text{经常性业务支出}+\text{虚拟固定资产折旧})\\&\quad\times(1+\text{地区发展与民生指数增长率})\end{aligned}\tag{6-17}$$

以上五种增长率调整法，采用不同方法对投入替代法测算的其他一般政府服务产出进行了调整，弥补了投入替代法并未考虑到劳动生产率变化的缺陷，相对于产出指标法，增长率调整法容易理解，计算简单。但是对如何准确合理地选择替代政府部门生产率增长率的变量这一问题，许多学者提出了不同的看法，但迄今为止仍未得出统一的结论。另外，此方法本质上依然是从投入的角度来对政府服务产出进行测算，究其根本，仅仅是对投入替代法的改良，并未实现核算思路上的根本性突破，但这些改进思路仍为后续研究提供了一些有益的启示。

6.3　行政管理服务的绩效评价研究

6.3.1　其他一般政府服务绩效评价的必要性

社会主义市场经济体制的建立和完善，要求不断增强政府的经济调节能力、市场监管能力、社会管理和公共服务能力，以期早日建成服务型政府。服务型政府的作用集中体现在公共领域，政府行政管理的前提是公共利益最大化，通过促进社会公平和提高效率，达到最大程度提升公众满意度的目的。而政府绩效评价必须以服务型政府为目标，分别评价政府的工作效率、服务质量及公众满意度，为更好地建立服务型政府提供理论及实践参考。如此，为了更好地反映政府效率及其服务水平，政府绩效评价是我国建设服务型政府进程中亟待解决的问题。

政府绩效评价又称政府支出绩效评估，是政府和财政部门依据既定规则和绩效目标指标，对资金的使用效率进行评价的制度，与绩效预算相对应。政府绩效评价的意义有：第一，有利于促进政府改革，转变政府职能；第二，是建设公共财政的必然要求，有利于摆脱财政困境；第三，有利于合理有效地配置资源；第四，有利于提高政府部门绩效水平；第五，有利于维护政府信誉和形象。

作为政府服务中的重要组成部分，本章研究的其他一般政府服务的绩效评价研究，受到测度方法和指标数据的限制，还处于起步阶段，存在评估方法多为定性、评估程序规范化不够等诸多不足，导致评估结果不够科学。因此，6.3～6.5 节将分别采用定量分析方法对其他一般政府服务的主要构成部分，即行政管理服务、国防安全服务和社会保障服务的绩效评价问题进行研究。

6.3.2 行政管理服务绩效评价指标体系

行政管理服务绩效评价是指对国家、中央和地方各级行政机关行政人员从事行政管理活动所得的产出与所投入的物力、人力、时间等无形和有形的资源之间的比例关系是否合理进行的客观评价。要对行政管理服务绩效进行客观评价，首先要选择科学的评价指标。

从投入上来看，行政管理支出是政府用于国家各级机关和办事机构行使其职能所发生的费用。目前，大部分学者对行政管理服务投入的研究集中在行政管理支出绝对规模和行政管理支出占财政支出比重这两个指标上，我们认为不够全面，行政管理工作人员数量、服务区域的人口数都会对行政管理服务的投入水平产生影响。因此，我们在已有研究的基础上，从行政管理支出绝对规模、行政管理支出占财政支出的份额、人均行政管理支出水平以及行政管理工作人员投入量这四个方面设置行政管理投入指标体系。

具体而言，根据数据的可得性，我们选择财政支出中的一般公共服务支出(X_1)表示行政管理支出绝对规模；选择一般公共服务支出占财政一般公共预算支出总额的比重(X_2)表示行政管理支出占财政支出的份额；选择人均一般公共服务支出(X_3)表示人均行政管理支出水平；选择公共管理和社会组织从业人员数占总就业人口的比重(X_4)表示行政管理工作人员投入量。

从产出上来看，行政管理服务活动的成果没有具体的形态，难以度量，我们选择政府消费占地区生产总值的比重(X_5)从侧面对行政管理服务的产出进行说明。需要注意的是，这一指标属于逆向指标，即指标数值越大，说明行政管理服务产出水平越低，绩效越低。

6.3.3 中国行政管理服务绩效评价实证分析

1. DEA 方法介绍

DEA 方法是一种研究相同类型的部门或单位间的相对有效性的方法，它的运用非常广泛。这种方法在理论上能够处理多目标决策问题，也能够估计具有多个投入、多个产出的生产前沿面。

DEA 方法根据所有参与评价的单位或部门的投入、产出数据来评价其中某个单位或部门的优劣，不依赖于具体的生产函数形式，是评价部门或单位间的相对有效性一种非参数方法。在相对有效性的评价中，我们将同类或具有可比性的部门或单位称为决策单元(DMU)。DEA 方法的基本思想可以表述为：通过对决策单元的投入数据和产出数据的观察，建立相应的生产可能集，并基于此对决策单元是否位于生产可能集的生产前沿面上做出判断，进而确定该决策单元是否具备有效性。因此，从本质上来看，DEA 方法即利用统计数据确定相对有效的生产前沿面，并利用生产前沿面的理论和方法，建立非参数的最优化模型，进而对相同类型部门间的效率差异进行研究。

一方面，DEA 方法具有客观性，它基于客观的指标数据进行评价，剔除了人为因素带来的影响，使得该方法科学性较强；另一方面，DEA 方法更为全面，该方法使用的评价信息较多，对决策单元的生产效率进行评价时，在计算出各决策单元相对效率得分的同时，对于非有效的决策单元，还能计算投入过剩或产出不足，即改进的具体数量。如此，能够提供有针对性的效率改进方案，以保证非有效单元在调整之后能够达到相对有效。基于以上两点，我们将采用 DEA 方法进行中国行政管理服务绩效评价的实证分析。

2. 样本选取及数据来源

基于 6.3.2 节所确定的投入指标和产出指标，我们尝试采用 DEA 模型对我国 31 个省区市的行政管理服务绩效进行评价分析。样本所属时间为 2017 年，样本数据皆来自《中国统计年鉴 2018》《中国财政年鉴 2018》《中国城市统计年鉴 2018》。

3. 实证分析结果

采用 MaxDEA 软件对 2017 年中国 31 个省区市的有关投入和产出指标数据进行效率值测算，各省区市行政管理服务的综合效率、纯技术效率和规模效率测算结果列示于表 6-1 中。

表 6-1 中国各省区市行政管理服务效率值

地区	综合效率值	纯技术效率值	规模效率值	规模报酬
北京	0.469 542	0.823 616	0.570 099	递增
福建	1	1	1	不变
广东	0.726 036	0.855 375	0.848 793	递增
海南	1	1	1	不变
江苏	0.618 442	0.850 674	0.727 002	递增
山东	1	1	1	不变
上海	1	1	1	不变
天津	1	1	1	不变
浙江	0.668 056	0.777 196	0.859 572	递增
河北	0.842 532	0.954 684	0.882 524	递增
安徽	0.999 131	1	0.999 131	递增
河南	0.702 660	0.882 624	0.796 103	递增
湖北	0.698 852	0.783 300	0.892 189	递增

续表

地区	综合效率值	纯技术效率值	规模效率值	规模报酬
湖南	0.591 317	0.693 890	0.852 177	递增
江西	0.741 842	0.794 960	0.933 181	递增
山西	0.768 564	1	0.768 564	递增
甘肃	0.487 207	0.786 359	0.619 574	递增
广西	0.661 942	0.847 271	0.781 264	递增
贵州	0.529 538	0.714 749	0.740 872	递增
内蒙古	0.794 894	0.821 402	0.967 729	递增
宁夏	1	1	1	不变
青海	0.734 916	1	0.734 916	递增
陕西	0.645 278	0.782 572	0.824 560	递增
四川	0.007 608	0.870 967	0.008 735	递增
西藏	0.235 073	0.839 800	0.279 915	递增
新疆	0.499 775	1	0.499 775	递增
云南	0.006 503	1	0.006 503	递增
重庆	0.854 029	0.949 710	0.899 252	递增
黑龙江	0.652 954	1	0.652 954	递增
吉林	0.947 518	0.954 465	0.992 722	递增
辽宁	0.979 737	0.979 931	0.999 802	递增

4. 中国各地区行政管理服务绩效的差异分析

为配合我国实行区域协调发展战略，探索区域行政管理服务效率是否与区域经济发展相互协调，比较我国行政管理服务效率的区域差异，我们根据《中共中央国务院关于促进中部地区崛起的若干意见》《关于西部大开发若干政策措施的实施意见》，将我国的经济区域划分为东部、中部、西部和东北四大地区(东部地区包含 10 个省市，分别为北京、天津、河北、上海、江苏、浙江、福建、山东、广东和海南；中部地区包含 6 个省份，分别为山西、安徽、江西、河南、湖北和湖南；西部地区包含 12 个省区市，分别为内蒙古、广西、重庆、四川、贵州、云南、西藏、陕西、甘肃、青海、宁夏和新疆；东北地区包含 3 个省份，分别为辽宁、吉林和黑龙江)，进行效率比较。区域比较及区域分布结果分别列示于表 6-2～表 6-4 中。

表 6-2 各区域行政管理效率值比较

区域	地区	综合效率值	纯技术效率值	规模效率值
东部	北京	0.469 542	0.823 616	0.570 099
	福建	1	1	1
	广东	0.726 036	0.855 375	0.848 793
	海南	1	1	1
	江苏	0.618 442	0.850 674	0.727 002
	山东	1	1	1
	上海	1	1	1
	天津	1	1	1
	浙江	0.668 056	0.777 196	0.859 572
	河北	0.842 532	0.954 684	0.882 524
	平均值	0.832 461	0.926 155	0.888 799
中部	安徽	0.999 131	1	0.999 131
	河南	0.702 660	0.882 624	0.796 103
	湖北	0.698 852	0.783 300	0.892 189
	湖南	0.591 317	0.693 890	0.852 177
	江西	0.741 842	0.794 960	0.933 181
	山西	0.768 564	1	0.768 564
	平均值	0.750 394	0.859 129	0.873 558
西部	甘肃	0.487 207	0.786 359	0.619 574
	广西	0.661 942	0.847 271	0.781 264
	贵州	0.529 538	0.714 749	0.740 872
	内蒙古	0.794 894	0.821 402	0.967 729
	宁夏	1	1	1

续表

区域	地区	综合效率值	纯技术效率值	规模效率值
西部	青海	0.734 916	1	0.734 916
	陕西	0.645 278	0.782 572	0.824 560
	四川	0.007 608	0.870 967	0.008 735
	西藏	0.235 073	0.839 800	0.279 915
	新疆	0.499 775	1	0.499 775
	云南	0.006 503	1	0.006 503
	重庆	0.854 029	0.94 971	0.899 252
	平均值	0.538 064	0.884 403	0.613 591
东北	黑龙江	0.652 954	1	0.652 954
	吉林	0.947 518	0.954 465	0.992 722
	辽宁	0.979 737	0.979 931	0.999 802
	平均值	0.860 070	0.978 132	0.881 826
全国平均值		0.705 289	0.902 050	0.778 642

表 6-3　各区域行政管理服务效率分布

效率	综合效率		纯技术效率		规模效率	
	地区数	比重	地区数	比重	地区数	比重
[0, 0.2)	2	6.45%	0	0	2	6.45%
[0.2, 0.4)	1	3.23%	0	0	1	3.23%
[0.4, 0.6)	5	16.13%	0	0	2	6.45%
[0.6, 0.8)	12	38.71%	7	22.58%	8	25.81%
[0.8, 1.0)	5	16.13%	12	38.71%	12	38.71%
1.0	6	19.35%	12	38.71%	6	19.35%

表 6-4　各地区行政管理服务的规模报酬分析

规模报酬	不变	递增
地区	福建、海南、宁夏、山东、上海、天津	安徽、北京、甘肃、广东、广西、贵州、河北、河南、黑龙江、湖北、湖南、吉林、江苏、江西、辽宁、内蒙古、青海、山西、陕西、四川、西藏、新疆、云南、浙江、重庆

综合效率表示某地区的行政管理服务产出最大时，要素投入成本的最小值。综合效率能够反映出各地区行政管理服务的投入是否得到有效利用，即达到产出最大化。若其综合效率值越高，表明投入的资源利用效率越高，即资源配置效率越高。

纯技术效率表示某地区在相同规模的投入水平下，最大的行政管理服务产出。在产出导向下，可以对各地区行政管理服务的综合效率中有多少是由纯技术无效率所造成的进行衡量。综合效率由纯技术效率及规模效率共同决定，规模效率的提高，在短期内难以实现，必须经过较长时期的营运规模调整。对比而言，纯技术效率的提高在短期内能够通过加强管理得以实现。

规模效率表示某地区的行政管理服务产出最大时，纯技术效率的生产边界的投入量与最合适规模下的投入量的比值。这一指标可以用于衡量在产出导向下，该地区的行政管理服务生产规模是否合适。若生产的规模报酬递减，应缩小生产规模，减少行政管理投入；反之，则应扩大生产规模，增加行政管理投入；若生产的规模报酬不变，说明生产规模水平正合适，应当维持不变。

从综合效率上看，总体而言，我国行政管理服务综合效率整体水平不高，总平均产出效率为0.705 289，这说明我国各地区行政管理服务投入均存在较大的浪费，换言之，有较多的投入并未对服务产出产生任何效益或贡献。分地区而言，行政管理服务综合效率取值最大(即取值为1)的地区仅有6个，分别为福建、海南、宁夏、山东、上海和天津，占全国的比重为19.35%。而共有 12 个地区行政管理服务综合效率的取值处于[0.6, 0.8)，占全国的比重为38.71%。分区域来看，我国东部地区行政服务综合效率平均水平为0.832 461，中部地区平均水平为0.750 394，西部地区平均水平为0.538 064，东北地区平均水平为0.860 070，西部地区明显落后于东部、中部、东北地区。东北地区综合水平最高，东部地区次之，但相差很小，仅为0.027 609。

从纯技术效率上看，总体而言，我国行政管理服务纯技术效率总体水平较高，总平均产出技术效率为0.902 050，说明从全国整体上看，若排除规模效率因素的影响，在行政管理中由技术无效导致的资源浪费很少。分地区而言，行政管理服务纯技术效率取值为1的地区有12个，除综合效率取值为1的6个地区以外，增加了安徽、黑龙江、青海、山西、新疆、云南6个地区，表明这 12 个地区的行政管理服务的产出技术效率均位于生产前沿面上。分区域来看，我国东部地区行政服务纯技术效率平均水平为 0.926 155，中部地区平均水平为 0.859 129，西部地区平均水平为 0.884 403，东北地区平均水平为 0.978 132，四大区域纯技术效率水平差距不大，东北地区最高，东部地区次之，西部地区再次，中部地区最低，极差仅为 0.119 003。

从规模效率上看，总体而言，我国各地区行政管理服务规模效率的总平均值为 0.778 642。分地区而言，我国 31 个地区除福建、海南、宁夏、山东、上海和天津这 6 个地区规模效率水平不变外，其他地区规模效率水平皆处于递增阶段，说明除上述 6 个地区外，其他地区都应适当扩大行政管理服务生产规模。分区域来看，我国东部地区行政服务规模效率平均水平为 0.888 799，中部地区平均水平为 0.873 558，西部地区平均水平为 0.613 591，东北地区平均水平为 0.881 826，与综合效率类似，西部地区明显落后于东部、中部、东北地区。东部地区综合水平最高，东北地区次之，中部地区再次，但相差很小，三者极差仅为 0.015 241。

5. 分析结论

综合上文对我国行政管理服务的综合效率、纯技术效率和规模效率进行的地区差异性分析，可以得出以下几点结论。

(1) 各地区行政管理服务综合效率平均值为 0.705 289，而规模效率平均值为 0.778 642，这表明行政管理服务的规模效率偏低是引起各地区行政管理服务综合效率偏低的原因。因此，要达到提高各地区行政管理服务的综合效率的目标，最主要的应该是进一步扩大其生产规模。

(2) 在我国 31 个地区中，福建、海南、宁夏、山东、上海和天津 6 个地区的行政管理服务绩效水平较高。而综合效率最低的云南和四川两省，它们的技术效率水平较高，分别为 1 和 0.870 967，这表明，这两个地区行政管理服务 DEA 无效率是由其行政管理服务生产规模无效率引起的，换言之，这两个地区现有的行政管理资源投入已经达到了最大产出，要进一步提高行政管理服务产出的综合效率，根本途径是适当扩大行政管理服务生产规模。而有些地区，如浙江、湖北、湖南、江西，它们行政管理服务的综合效率水平不高，但是规模效率水平却很高，这表明这些地区行政管理服务 DEA 无效率的主要原因是行政管理服务技术水平太低，现有的服务资源并没有得到最有效的利用，因此，要达到提高这些地区的行政管理服务综合效率的目标，不能采用盲目扩大行政管理服务生产规模的方式，根本途径是提高行政管理服务技术水平，合理配置现有资源。

(3)我国西部地区行政管理服务综合效率明显落后于其他三大区域，究其原因，主要是西部地区规模效率较低，说明西部地区现有行政管理服务投入已达到最大产出，应进一步适当扩大行政管理服务生产规模，从而提高行政管理服务产出的综合绩效。

6.4 国防安全服务的绩效评价研究

国防安全服务分为国防服务和公共安全服务，由于国防服务相关指标数据不可得，本节仅对公共安全服务的绩效评价问题进行研究。

6.4.1 公共安全服务绩效评价指标体系

公共安全服务绩效评价是指对国家、中央和地方各级政府为维持社会成员进行正常的生活、学习、工作、娱乐、交往所必需的稳定的外部环境和秩序的活动所得的产出与所投入的物力、人力等无形和有形的资源之间的比例关系是否合理进行的客观评价。科学的评价指标体系是公共安全服务绩效评价的基础。

中国公共安全部门由三大系统构成，分别为公安(包括交警)、检察院和法院。它们的主要职责是通过提供治安和法律服务，保障居民的生命和财产安全，维护社会的稳定。公共安全部门提供的是无形服务：一类是事前预防性服务，以防止犯罪活动的发生为目的，这类服务的具体手段为治安巡逻和值勤、法律宣传等；另一类是事后应对性服务，以打击犯罪活动为目的，为了将犯罪活动造成的损失控制在最小范围内，这类服务的具体流程为立案、侦破、拘捕和审判等。因此，为了全面衡量公共安全部门的产出，指标应包括出警率、破案率、治安巡逻里程数、公安和检察机关立案数、法院审理案件数等。但由于公共安全部门的特殊性，上述大部分指标的数据皆不可得，我们尝试寻找其他指标进行替代。犯罪率是较为合适的产出指标之一。在公共安全服务效率较高、事前预防犯罪到位、事后打击犯罪得力的地区，其犯罪率水平通常较低。换言之，犯罪率低的地区，公共安全服务的产出水平则高。然而，犯罪率指标数据也无法直接获得，通过借鉴以往研究，我们最终选用每万人的逮捕率和起诉率来衡量犯罪率。此外，为更加全面地反映地方公共安全服务的产出水平，我们同时选择交通事故死亡率和刑事案件立案数作为公共安全服务产出的衡量指标。

财政支出是公共安全服务的主要资金来源，因此，我们选择财政支出中的公共安全支出作为投入指标之一。类似于其他许多服务行业，公共安全服务部门属于劳动密集型行业，劳动力是其重要投入要素之一。然而，公检法部门的就业人员数据无法直接获得，采用公共管理和社会组织就业人员数据进行代替。

综上所述，我们选择的投入指标有两个，分别是公共安全支出(X_1)、公共管理和社会组织从业人员数(X_2)；产出指标有三个，分别是每十万人交通事故死亡率(X_3)、每万人逮捕率(X_4)、每万人起诉率(X_5)。需要注意的是，其中产出指标 X_3、X_4、X_5 都属于逆向指标，即指标数值越大，说明公共安全服务产出水平越低，绩效越低。

6.4.2　中国公共安全服务绩效评价实证分析

1. 样本选取及数据来源

基于 6.4.1 节所确定的投入指标和产出指标，我们尝试采用 DEA 模型对我国 30 个省区市(新疆地区 2016 年犯罪率数据缺失，因此未将其纳入分析范畴)的公共安全服务绩效进行评价分析。样本所属时间为 2017 年，其中，每万人逮捕率和每万人起诉率的数据查阅各省区市的人民检察院统计公报计算得到，其他样本数据来源于《中国统计年鉴 2018》《中国财政年鉴 2018》《中国城市统计年鉴 2018》《中国社会统计年鉴 2018》。

2. 实证分析结果

采用 MaxDEA 软件对 2017 年中国 30 个省区市的有关投入和产出指标数据进行效率值测算，各省区市公共安全服务的综合效率、纯技术效率和规模效率测算结果列示于表 6-5 中。

表 6-5 中国各省区市公共安全服务效率值

地区	综合效率值	纯技术效率值	规模效率值	规模报酬
北京	0.264 570	0.731 000	0.361 929	递减
福建	0.288 348	0.552 435	0.521 959	递减
广东	0.089 566	0.433 898	0.206 422	递减
海南	0.774 912	0.776 104	0.998 465	递减
河北	0.314 915	0.987 304	0.318 965	递减
江苏	0.156 976	0.821 429	0.191 102	递减
山东	0.191 110	0.932 515	0.204 941	递减
上海	0.404 281	0.642 210	0.629 515	递减
天津	0.486 367	0.806 200	0.603 283	递减
浙江	0.102 436	0.364 240	0.281 232	递减
安徽	0.457 271	1	0.457 271	递减
河南	0.530 410	1	0.530 410	递减
湖北	0.372 225	0.900 884	0.413 178	递减
湖南	0.421 721	0.856 897	0.492 149	递减
江西	0.493 415	0.883 351	0.558 571	递减
山西	0.445 256	0.861 111	0.517 071	递减
甘肃	0.520 207	0.844 136	0.616 260	递减
广西	0.314 265	0.663 599	0.473 577	递减
贵州	0.747 986	1	0.747 986	递减
内蒙古	0.422 572	0.838 846	0.503 754	递减
宁夏	1	1	1	不变

续表

地区	综合效率值	纯技术效率值	规模效率值	规模报酬
青海	0.999 485	1	0.999 485	递增
陕西	0.478 852	0.957 379	0.500 169	递减
四川	0.252 662	0.845 840	0.298 712	递减
西藏	1	1	1	不变
云南	0.243 143	0.590 796	0.411 552	递减
重庆	0.531 502	0.887 774	0.598 691	递减
黑龙江	0.549 610	0.991 899	0.554 099	递减
吉林	0.393 549	0.790 396	0.497 914	递减
辽宁	0.258 249	0.692 510	0.372 917	递减

3. 中国各地区公共安全服务绩效的差异分析

我们按 6.3 节的划分方式将我国 30 个地区划分成东部、中部、西部和东北地区，进行公共安全服务绩效区域比较分析，区域比较及区域分布结果分别列示于表 6-6～表 6-8 中。

表 6-6　各区域公共安全服务效率值比较

区域	地区	综合效率值	纯技术效率值	规模效率值
东部	北京	0.264 570	0.731 000	0.361 929
	福建	0.288 348	0.552 435	0.521 959
	广东	0.089 566	0.433 898	0.206 422
	海南	0.774 912	0.776 104	0.998 465
	河北	0.314 915	0.987 304	0.318 965
	江苏	0.156 976	0.821 429	0.191 102
	山东	0.191 110	0.932 515	0.204 941
	上海	0.404 281	0.642 210	0.629 515
	天津	0.486 367	0.806 200	0.603 283

续表

区域	地区	综合效率值	纯技术效率值	规模效率值
东部	浙江	0.102 436	0.364 240	0.281 232
	平均值	0.307 348	0.704 734	0.431 781
中部	安徽	0.457 271	1	0.457 271
	河南	0.530 410	1	0.530 410
	湖北	0.372 225	0.900 884	0.413 178
	湖南	0.421 721	0.856 897	0.492 149
	江西	0.493 415	0.883 351	0.558 571
	山西	0.445 256	0.861 111	0.517 071
	平均值	0.453 383	0.917 041	0.494 775
西部	甘肃	0.520 207	0.844 136	0.616 260
	广西	0.314 265	0.663 599	0.473 577
	贵州	0.747 986	1	0.747 986
	内蒙古	0.422 572	0.838 846	0.503 754
	宁夏	1	1	1
	青海	0.999 485	1	0.999 485
	陕西	0.478 852	0.957 379	0.500 169
	四川	0.252 662	0.845 840	0.298 712
	西藏	1	1	1
	云南	0.243 143	0.590 796	0.411 552
	重庆	0.531 502	0.887 774	0.598 691
	平均值	0.591 880	0.875 306	0.650 017
东北	黑龙江	0.549 610	0.991 899	0.554 099
	吉林	0.393 549	0.790 396	0.497 914
	辽宁	0.258 249	0.692 510	0.372 917
	平均值	0.400 469	0.824 935	0.474 977
全国平均值		0.450 195	0.821 758	0.528 719

表 6-7　各区域公共安全服务效率分布

效率	综合效率		纯技术效率		规模效率	
	地区数	比重	地区数	比重	地区数	比重
[0, 0.2)	4	13.33%	0	0	1	3.33%
[0.2, 0.4)	9	30.00%	1	3.33%	7	23.33%
[0.4, 0.6)	12	40.00%	3	10.00%	14	46.67%
[0.6, 0.8)	2	6.67%	6	20.00%	4	13.33%
[0.8, 1.0)	1	3.33%	14	46.67%	2	6.67%
1.0	2	6.67%	6	20.00%	2	6.67%

表 6-8　各地区公共安全服务的规模报酬分析

规模报酬	不变	递增	递减
地区	宁夏、西藏	青海	福建、海南、山东、上海、天津、安徽、北京、甘肃、广东、广西、贵州、河北、河南、黑龙江、湖北、湖南、吉林、江苏、江西、辽宁、内蒙古、山西、陕西、四川、云南、浙江、重庆

从综合效率上看，总体而言，我国公共安全服务综合效率整体水平较低，总平均产出效率为 0.450 195，这说明我国各地区公共安全服务投入均存在较大的浪费，有较多的投入并未对服务产出产生任何效益或贡献。分地区而言，公共安全服务综合效率取值最大(即取值为 1)的地区仅有 2 个，分别为宁夏和西藏，占全国的比重仅为 6.67%。12 个地区公共安全服务综合效率的取值处于[0.4, 0.6)，占全国的比重为 40.00%。分区域来看，我国东部地区公共安全服务综合效率平均水平为 0.307 348，中部地区平均水平为 0.453 383，西部地区平均水平为 0.591 880，东北地区平均水平为 0.400 469，四大区域公共安全服务综合效率相差不大，西部地区综合水平最高，中部地区次之，东北地区再次，东部地区最低，极差仅为 0.284 532。

从纯技术效率上看，总体而言，我国公共安全服务纯技术效率要高于综合效率，总平均产出技术效率为 0.821 758，说明从全国整体上看，若排除规模效率因素的影响，在公共安全服务中由技术无效导致的成本虚耗很少。分地区而言，公共安全服务纯技术效率取值为 1 的地区有 6 个，除综合效率取值为 1 的 2 个地区以外，增加了安徽、河南、青海、贵州 4 个地区，表明这 6

个地区的公共安全服务的产出技术效率均位于生产前沿面上。分区域来看，我国东部地区公共安全服务纯技术效率平均水平为 0.704 734，中部地区平均水平为 0.917 041，西部地区平均水平为 0.875 306，东北地区平均水平为 0.824 935，四大区域纯技术效率水平差距也较小，中部地区最高，西部地区次之，东北地区再次，东部地区最低，极差为 0.212 307。

从规模效率上看，总体而言，我国各地区公共安全服务规模效率的总平均值为 0.528 719。分地区而言，我国 30 个地区中宁夏和西藏的规模效率水平不变，青海的规模效率水平递增，其他地区规模效率水平皆处于递减阶段，说明我国大部分地区的公共安全服务都不宜再扩大生产规模。分区域来看，我国东部地区公共安全服务规模效率平均水平为 0.431 781，中部地区平均水平为 0.494 775，西部地区平均水平为 0.650 017，东北地区平均水平为 0.474 977，与综合效率类似，西部地区部地区综合水平最高，中部地区次之，东北地区再次，东部地区最低，但相差很小，极差仅为 0.218 236。

4. 分析结论

综合上文对我国公共安全服务的综合效率、纯技术效率和规模效率进行的地区差异性分析，可以得出以下几点结论。

(1) 各地区公共安全服务综合效率平均值为 0.450 195，纯技术效率平均值为 0.821 758，规模效率平均值为 0.528 719，这表明各地区公共安全服务综合效率偏低的主要原因是公共安全服务的规模效率低下，而技术效率不高更加重了综合效率的无效程度。因此，要提高各地区公共安全服务的综合效率，其根本途径应该是在进一步扩大生产规模的同时继续努力提升各地区公共安全服务技术水平。

(2) 在 30 个地区中，宁夏和西藏地区的公共安全服务绩效水平较高。而大多数地区综合效率较低，它们中绝大多数是由规模效率低下导致综合效率低下，如综合效率值仅为 0.191 110 的山东，它的技术效率水平较高，取值为 0.932 515，而规模效率水平较低，取值为 0.204 941，这表明，山东地区公共安全服务 DEA 无效率是由其公共安全服务生产规模无效率引起的，换言之，山东地区现有的公共安全服务资源投入已经达到了最大产出，要进一步提高公共安全服务产出的综合效率，适当扩大公共安全服务生产规模是有效的途径。而有少数几个地区，如广东和浙江，它们是 30 个地区中公共安全服务的综合效率水平较低的，它们在规模效率低下的同时，纯技术效率水平也很低，这表明这些地区不仅现有的公共安全服务资源没有得到最大利用，而且生产的规模效率也没有显现，因此，要提高这些地区的公共安全服务的综合效率，就要在适当扩大生产规模的基础上，努力提高服务技术水平，合理配置现有资源。

(3) 虽然整体而言我国公共安全服务效率水平较低，但区域间还是存在一定差距。与行政管理服务正好相反，我国西部地区公共安全服务综合效率要高于其他三大区域，东部地区公共安全服务综合效率最低。究其原因，主要是东部地区规模效率较低，说明东部地区现有公共安全服务投入已达到最大产出，应进一步适当扩大公共安全服务生产规模，从而提高公共安全服务产出的综合绩效。

6.5　社会保障服务的绩效评价研究

6.5.1　社会保障服务绩效评价指标体系

社会保障服务绩效评价指的是对国家、中央和地方各级政府所投入社会保障服务的资源是否收到了良好的效果进行的客观评价。同样，科学的评价指标体系是社会保障服务绩效评价的前提。

基于指标数据的可得性，并结合前人的研究成果，我们确定的投入指标和产出指标分别如下。投入指标：社会保障与就业人均支出 (X_1)，即社会保障与就业支出与社会总人口数的比值；社会保障与就业支出占财政支出的比重 (X_2)；社会保障与就业支出占地区生产总值的比重 (X_3)。产出指标：失业保险参保人数占社会总人口数的比重 (X_4)；养老保险覆盖率 (X_5)，由于自 2012 年 7 月起，新型农村社会养老保险和城镇居民社会养老保险制度全覆盖工作全面启动，合并为城乡居民基本养老保险，因此利用城乡居民基本养老保险参保人数与社会总人口数的比值进行计算；城镇居民基本医疗保险参保人数占城镇居民人口总数的比重 (X_6)，由于新型农村合作医疗保险数据不可得，并未设置乡村医疗保险的产出指标；生育保险参保人数占就业人口的比重 (X_7)；工伤保险参保人数占就业人口的比重 (X_8)。

6.5.2 中国社会保障服务绩效评价实证分析

1. 样本选取及数据来源

基于 6.5.1 节所确定的投入指标和产出指标，我们尝试采用 DEA 模型对我国 31 个省区市的社会保障服务绩效进行评价分析。样本所属时间为 2017 年，样本数据皆来源于《中国统计年鉴 2018》《中国财政年鉴 2018》《中国城市统计年鉴 2018》《中国社会统计年鉴 2018》。

2. 实证分析结果

采用 MaxDEA 软件对 2017 年中国 31 个省区市的有关投入和产出指标数据进行效率值测算，各省区市社会保障服务的综合效率、纯技术效率和规模效率测算结果列示于表 6-9 中。

表 6-9 中国各省区市社会保障服务效率值

地区	综合效率值	纯技术效率值	规模效率值	规模报酬
北京	1	1	1	不变
福建	0.946 349	1	0.946 349	递增
广东	1	1	1	不变
海南	0.490 555	0.575 225	0.852 807	递增
河北	0.808 582	0.872 855	0.926 365	递增
江苏	0.991 179	1	0.991 179	递增
山东	1	1	1	不变
上海	1	1	1	不变
天津	0.643 136	0.834 356	0.770 818	递增
浙江	1	1	1	不变
安徽	0.797 528	0.811 053	0.983 325	递增
河南	0.868 074	0.908 730	0.955 260	递增
湖北	0.561 718	0.609 927	0.920 959	递增
湖南	0.734 384	0.782 353	0.938 686	递增
江西	0.696 632	0.799 249	0.871 609	递增

续表

地区	综合效率值	纯技术效率值	规模效率值	规模报酬
山西	0.567 188	0.624 208	0.908 651	递增
云南	0.554 439	0.651 048	0.851 610	递增
甘肃	0.509 791	0.582 809	0.874 714	递增
广西	0.651 376	0.926 921	0.702 731	递增
贵州	0.831 290	0.967 009	0.859 651	递增
内蒙古	0.436 235	0.569 127	0.766 500	递增
宁夏	0.738 525	0.807 207	0.914 914	递减
青海	0.538 996	0.629 024	0.856 877	递增
陕西	0.544 875	0.572 034	0.952 522	递增
四川	0.589 155	0.659 540	0.893 281	递增
西藏	0.854 626	1	0.854 626	递增
新疆	0.538 131	0.823 568	0.653 414	递增
重庆	0.707 734	1	0.707 734	递减
黑龙江	0.365 349	0.473 319	0.771 887	递增
吉林	0.410 775	0.572 421	0.717 610	递增
辽宁	0.387 207	0.412 181	0.939 410	递增

3. 中国各地区社会保障服务绩效的差异分析

我们同样按 6.3 节的划分方式将我国 31 个地区划分成东部、中部、西部和东北地区，进行社会保障服务绩效区域比较分析，区域比较及区域分布结果分别列示于表 6-10～表 6-12 中。

表 6-10　各区域社会保障服务效率值比较

区域	地区	综合效率值	纯技术效率值	规模效率值
东部	北京	1	1	1
	福建	0.946 349	1	0.946 349
	广东	1	1	1

续表

区域	地区	综合效率值	纯技术效率值	规模效率值
东部	海南	0.490 555	0.575 225	0.852 807
	河北	0.808 582	0.872 855	0.926 365
	江苏	0.991 179	1	0.991 179
	山东	1	1	1
	上海	1	1	1
	天津	0.643 136	0.834 356	0.770 818
	浙江	1	1	1
	平均值	0.887 980	0.928 244	0.948 752
中部	安徽	0.797 528	0.811 053	0.983 325
	河南	0.868 074	0.908 730	0.955 260
	湖北	0.561 718	0.609 927	0.920 959
	湖南	0.734 384	0.782 353	0.938 686
	江西	0.696 632	0.799 249	0.871 609
	山西	0.567 188	0.624 208	0.908 651
	平均值	0.704 254	0.755 920	0.929 748
西部	云南	0.554 439	0.651 048	0.851 610
	甘肃	0.509 791	0.582 809	0.874 714
	广西	0.651 376	0.926 921	0.702 731
	贵州	0.831 290	0.967 009	0.859 651
	内蒙古	0.436 235	0.569 127	0.766 500
	宁夏	0.738 525	0.807 207	0.914 914
	青海	0.538 996	0.629 024	0.856 877
	陕西	0.544 875	0.572 034	0.952 522
	四川	0.589 155	0.659 540	0.893 281
	西藏	0.854 626	1	0.854 626
	新疆	0.538 131	0.823 568	0.653 414
	重庆	0.707 734	1	0.707 734
	平均值	0.624 598	0.765 691	0.824 048

续表

区域	地区	综合效率值	纯技术效率值	规模效率值
东北	黑龙江	0.365 349	0.473 319	0.771 887
	吉林	0.410 775	0.572 421	0.717 610
	辽宁	0.387 207	0.412 181	0.939 410
	平均值	0.387 777	0.485 974	0.809 636
全国平均值		0.702 059	0.789 167	0.883 338

表 6-11　各区域社会保障服务效率分布

效率	综合效率		纯技术效率		规模效率	
	地区数	比重	地区数	比重	地区数	比重
[0, 0.2)	0	0	0	0	0	0
[0.2, 0.4)	2	6.45%	0	0	0	0
[0.4, 0.6)	11	35.48%	7	22.58%	0	0
[0.6, 0.8)	7	22.58%	7	22.58%	7	22.58%
[0.8, 1.0)	6	19.35%	8	25.81%	19	61.29%
1.0	5	16.13%	9	29.03%	5	16.13%

表 6-12　各地区社会保障服务的规模报酬分析

规模报酬	不变	递增	递减
地区	北京、广东、山东、上海、浙江	福建、海南、天津、安徽、甘肃、广西、贵州、河北、河南、黑龙江、湖北、湖南、吉林、江苏、江西、辽宁、内蒙古、山西、陕西、四川、云南、西藏、新疆、青海	重庆、宁夏

从综合效率上看，总体而言，我国社会保障服务综合效率整体水平不高，总平均产出效率为0.702 059，这说明我国各地区社会保障服务投入均存在较大的浪费，有较多的投入并未对服务产出产生任何效益或贡献。分地区而言，社会保障服务综合效率取值最大(即取值为1)的地区仅有5个，分别为北京、广东、山东、上海和浙江，占全国的比重仅为16.13%。多数地区社会保障服务综合效率的取值处于[0.4, 0.6)，约占35.48%。分区域来看，我国东部地区社会保障服务综合效率平均水平为0.887 980，中部地区平均水平为0.704 254，

西部地区平均水平为 0.624 598，东北地区平均水平为 0.387 777，可以看出，我国四大区域社会保障服务综合效率取值参次不齐，东部地区综合效率水平最高，中部地区次之，西部地区再次，东北地区最低，且极差高达 0.500 203。

从纯技术效率上看，总体而言，我国社会保障服务纯技术效率水平与综合效率水平相当，总平均产出技术效率为 0.789 167，说明从全国整体上看，若排除规模效率因素的影响，仅仅由于技术上的无效在社会保障服务中造成资源浪费，对投入成本的虚耗很少。分地区而言，社会保障服务纯技术效率取值为 1 的地区有 9 个，除综合效率取值为 1 的 5 个地区以外，增加了重庆、西藏、福建、江苏 4 个地区，表明这 9 个地区的社会保障服务的产出技术效率均位于生产前沿面上。分区域来看，我国东部地区社会保障服务纯技术效率平均水平为 0.928 244，中部地区平均水平为 0.755 920，西部地区平均水平为 0.765 691，东北地区平均水平为 0.485 974，四大区域纯技术效率水平同样有高有低，东部地区技术效率最高，中、西部地区相差不大，东北地区最低，极差为 0.442 270。

从规模效率上看，总体而言，我国各地区社会保障服务规模效率的总平均值为 0.883 338。分地区而言，我国 31 个地区中北京、广东、山东、上海和浙江的规模效率水平不变，重庆和宁夏的规模效率水平递减，其他地区规模效率水平皆处于递增阶段，说明除上述 7 个地区外，其他地区都应适当扩大社会保障服务生产规模。分区域来看，我国东部地区社会保障服务规模效率平均水平为 0.948 752，中部地区平均水平为 0.929 748，西部地区平均水平为 0.824 048，东北地区平均水平为 0.809 636，可以看出，四大区域社会保障服务规模效率水平相差不大，其中，东部地区水平最高，中部地区次之，西部地区再次，东北地区最低，极差仅为 0.139 116。

4. 分析结论

综合上文对我国社会保障服务的综合效率、纯技术效率和规模效率进行的地区差异性分析，可以得出以下几点结论。

(1) 各地区社会保障服务综合效率平均值为 0.702 059，纯技术效率平均值为 0.789 167，规模效率平均值为 0.883 338，这表明相较于规模效率而言，各地区社会保障服务综合效率偏低的主要原因是技术效率的低下。因此，要提高各地区社会保障服务的综合效率，其根本途径是努力提升各地区社会保障服务技术水平。

(2) 在 31 个地区中，北京、广东、山东、上海和浙江地区的社会保障服务绩效水平较高。而大多数地区综合效率较低，处于[0.4, 0.6) 区间内，它们中绝大多数是由技术效率低下导致综合效率低下，如综合效率值仅为 0.544 875 的陕西，它的规模效率水平较高，取值为 0.952 522，而技术效率水平偏低，取值为 0.572 034，这表明，陕西社会保障服务 DEA 无效率是由其技术无效率引起的，换言之，陕西现有的社会保障服务资源投入并未达到最大产出，要进一步提高社会保障服务产出的综合效率，需要进一步提高社会保障服务技术水平。而黑龙江、吉林和内蒙古，它们在技术效率低下的同时，规模效率水平也很低，这表明这些地区不仅现有的社会保障服务资源没有得到最大利用，而且生产的规模效率也没有显现，因此，要提高这些地区的社会保障服务的综合效率，就要在适当扩大生产规模的基础上，努力提高服务技术水平，合理配置现有资源。

(3) 虽然整体而言我国社会保障服务效率水平不高，但区域间仍具有一定差异。我国东部地区社会保障服务综合效率相较于其他三大区域而言较高，东北地区社会保障服务综合效率最低。究其原因，主要是东北地区技术效率较低，说明东北地区现有社会保障服务投入并未达到最大产出，应努力提升该地区社会保障服务的技术水平，同时适当扩大生产规模，从而达到提高社会保障服务产出的综合绩效的目标。

第 7 章

GFS2014 框架下的非市场服务核算

目前对非市场服务核算方法的代表性思路，都因存在的各种问题和困难，仍未在全世界范围内达成共识。在已有的、比较成熟的几大宏观经济核算体系中，GFS 应该说是最接近非市场服务部门核算范畴的核算体系。本章试图通过对比解析两者的异同，提出另一种核算非市场服务的思路，即利用 GFS2014 的核算框架记录和反映非市场服务的信息。

7.1 非市场服务核算与 GFS

对非市场服务的内涵、核算外延的解读，有助于我们判断 GFS2014 是否可以用于反映非市场服务的信息。与其他几种代表性核算思路不同，GFS2014 并不核算非市场服务的产出或福利等指标，而是在认同 SNA 对非市场服务投入法产出计算方法的前提下，另外构建包括资产负债表、政府运营表、其他经济流量表、现金流量表在内的报表体系，补充公共部门对经济的影响深度和广度的信息。这样做的好处，一是不会出现大量虚拟的经济流量，保证了 SNA 三方等价原则的成立，也保障了实际经济流量数据之间的内涵一致；二是不会破坏 SNA 指标体系的完整性，而是以另一套完整的统计报表和核心指标体系来为 SNA 补充额外的、关于公共部门对宏观经济运行影响的统计信息。

7.1.1　非市场服务的内涵与核算外延

非市场服务的内涵决定着其核算外延。出于不同的理由，学者对非市场服务的核算外延存在不同的观点。

1. 非市场服务的内涵

非市场产出是指由为住户服务的非营利机构或公共部门生产的、以免费或无显著经济意义的价格提供给其他机构单位或全社会的货物和个人/公共服务。非市场服务属于公共服务或准公共服务。公共服务，如行政管理和国防安全服务是没有市场的，缺乏可供参照的市场价格；而准公共服务，如提供给住户个人的非市场教育、卫生或其他服务也缺少合适的市场价格，虽然在市场也能找到类似生产并销售的同类市场服务，如私立学校和私立医院，但两者往往在所提供的服务类型和质量上存在明显差异，市场价格同样很难用于估算这些准公共服务的价值。因此，如何恰当估算和反映非市场服务的规模、体现非市场服务部门的生产效率以及对经济的影响，一直是政府部门关注的问题。

2. 非市场服务的核算外延

基于非市场服务的内涵，学术界对非市场服务的核算外延持有不同的观点。

美国国家科学院专门成立的“非市场核算研究小组”提出，根据对非市场服务概念的界定和数据的可获得性，非市场服务的核算范围应涵盖五个方面(Abraham and Mackie，2005)：①住户生产，即住户生产的自给性货物与服务。住户生产当中，SNA 中已有虚拟处理的办法计算居民的自有住房服务和农民自产自用的农产品两部分内容，即按市场价格虚拟作价计入总产出中，但其他内容，如家务劳动等，因其活动不具备社会性，SNA 并不反映它。“非市场核算研究小组”认为，这部分内容的价值在数量上相当大，在估测一国总体经济活动水平时是必不可少的，建议构建家庭生产账户记录这些活动的信息和规模，而时间使用调查则为该账户的构建提供了数据基础。②用于正规教育的投资及形成的技术资本存量。“非市场核算研究小组”认为，虽然 SNA 在计算 GDP 时已包括教育支出，但实际上并不能体现花费在教育上的支出如何影响未来的经济增长和社会福利，以及影响的程度有多大。资本存量当中有非常大的一部分是正规教育带来的人力资本形成，所以设计一个独立的教育账户，既包括了教育的市场要素，也包括了教育的非市场投入与产出的测度，有助于体现教育对于投资、资本形成和经济增长的影响。③用于健康的投资及形成的健康资本存量。非市场核算研究专家认为，类似于教育对人力资本形成的作用和影响，花费在健康方面的支出也会影响健康的存量，记录这些信息需要单独构建一个健康账户，该账户记录的数据有助于估算医疗保健服务的劳动生产率。④非营利机构和政府部门的活动。SNA 中规定，政府单位和为住户服务的非营利机构可能同时从事市场和非市场生产活动，应尽量将从事这两种活动的基层单位区分开来，市场产出的价值等于市场产品的销售收入，非市场产出的价值等于总产出与市场产出之间的差额；以无显著经济意义的价格出售非市场货物或服务所获得的收入是非市场产出价值的一部分(SNA2008)。"非市场核算研究小组"认为，对于政府单位和为住户服务的非营利机构的核算，SNA 中的成本法无法正确测度这些机构单位的生产率及其变动，因此构建政府部门和非营利机构的账户是有必要的，需要全面和独立地对这些部门提供的货物与服务估价。⑤环境资产和服务。"非市场核算研究小组"认为，开发一套同时覆盖市场和非市场在内的环境账户，有利于统计国内自然资源的存量价值变动，这些信息可以用于对自然资源的评级和估计，以及用于估测环境降级和消除环境污染的非市场成本。

SNA2008 强调，非市场货物与服务不能与住户的自用性生产混淆。非市场产出的支出由政府和为住户服务的非营利机构承担，生产出来的个人货物和服务的使用者是住户，公共服务的使用者是住户或其他常住机构单位。而就住户生产的自用产出来说，生产者不但要虚拟相关支出，而且还是产出的实际使用者。两者的区别是，非市场生产由广义政府或为住户服务的非营利机构承担，生产的结果可以提供给住户或其他常住单位；住户生产的自用产出，由市场生产者及为自己最终使用而生产的单位来承担。从这个角度说，非市场服务核算的范畴不包括住户生产。另外，环境资源的核算已有较长历史，体系化地形成了综合环境与经济核算体系(system of integrated environmental and economic accounting，SEEA)框架，已成为 SNA 的一个卫星账户，拥有独立的账户体系和核算方法，因此也未包括在非市场服务核算的范围内。

蒋萍(2003)、罗良清(2003a)持同样的观点，认为非市场服务的核算范畴，不应包括住户自我服务(主要指家务劳动，居民的自有住房服务和农民自产自用的农产品已经在 SNA 中通过以市场价格虚拟作价计入产出)和环境资源的核算。蒋萍提出不包括在内的主要理由，一是削弱失业指标为宏观经济分析提供信息的作用，因为若服务产出包括家务劳动，则家务劳动者就是自我雇佣，那么就不存在失业的概念了；二是会减弱通货膨胀等指标对宏观经济运行所应起到的警示作用；三是家务劳动对经济的影响极小，因为它与市场的关联并不密切；四是难以找到可以参照的市场价格来进行估价，臆断虚拟的成分太多；五是对家务劳动进行虚拟作价，技术上存在困难，且估计出来的虚拟价值也会与实际经济流量不一致，例如，对虚拟收入就很难征税，但是如果是现金收入的话，相应的支出就会大不相同。基于此，蒋萍与罗良清均认为非市场服务的核算外延应该包括公共教育、公共医疗卫生与一般政府服务。

7.1.2　非市场服务的代表性核算思路

非市场服务核算的方法，目前各国政府部门实践当中遵循的是 SNA2008 中的产出法，学术界、各国政府部门和国际组织提出过不同的改进核算思路。

1. SNA2008 中的投入法

SNA 中以投入法计算非市场服务的产出，即向住户部门免费提供的非市场产出的价值为生产成本之和，包括中间消耗、雇员报酬、固定资本消耗、其他生产规模(减生产补贴)(SNA2008)。这是目前各国政府统计部门在实践当中普遍遵循的核算方法，各个版本的 SNA，包括最新版本的 SNA2008 也是采取同样的核算方法。投入法实际上是假定非市场服务部门生产性活动的营业盈余为零。

SNA 提倡以如此方法来核算非市场产出，是基于以下原因。

(1) 非市场服务缺乏可供参照的合适的市场价格，若对其虚拟作价估计，很难保证政府和为住户服务的非营利机构所提供的非市场服务都具有估价的一致性。有的非市场服务，如公共教育和公共医疗，可以在市场上找到接近或类似的市场服务价格；而有的非市场服务，如国防、公共安全等，基本上很难找到同类的市场服务提供价格参考。以什么标准选择恰当的参考价格才能保证所有类型的非市场服务具有估价标准的一致性，目前学界并没有形成统一的意见。

(2)对非市场服务生产虚拟作价进行核算，在总产出中会包含虚拟的营业盈余，而这个营业盈余在现实经济流量中并无实际流量与之对应，也缺乏实际数据和资料支持。

(3)若在非市场服务产出中虚拟一个营业盈余，在一定程度上会鼓励非市场服务部门为追求规模而去追求营业盈余，忽视非市场服务部门提供公共产品与准公共产品的本质，不利于这些部门绩效评估的客观性，也不利于观测这些部门的经济活动对宏观经济的影响。

基于这些考虑，SNA2008 仍采用投入法核算非市场部门的产出。

2. 卫星账户框架下的产出指标法

SNA 划定的生产范围实际上是局限在“市场活动”和“准市场活动”的，而实际上不仅是市场领域，非市场领域的许多活动也在生产范围内，并且也会影响社会福利。而且随着社会经济的进一步发展，这一现象愈发明显。相应地，SNA 对非市场服务这一领域的核算，并不能很好地体现非市场服务部门对宏观经济的影响和作用。为了更好地理解经济增长的来源，自 20 世纪 60 年代以来不断有学者纷纷提出应该将非市场服务纳入核算的范围。Kendrick (1961)提出，市场与非市场活动的界限不是一成不变的，而是会随着社会的发展不断变化，因此有必要对经济生产概念进行扩展，设计一个包括非市场活动在内的更宽泛的框架，将居民自我家务劳动、学生的有偿活动、住户/一般政府部门/为住户服务的非营利机构所拥有资本品的租金收入、教育培训形成的人力资本、R&D 的无形投资等都涵盖进去。Eisner(1970)采用 Kendrick 主张的生产范围，设计了包括政府提供的服务、居民提供的未付酬服务及学生的机会成本等非市场产品在内的所有部门总收入的核算体系。Griliches (1994)提出对经济测度的偏差很大程度来源于“不可测度部门”，主要指的就是非市场服务。Nordhaus(2004)系统讨论了非市场核算的基本问题，包括整体核算框架、估算时的必要调整、时间使用数据的应用，以及其他关键性问题。2005 年，美国国家科学院 “非市场核算研究小组”出版《超越市场：美国非市场核算的设计》一书，该专家小组由以 Abraham 为首的 12 位经济学家组成，共同对非市场核算的方法进行了系统的归纳和评估，开发了一套综合了市场生产和非市场生产在内的核算框架，并对非市场核算领域的范畴、重点难点问题，以及未来的研究方向提出了建议。该书总结了众多国际核算专家和经济学家数十年的研究成果，代表了国际上非市场核算领域的最前沿研究成果。国内，蒋萍(2003)和罗良清(2003a)分别在其专著中系统梳理了国内外非市场核算领域的前沿成果，结合中国的实践情况，提出了各自对非市场核算概念内涵、外延、核算方法、数据基础等的学术观点。但总体上来说，由于非市场服务产出核算本身在理论和实践上的复杂性，卫星账户框架下的产出指标法这一思路仍然存在许多疑难问题和实践困难有待澄清和解决。

作为非市场服务核算的主流思路，卫星账户和产出指标法并不打算改变 SNA 的主体框架和核算方法，而是采用卫星账户的形式增设非市场服务核算模块；在卫星账户中，非市场服务的产出主要采用产出指标法来进行核算。卫星账户具有非常灵活的框架，一方面，在核算原则、概念上保持与 SNA 主框架的一致，因此可以连接至 SNA 核心账户；另一方面，又对经济和社会中某些特殊领域或方面更加细化，增加该领域经济活动特定方面的细节或其他一些信息，使用的定义、分类和核算方法可以不同于 SNA 核心框架，而是自成一体，为 SNA 主框架补充更多细节上的信息和数据。目前研究历史比较长、体系也比较成熟的卫星账户有旅游卫星账户(tourism satellite account，TSA)、综合环境与经济核算体系等。卫星账户的优点在于，不改变现有 SNA 的核心体系，与 SNA 和其他宏观核算体系保持了一致性和可比性，又提供了某些重要的社会经济领域方面的细分核算信息，扩展了宏观经济核算体系的分析能力。卫星账户可以说是对现有账户体系的补充而不是替代。采用卫星账户的方式提供非市场服务核算的细节，而非直接纳入 SNA 核心框架，主要原因是非市场服务核算的方法在理论上并不成熟，在实践上难于操作。尽管已经有许多研究者设计了对非市场产出进行核算的方法，并基于这些方法对 GDP 进行了修正，如 Nordhaus 和 Tobin(1973)提出的经济福利测定(measures of economics welfare，MEW)、Daly 和 Cobb(1990)提出的可持续经济福利指数(index of sustainable economic welfare，ISEW)、Cobb 等(1995)提出的真实发展指标(genuine progress indicator，GPI)等，但这些指标在概念和测算方法上都存在较大争议。若直接在 SNA 框架中采用这些方法核算非市场服务总产出，势必会产生大量的虚拟臆测流量，与实际经济流量混杂在一起，有可能会破坏三方等价原则，造成数据内涵的不一致，降低宏观经济核算指标在决策和分析时的依据作用。因此，采用卫星账户记录非市场服务部门的信息是相对可行的方式。

在非市场服务卫星账户下核算非市场服务产出，讨论得最多的是产出指标法。产出指标法的关键在于产出指标和价格的确定。对非市场服务产出物量的测定，在某些情况下是可以寻找到合适的产出指标的，如学生小时数可以反映教育的产出结果；而在另外一些情况下，寻找到明确的、统一的产出指标并非易事，如一般政府的服务等。更困难的问题是当市场价格不存在时怎样估计非市场服务的产出价值。对于接近市场的情况，可以参照市场可比替代物的价格推算，如私立教育、私立医院可为公立教育、公共医疗卫生提供参考价格；对于无法找到市场可比参照物或从未有同类产品在市场销售的情况，如国防和公共安全等，不同的非市场产出需要采用不同方法，很难找到一个统一的方法去估计。

3. 时间使用核算

时间使用调查的研究和开展，为非市场服务卫星账户提供了一种可供选择的数据来源。加拿大(1981 年)、澳大利亚(1987 年)、英国(2000 年)和美国(2003 年)等经济发达国家都曾经进行过国民时间使用的调查。时间使用调查的数据提供了人们用于各项非市场活动上的时间数据，可为估算人们投入各项非市场活动的时间价值提供基础数据，特别用于对家务劳动的投入时间和价值进行估算。结合人口统计数据(如人口的性别、年龄、受教育程度、职业等)，可以为非市场生产投入的估算提供基础数据。

4. 基于经济福利的测定

SNA 是以市场为主体，以效用理论为基础的国民经济核算体系，前提是假定市场价格已经反映了消费者的主观效用水平。对于市场产出核算，价格可以体现货物与服务的质量，因而产出即可作为经济福利的测定。如英国经济学家庇古就视经济福利和国民收入为对等的概念，两者可以互相体现对方。美国经济学家库兹涅茨持相似观点，尽管两者并不是完全可以替代的，但可以近似地将社会收入视为国民福利。

但是，非市场服务由于缺乏市场价格，该假定是不成立的。减缩指标法和产出指标法在核算非市场服务产出时都很难对非市场服务的质量进行修正。基于此，许多学者在考虑非市场核算时，是以产出作为测定目标还是以福利作为测定目标是一个长期存在的有争议的问题。Nordhaus 在其代表作《用于非市场核算的国民经济核算原理》中提出，非市场核算应选择经济福利的测定而不像 SNA 主要是对生产和收入进行测定，所以投入和产出都需要重新进行定义，主要概念必须符合净经济福利。周爱华(2010)探讨了利用消费者效用测度方法改进非市场服务产出核算方法的思路。

7.1.3　GFS 对非市场服务信息的记录与反映

以上是非市场核算研究过程中众多学者提出的解决思路当中具有代表性的几种。然而在各国实践当中，鉴于理论和实践中存在的各种困难，到目前为止均未能得到国际上的广泛一致认同，SNA 在最新版的改版讨论中也没有采纳，我们可以看到在 SNA2008 中还是保留了 SNA1993 当中的投入法核算非市场产出。

在已有的、比较成熟的几大宏观经济核算体系中，GFS 是最接近非市场服务部门的核算体系。GFS 是由国际货币基金组织首创的关于国际财政统计工作的标准规范，目前已经为所有的国际机构和大多数国家所采用。可以说，GFS 虽然本身并不是为核算非市场服务部门而诞生，但是由于 GFS 的核算对象与非市场服务部门在覆盖范围上高度一致，因此 GFS 体系以它的方式记录和反映着非市场服务部门的信息，包括这些部门从事的经济活动、对宏观经济产生的影响等。

GFS 的核算目的在于通过提供政府财政统计数据，帮助政策制定者和分析人员系统地研究与分析政府部门的财政业务活动及总体财政状况，反映政府通过财政收支活动参与经济的广度和深度，并为政府的宏观经济调控政策提供决策依据。GFS 将政府运营活动(通过财政收支实现)的净余额、净借款或净贷款和资产净值变化等一系列经济活动指标组成了一个完整且全面的核算框架。这样的核算框架可以提供反映政府部门总体业务活动和财政状况的综合数据，也可以提供某些政府业务活动特定方面的信息，如政府财政收入的结构、一国税负的水平、财政支出的结构与财政风险等。

随着现代社会经济的发展，宏观经济理论(特别是宏观财政理论)和现代公共财政理论均认为政府对经济的宏观调控机制是市场不可替代的，因而倡导政府从管理自身的财政收支扩大到对国家经济进行调节。问题集中在“政府如何干预经济”的讨论上，即政府在干预经济的深度、广度和力度上如何调整才能更有利于市场机制发挥作用。现代公共财政理论就是研究市场机制与政府干预这两者共存的内在规律性和合理性的理论。现代社会中，政府的角色是如此重要，已经和企业、消费者(居民)一样，成为市场经济中独立的、重要的、不可或缺的基本要素之一。公共经济部门是指广义政府，私人经济部门是指居民住户和企业。政府的经济行为就构成现代公共财政学专门的研究对象。宏观经济理论和现代公共财政理论的不断深化，必然推动 GFS 方法体系的形成和发展。

具体来说，现代公共财政理论中关于广义政府在市场经济体制中的职能和行为性质的内容直接构成 GFS 总体框架结构的理论基础，包括政府财政统计范围、分析框架体系、收入支出的分类原则和内容等。例如，现代公共财政理论根据政府在市场经济中的地位和功能作用，将政府的功能按照现代市场经济的要求归纳为一般公共事务管理、国防、社会法律和安全、经济建设、文化教育卫生及其他社会保障等。这为 GFS 政府支出分类和指标设计提供了直接的理论基础。再如，现代公共财政理论将政府本身视为市场经济的要素之一，参与社会生产与再分配活动，提供各类公共产品和服务，为实现政府各项职能会产生各类收入和支出、各类非金融资产的获取和处置、流动性管理以及各类融资和借贷活动。所有这些经济活动产生的流量，都会对核算期间内政府资产、负债、净值等存量造成影响。这些财政理论是 GFS 整体分析框架的逻辑主线，形成了 GFS“政府收入、支出—政府运营活动运行余额—政府非金融资产交易—政府净借贷需求—政府金融借贷活动”的核算思路。

此外，现代公共财政理论中的财政收入理论、税收理论、支出理论、公债理论等，也构成 GFS 一整套概念体系和具体指标分组的理论基础。

同时，GFS 作为一套宏观核算体系，其核算方面的理论基础直接取自 SNA 对存量和流量的核算思路。政府可以控制的业务活动会引起资产、负债和净值等存量的变化，其他不可控的非业务活动也会对存量造成影响。参照 SNA 的核算思路，GFS 分别核算广义政府机构单位可以控制的交易流量和不可控制的其他经济流量，两者结合起来全面揭示并解释了期初和期末存量指标的变动。

GFS 是在宏观经济理论的发展，政府职能的不断调整、变化和扩大，政府财政预算管理方法的演变，以及世界经济国际化的趋势等众多因素的影响下逐步发展成熟的。1974 年国际货币基金组织《政府财政统计手册：草稿》标志着 GFS 作为一个独立的宏观经济核算体系出现。1977 年国际货币基金组织正式出版了第一本《政府财政统计年鉴》；1985 年国际货币基金组织的统计专家根据 10 年来实践的经验教训，对 GFS 进行了修订，并于 1986 年出版了新的经修订了的《政府财政统计手册》（GFS1986）。2001 年与 SNA1993 相协调的新版《政府财政统计手册》（GFS2001）问世，标志着国际 GFS 研究又达到了一个新的高度。国际货币基金组织于 2014 年 3 月公布了最新版的 GFS2014。GFS2014 的修订是为了协调最新版的国民经济核算体系（SNA2008）与《国际收支和国际投资头寸手册》（BPM6①），以便更好地支持财政数据的统计与分析。目前，GFS2014 是国际上最前沿也是最权威的政府财政统计规范。GFS2014 具有科学、完整的理论分析框架，可以为使用者提供大量的政府财政运行数据。通过对这些数据的规模和结构的分析，可以清晰地展现一国政府财政对本国经济进行管理的广度和深度，而这些信息恰恰是一国政府进行宏观经济调控决策的重要依据。

在我国，2005 年及 2006 年，财政部参照 GFS1986 进行了财政预算科目改革，定于 2007 年在全国推广实行。我国财政部已确定 GFS 作为我国政府财政统计改革的目标规范，相关的改革已提上议事日程并逐步推进。

7.2　GFS2014 与非市场服务核算范畴对比研究

GFS2014 之所以能够用于测度非市场服务部门的规模、对经济的影响广度与深度，最主要的理由是两者在核算范畴上高度一致。为了论证这一点，我们需要对比 GFS2014 与非市场服务的核算范畴。

① 即 Balance of Payments and International Investment Position Manual Sixth Edition，《国际收支和国际投资头寸手册第六版》。

7.2.1 机构单位和机构部门

GFS 涵盖的核心范围是广义政府，兼顾公共公司。为了与 SNA2008 保持一致，GFS 也是基于机构单位和机构部门的划分来划定广义政府的界限。GFS2014 与 SNA2008 保持协调一致，均在机构单位和机构部门的划分基础上界定涵盖范围。机构单位是核算的最基本单位(SNA2008)。SNA 根据经济活动的同质性，把常住机构单位划分为五个互不包容的部门：非金融公司、金融公司、政府部门、为住户服务的非营利机构和住户(SNA2008)。

GFS2014 采用与 SNA2008 相同的机构部门分类方法是有充分理由的。首先，GFS 作为一套宏观经济核算体系，必须有微观基础，即可靠的数据来源。而机构单位必须编制整套的会计账户和报表(包括资产负债表)。GFS 的宏观统计所需的基础数据往往可以在机构单位的财务数据中找到。并且会计期间内，资产负债表的全部变化都可以追溯到经济交易事项或其他经济事项，这样一来，就能够把流量和存量统一起来，为 GFS 所用。其次，GFS 与 SNA 保持高度一致，也是出于与其他宏观经济核算体系保持协调的考虑，以便于各体系间的信息共享与横向比较。

7.2.2 GFS 的核算范畴

为了全面反映政府经济管理活动，GFS 的核算范畴界定为“对财政政策具有重大影响的所有实体”(GFS2014)，原则上应涵盖所有执行政府职能的全部实体。通常，财政政策由完全执行政府经济职能的实体(如政府机关)实行，GFS 界定这些实体为“广义政府”；但有时，财政政策也可由政府拥有或控制的商业企业来执行(如国有铁路)，GFS 界定这些企业为“公共公司”。广义政府和公共公司两者合起来称为公共部门，构成了 GFS 的全部核算范畴。

1. 核心：广义政府部门

SNA 认为政府的主要职能有两项，一是生产并提供非市场货物和服务给全社会，二是以转移收支的形式对全社会收入和财富进行再分配。这些职能是政府通过拥有立法、司法和行政权予以保障的，在资金上则是通过税收和其他收入予以支持。这个界定同时考虑了法律、政治和职能三个角度。与 SNA 不同，GFS 集中关注政府进行经济管理的广度与深度，因此将焦点聚集在政府经济业务活动上，从经济管理职能视角来界定政府。GFS 将“政府”定义为“凡是主要执行以下职能并同时具有政府行为特征的机构单位”，并列举了政府单位的主要经济职能，这同时也是判定广义政府单位的准则：①主要从事非市场生产活动；②以非市场方式为社区或个人家庭供给非市场货物和服务；③通过转移收支的形式对国民收入和财富进行再分配活动；④活动的资金来源主要是通过税收或其他强制转移实现的（区分政府和非营利机构的必要条件是政府可以通过强制性转移进行融资活动，该机构可以履行与政府相同的职能，但可从自愿转让、财产收入或销售中获得融资。接受强制转移可以是间接的，如地方政府可以向中央政府提供赠款以资助其活动）。

根据 GFS 定义，凡具备上述职能的机构单位均为广义政府单位；一项活动若同时符合这四条准则，那么就是政府的经济管理活动。这些机构单位进行的政府经济管理活动，就应在 GFS 中予以核算。广义政府单位的集合即为广义政府部门，这是 GFS 的核算主体，是 GFS 核算的核心范围。GFS 中界定的广义政府部门，是一个特殊的、专门的核算范畴，并不完全等同于日常生活中人们所理解的政府机关。

2. 公共公司

除了占主体地位的广义政府部门，GFS 核算范畴的另一部分就是公共公司。公共公司可分为公共非金融公司或公共金融公司。

(1) 公共非金融公司（public nonfinancial corporations），包括所有受广义政府单位或其他公共公司控制的居民非金融公司。这些公司主要从事市场商品或非金融服务生产。例如，国家航空公司、国家电力公司和国家铁路公司如果收取具有经济意义的价格，则均是典型的公共非金融公司。那些从事市场生产的公共非营利机构（如医院、学校、学院），如果是独立的机构单位并且收取具有经济意义的价格，则也属于这一类别。不过，接受政府财政援助但不受政府控制的实体不是公共公司，而是属于私人公司或为住户服务的非营利机构。

(2) 公共金融公司（public financial corporations），指所有受广义政府单位或其他公共公司控制的居民金融公司。公共金融公司又可以分为公共吸收存款公司（中央银行和除中央银行以外的公共吸收存款公司）和其他公共金融公司。

(a)公共吸收存款公司(public deposit-taking corporations)，指由广义政府单位或其他公共公司控制的金融公司，且主要从事金融中介活动，负债的形式为存款或可在很大程度上替代存款的金融工具。公共吸收存款公司可以分为两类：中央银行和除中央银行以外的公共吸收存款公司。中央银行包括一国中央银行、货币发行局或独立货币当局，后者是可以发行完全由外汇储备支持的国家货币，以及编制全套的账户但并未归为中央政府一部分的、在本质上具有公共性的中央货币机构(如外汇管理机构或银行票据、硬币发行机构)。除中央银行以外的公共吸收存款公司包含中央银行以外的所有由广义政府单位或其他公共公司控制的居民存款公司。这类公司包括：商业银行、“全能”银行、“通用”银行、储蓄银行、邮政汇划转账机构、邮政银行、农村信贷银行、农业信贷银行、进出口银行和从事吸收存款或发行存款近似替代品活动的专业银行等。

(b)其他公共金融公司(other public financial corporations)，包括除吸收存款的公共公司之外的、由广义政府单位或其他公共公司控制的所有居民金融公司。这个子部门包括那些以存款之外的方式在金融市场筹集资金并用来取得金融资产的单位。该子部门中的单位包括：货币市场基金、非货币市场投资基金、保险公司、养老基金和其他金融中介机构(保险公司和养老基金除外)等。此外，该子部门也包括金融辅助机构(包括作为独立机构单位的监管当局)、专属金融机构和贷款人。

GFS将公共公司纳入核算范畴的原因是GFS认为，若没有关于公共公司和准公司的统计，财政统计就是不完整的。原因如下。

第一，虽然公共公司不属于广义政府，但这些公共公司仍可能执行或体现政府的部分财政政策。例如，以非市场利率提供贷款给特定团体、按非市场价格出售产品给指定客户、雇用冗余的人员、以非市场的价格购买或售出其大部分产出。

第二，分析宏观经济运行时，政府单位与公共公司之间的交易有时也非常重要，如政府单位对公共公司的补贴、资本转移或参股等。

第三，对广义政府的某些统计指标的解释需要公共公司的统计数据。公共公司净值的变化并不是拥有这些公司的广义政府自身运行的结果，而是公共公司收支流量变化的结果。所以，即使广义政府部门的统计数据包括这些公司权益价值的变化信息，也无法解释这一变化的原因。只有公共公司的账户才能解释这些资产变化的原因。因此，对于广义政府部门运行的深入分析，如财政可持续性分析，离不开公共公司的统计信息。

据此，国际货币基金组织界定 GFS 的核算范围为广义政府部门以及公共公司的所有经济活动。综合来看，公共部门的分类与联系可以参见图 7-1。

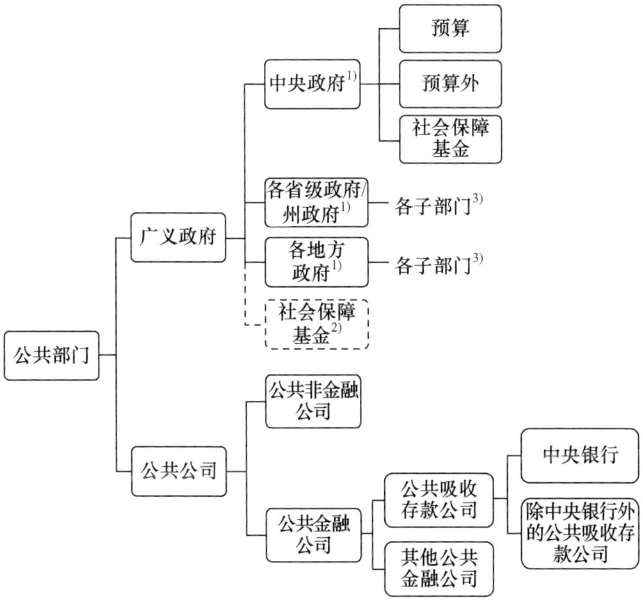

图 7-1　公共部门的构成

资料来源：GFS2014

1) 包括社会保障基金；2) 另一种方法是将社会保障基金结合成为独立的子部门，如虚线框所示；3) 在省级政府/州政府和地方政府内也可能存在预算单位、预算外单位和社会保障基金

7.2.3　GFS 与非市场服务核算范畴的对比

由第 1 章中对非市场服务的相关概念可知，非市场服务是由政府或为住户服务的非营利机构生产的、以免费或没有显著经济意义的价格提供给其他机构单位或全社会共同使用的公共服务和准公共服务。非市场服务的提供主体主要是政府和为住户服务的非营利机构。

从前文对 GFS2014 核算范畴的分析中我们可以知道，GFS 所定义的核算对象——公共部门的首要的经济职能之一就是提供非市场服务。因此，非市场服务最主要的提供主体——政府的范畴与 GFS 中界定的公共部门是一致的，换言之，我们核算由政府提供的非市场服务，测度其规模和对经济的影响深度和广度，完全可以在 GFS 的框架下进行。

对于非市场服务的另一提供主体——非营利机构，则要进行区分。根据受谁控制和经费来源的不同，非营利机构单位可分为以下两类。

(1) 由政府控制、所需经费全部或主要来自政府的实体。政府可能参与这些机构的组织建立，对这些机构提供资金的方式可采用资金转移，或特许这些机构收取会费，或对不能完全收回其成本的服务机构或出版物机构给予一定的补贴，政府对这些机构的管理包括有效地确定政策以及具体的经营准则等。这一类非营利机构在法律上是非政府实体，但它们受政府控制，执行政府政策，提供非市场服务，而且资金实质上来源于政府强制性征收，因此属于 GFS 中界定的广义政府。政府可选择利用非营利机构而不是政府机构来实行某些政府政策，因为非营利机构可以被看作超然的、客观的，并且不受政治压力的影响。例如，医疗卫生、安全、环境和教育领域的研究与开发以及标准的制定和维持，就是非营利机构可以比政府机构更为有效的领域。所以公立学校、公立医院、国家博物馆、公立图书馆等非营利机构都属于 GFS 的广义政府。对这些机构提供的非市场服务，可以在 GFS 的框架下进行核算。

(2) 不受政府控制、经费全部或主要来自私人捐赠的实体。这一类单位不受政府控制且经费主要来源于私人捐赠，因此这一类机构单位不符合 GFS 界定的广义政府职能，不属于 GFS 界定的广义政府，它们单独构成了为住户服务的非营利机构。对于这一类机构单位提供的非市场服务，我们无法在 GFS 的框架下进行核算。

相较于广义政府和由政府控制、所需经费全部或主要来自政府的非营利机构所提供的非市场服务，不受政府控制、经费全部或主要来自私人捐赠的非营利机构提供的非市场服务无论在数量还是质量上，都无法与之相比。所以，我们现阶段仍可以借助 GFS 的核算框架去核算非市场服务。

7.3 GFS2014 框架下非市场服务流量与存量核算

GFS 借鉴 SNA 核算的方法理论，把错综复杂的政府经济活动抽象为最基本的经济活动：交易。核算期内公共部门的非市场活动形成经济流量，反映公共部门所有交易的价值数量。一段时期的经济活动导致的流量就形成了某一时点上的经济存量。非市场服务交易活动的结果便产生了流量与存量。

GFS 对非市场服务的核算，是把提供非市场服务的政府单位在核算期间内的财政收入、支出和期初、期末的存量经济资源统一纳入分析框架中，存量的变化完全由期间内的流量来说明。因此，GFS 核算中记录的非市场服务数据要么是存量，要么是流量。两者有如下关系：

$$S_1 = S_0 + F \tag{7-1}$$

$$F = T + \mathrm{OEF} \tag{7-2}$$

其中，S_0 和 S_1 分别表示核算期初和期末的存量价值；F 表示影响核算期存量的净流量，它包括两部分：T（交易造成的净流量）和 OEF（其他经济流量造成的净流量）。

7.3.1　GFS 的记录基础：权责发生制

交易时间的记录必须要遵循统一的原则。SNA 采用的是权责发生制，为与 SNA 保持协调一致，GFS 也选择了权责发生制。在权责发生制下，流量应在与某事项有关的经济利益已流向或流出有关单位时记录，或者当未来经济利益很有可能流向或流出该单位并且能够可靠地计量该事项的货币价值时记录，而无论是否收到或支付了现金。权责发生制能够真实记录本期经济活动的投入产出和资产负债的变化。而收付实现制下，流量在收到或拨付现金时记录，因此采用收付实现制的大多数会计制度不确认非货币流量，因为其重点是现金管理，而非资源流量，确认时间和资源实际流动的时间有可能会存在较大的偏离。GFS 之所以要求采用权责发生制来记录政府财政统计信息，主要是因为权责发生制可以最为真实地记录和反映政府财政政策的宏观影响。此外，权责发生制一般会编制现金流量表，并未丢掉有关现金流动的信息。

7.3.2　非市场服务流量核算

非市场服务交易形成的经济流量是指各机构单位的经济行为以及在核算

期间内发生的、影响各单位经济状况的所有事项的货币表现。流量反映经济价值的创造、转换、交换、转移或消失，所有流量又可以划分为交易和其他经济流量两类。

1. 交易

交易是两个单位之间依据相互协议进行的，能够用货币度量，并以所有权转移为特征的经济活动，或者也可以是一个单位内部的行为。

交易根据其不同的性质又可以分为交换和转移。每一项交易要么是交换，要么是转移。交换是指一个单位向另一个单位提供商品、服务、资产或劳动力，并且作为回报，得到同等价值的商品、服务、资产或劳动力。转移是指一个单位单方面地向另一个单位提供商品、服务、资产或劳动力等，并且不获得任何回报。

交易还可以按其他标准进行分类，如货币交易、非货币交易。非货币交易可以是双方交易，也可以是内部交易；可以是交换，也可以是转移。常见的非货币交易有易货交易、实物报酬和其他实物支付等。

有时候某些特殊交易背后会存在潜在的、更复杂的经济关系。GFS 为了能更好地分析特殊交易，参照 SNA 的处理办法，不是以这些特殊交易直接表现出的形式记录，而是对其进行调整。调整有三种方式：改变交易的流程(如政府雇员参加退休计划)、分割交易(如将定期支付的租赁付款分割为两项交易：本金偿还和利息支付)，以及重新确定交易的当事方(如一个单位作为另一个单位的代理)。

2. 其他经济流量

其他经济流量是指不由交易造成的资产或负债的数量变化或价值变化。前者称为其他数量变化，后者称为持有损益。其中，其他数量变化有三种情况：第一种情况是在资产负债表上增加或减少一项现有资产或负债，而这些资产或负债本身的数量或质量不变；第二种情况是资产由于灾难性损失、自然性增长或被发现、创造、注销、没收等而发生数量或质量的变化；第三种情况是资产分类发生变化。持有损益则产生于资产和负债的价格所发生的变化(包括汇率变动造成的变化)。

7.3.3　非市场服务存量核算

非市场服务交易流量发生一段时间后形成的结果就是存量。存量是指一个单位在特定的时间点上所持有的资产、负债以及净值①。GFS 用资产负债表核算会计期结束时的资产、负债及净值的存量。

7.4　GFS2014 框架下非市场服务核算框架

GFS 建立了一个以权责发生制为基础的分析框架(图 7-2)，以此来核算公共部门非市场交易的经济流量与存量。整个框架通过政府运营表、现金流量表、其他经济流量表、资产负债表等四张财务报表整合起来。

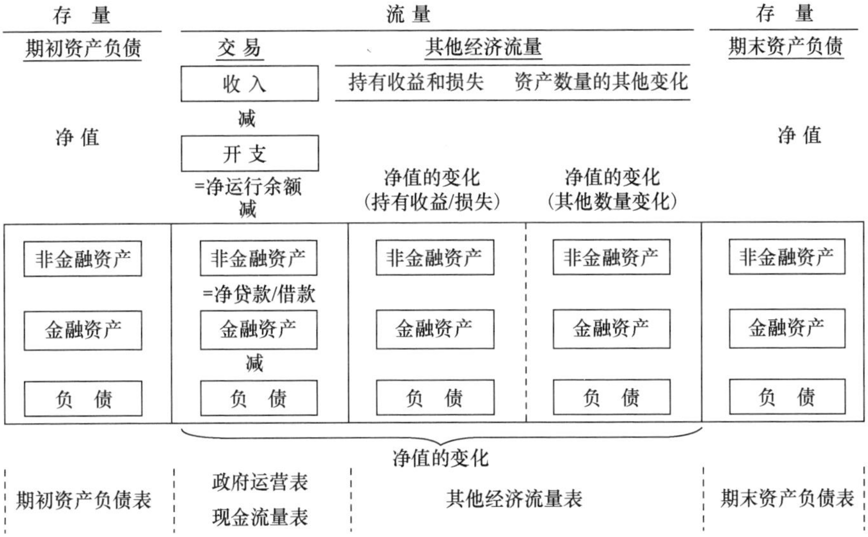

图 7-2　GFS 总体框架结构——四张报表的有机统一

7.4.1　资产负债表

分析框架的起点是期初存量(包括非金融资产、金融资产、负债与净值)，

① 净值等于总资产减去总负债。

终点是期末存量，分别在期初和期末资产负债表中统计。资产负债表是基于权责发生制的，因此可以完整、全面地反映隐性负债、拖欠、实物资本存量、固定资本消耗等在收付实现制下无法体现的项目。总资产减去总负债得到净值，这相当于企业会计中“所有者权益”的口径。但由于无法找到公共部门资产和负债的具体所有者，因此 GFS 采用了“净值”这个不容易引起歧义的词语，其本意仍是指主体拥有的净财富。

7.4.2 政府运营表

核算期间的流量揭示了期初到期末存量变化的原因。而对于流量的解释和分类，GFS 与会计完全不同。GFS 和其他宏观核算体系一样，将流量区分为交易和其他经济流量，并分别在不同的报表中核算。

基于公共协议的交易形成的流量在政府运营表中核算。交易是财政政策执行的最大组成部分，并同时引起存量的变化。按图 7-2 中对交易的描述，政府运营表相应地包括三部分：收入和开支交易、非金融资产交易、金融资产和负债交易。

收入和开支交易是能够影响净值的交易，两者相减得到的一项重要分析余额——净运行余额，这些指标合起来可以直观地描述公共部门净财富的变动和原因。这是衡量政府运营可持续性的一个综合性指标。净运行余额仅包括由收入和开支交易引起的净值变化，不包括其他经济流量。净运行余额反映的由交易造成的净值变化，可以直接理解为政府的经济政策，因为交易是政府与其他方协议形成的，政府对交易具有控制能力。

非金融资产交易与金融资产和负债交易则全面地记录了公共部门的所有资产交易，不管这些交易是不是影响了净值。

非金融资产交易记录的是公共部门发生的所有与非金融资产相关的交易。将各类非金融资产的“获得”减去“处置”和“固定资本消耗”后的余额进行加总就得到“获得的非金融资产净额”。将“净运行余额”减去“获得的非金融资产净额”就得到了另一个重要分析指标——净贷款/借款，其大小为金融资产交易减去金融负债交易之后的净值，该指标可以反映政府活动对其余部门的经济影响。

金融资产和负债交易记录的是公共部门发生的所有与金融资产和负债相

关的交易。金融资产净获得减金融负债净发生就得到净金融投资指标，差额为正称为净贷款，为负称为净借款。非金融交易中，资金来源减资金运用最终表现为非金融投资环节的净金融投资(净贷款/借款)；而金融交易中，金融资产变化减负债变化最终表现为金融交易环节的净金融投资(净贷款/借款)。两者完全相等，反映在政府运营表中即为第二部分与第三部分所得到的运行余额是相等的。第三部分反映了政府的流动性管理，这是在前两部分中无法反映的。

整个政府运营表可以概括为

收入 – 开支

= 净运行余额 – 获得的非金融资产净额　(7-3)

= 净贷款/借款　(7-4)

= 获得的金融资产净额 – 产生的金融负债净额　(7-5)

7.4.3　其他经济流量表

除了非市场交易形成的经济流量，还会存在一些不是基于公共协议的交易造成的流量，如物价变动、自然灾害的损失等，这些流量也会对存量产生影响，也必须进行核算。这些除交易以外的影响资产、负债和净值的所有其他经济流量均在其他经济流量表中核算。其他经济流量是不由主体控制的流量，也不存在对应方。根据流量产生的原因不同，分为持有损益、资产数量的其他变化两大类。其他经济流量表也按此分类分为两部分。报告时按非金融资产、金融资产和负债对这两类其他经济流量进行列示。

7.4.4　现金流量表

虽然以权责发生制为基础编制的资产负债表、政府运营表和其他经济流量表，已经可以为记录政府存量、流量提供一个完整且统一的框架了，但往往还需要评价政府的流动性。一是因为流动性管理对公共部门仍然很重要，二是因为政府的现金流量对市场状况具有非常显著的影响。编制现金流量表可以补充现金形式存量变动的重要信息。现金流量表按照收付实现制记录。

GFS 并没有因为采用权责发生制就摒弃收付实现制，而是两者并重。

GFS 要求分别报告政府运营活动、非金融资产投资和融资活动产生的现金流量，并且计算三类活动的净现金流量。与此同时，还要求计算“现金盈余/赤字”（运营活动带来的现金净流入减非金融资产投资带来的现金净流出）和“现金存量的净变化”（“现金盈余/赤字”加融资活动带来的现金净流入）两项指标。

现金流量表可以概括为

运营活动带来的现金收入 − 运营活动带来的现金支出

= 运营活动带来的现金净流入 − 非金融资产投资带来的现金净流出 (7-6)

= 现金盈余/赤字 + 融资活动带来的现金净流入(包括获得的非现金金融资产净额、产生的负债净额) (7-7)

= 现金存量的净变化 (7-8)

GFS 通过建立类似于企业账户的一组分析框架，使分析人员能够以适用于经济中其他组织的方式评估政府的财务稳健性。框架同时注重权责发生制和收付实现制，流量与存量有机统一起来，且消除了不对称性的问题。因此，GFS 是一个优秀的宏观经济核算规范，是完全能胜任解读公共部门复杂情况的“通用语言”，为分析公共部门提供非市场服务的规模、对宏观经济影响的深度和广度提供了一个规范的基础数据库。

7.5 GFS2014 框架下非市场服务核算案例试编

选取江西省南昌市南昌县下辖某乡的行政事业单位会计数据作为实证案例进行 GFS 试编。

7.5.1 编制说明

1. 试点乡广义政府的界定

该乡政府是中国五级政府架构中最低级别的政府，相对规模最小，结构简单，业务较容易确定。乡政府职能比较简单，没有国防、外交等中央政府的事务，也没有较高级别政府拥有的社会保障体系及铁路、航空等业务，且试点乡自身经济并不发达，没有独立核算的国有企业。因此，本书划定试点乡广义政府范畴包括：乡级政府行政机关及下属小型事业单位(如机关食堂等)、乡级公立医院、公立小学和中学等。试点乡下辖 1 个居民委员会和 13 个村民委员会，本书未将之纳入广义政府范围，原因在于，尽管我国政府认为村民委员会、居民委员会等是基层组织，但在统计报表制度中是将村民委员会、居民委员会这类组织划归为基层群众自治组织，处理为居民单位，而不作为国家行政事业单位，也不作为企业单位处理。

2. 试点乡广义政府财务数据的获取

试点乡广义政府业务范畴与乡财政下辖业务基本一致。笔者实地收集试点乡某年度的财政一般预算收支决算表和预算外资金收支决算表，以及相关行政事业单位会计数据等。由于是最低级别政府，经调查发现该乡没有预算外单位，列入广义政府的行政机关、学校、医院均为预算内单位，其财政收支划为预算内外两部分。因此，预算外资金决算表提供的业务活动资金情况均应列为广义政府的业务活动记录，这样再将其与预算内相加就可以基本上获取广义政府业务活动的总量信息。但由于所有的数据均为收付实现制数据，无法满足编制 GFS 报表的要求，因此不得不在这些数据的基础上，按照《国际公共部门会计准则》(International Public Sector Accounting Standard，IPSAS)的规定，以权责发生制为基础，重新编制会计账户数据。然后再在此基础上编制 GFS 报表。

作为广义政府部门一部分的事业单位，其财务会计数据在财政报表资料中并不完整，必须另行进行调查。受各种条件限制，无法进行全面调查，只获取了部分主要事业单位的财务会计数据。所幸其业务活动量非常小，并不对报表的编制造成显著性的影响。

7.5.2　案例试编

1. 资产负债表

我国并未完成对行政事业单位的国有资产普查工作，且未建立行政事业单位的固定资产折旧制度，只有事业单位可以按事业收入和经营收入的一定比例提取修购基金，但这并不是严格意义上的折旧和固定资本消耗。因此无法编制完全意义上的 GFS 资产负债表。且 GFS 界定的很大一部分经济资产，并不记录在我国行政事业单位资产负债表中，同时这部分数据缺乏市场价格，导致了估算上的困难。严格来说，本书试编的资产负债表并不能算是完整的 GFS 资产负债表。

试编试点乡 GFS 资产负债表步骤如下。

第一，收集资产负债表和固定资产会计账户的数据，估算年度固定资产消耗数据，以及相应的固定资产存量数据。估算方法是 SNA 推荐用于国民核算的直线折旧法。尽管后来经核算专家的工作实践及深入研究发现，几何折旧法相对于直线折旧法而言更加准确、灵敏，也更接近实际折旧，但这仅是对营利性的企业部门而言。一般政府、非营利组织等此类部门，大部分的固定资产使用寿命要比企业部门略长，因此可以采用直线折旧法。基于此，本书也采取直线折旧法估算广义政府部门固定资产消耗及固定资产存量数据。

假定折旧函数为直线折旧形式：

$$d(s) = 1 - S / L \tag{7-9}$$

其中，S 表示使用年龄；L 表示最大使用寿命。

核算期 (t) 的资本存量净值可以写成

$$\mathrm{KN}_t = \sum_{S=0}^{L} (d(s) \times J_{t-s}) \tag{7-10}$$

其中，KN_t 表示 t 期期末资本存量净值；J_{t-s} 表示资产使用年限期间的总投资；$d(s)$ 表示折旧函数。式 (7-10) 表明当使用年限 s 增至最大使用寿命 L 时资产价值的存量净值。当资产新购时，$d(s)$ 为 1，随后逐渐下降至 0。

估算 t 期的资本消耗为

$$D_t = J_t - (\mathrm{KN}_t - \mathrm{KN}_{t-1}) \tag{7-11}$$

其中，KN_{t-1} 表示 t 期期初资本存量的净值；$(\mathrm{KN}_t - \mathrm{KN}_{t-1})$ 表示 t 期资本存量净值变化额；J_t 表示 t 期内固定资产总投资；D_t 表示估计的固定资本消耗。

折旧函数 $d(s)$ 的大小取决于固定资产的使用寿命。本案例参考的标准是挪威统计局 1997 年修订的《挪威 17 类固定资产使用寿命》。这个标准并不一定贴合中国实情，但在中国尚未开展相关核算研究的情况下，该标准还是值得借鉴的。固定资产使用寿命标准如表 7-1 所示。

表 7-1　固定资产使用寿命标准(挪威)

序号	资产类型	使用寿命/年
1	住宅	80
2	非住宅和商业用房	50～60
3	建筑物	10～90(多数为 50～60)
4	油、气生产井	20
5	石油钻井平台	20
6	油、气管道	40
7	大、小船舶	20～30
8	飞机和直升机	20
9	小汽车	10
10	公共汽车和卡车	10
11	其他各种车辆	35
12	机器和设备	10～40(多数为 10～40)
13	计算机和办公设备	8
14	培育资产	没有折旧
15	油、气勘探设备	20
16	其他无形固定资产	3
17	珍贵物品	没有折旧

资料来源：吴优(2002)

第二，在行政事业单位会计账户数据的基础上，按权责发生制重新记录。资本性项目均单独记录；1 月与 12 月经常性项目发生较为频繁，金额相对较大，因此重新记录；2～11 月的经常性项目的结构和金额较为近似，因此随机抽取其中一个月(6 月)作为样本，按权责发生制记录，并计算该月权责发生制数据与收付实现制数据的比例，再以此比例调整 2～11 月其他月份的收付实现制数据，作为2～11月权责发生制数据。下文处理方法相同。

第三，对我国行政事业单位资产负债按IPSAS的分类标准重新分类，并转换为GFS中的对应指标。其中，有一些IPSAS财务状况表中要求填列的项目，我国行政事业单位并不要求核算，无法获取这些数据，在表7-2中填列“缺失”；有一些项目，在国有企业或较高级别广义政府部门的资产负债表中才会存在，如股票和其他权益、保险技术准备金、金融衍生产品、战略性储备等，试点乡一则没有独立核算的国有企业，二则政府级别较低，因此也没有这些项目的数据；还有一些项目，该乡理论上可以发生这些业务，只是在实际中并未发生或在调查年度该项存量数据为0，按惯例资产负债表中也不填列。为保持GFS资产负债表的完整性，所有这些项目均保留在表7-2中。

表7-2　试点乡GFS资产负债表试编　　单位：万元

资产	年初数	年末数	负债/净值	年初数	年末数
资产			负债		
非金融资产	2151.576	2281.258	货币和存款	—	—
固定资产	1665.678	1726.179	非股票证券	—	—
建筑物和构建物	1165.465	1200.556	贷款	327.565	378.665
机器和设备	360.472	372.547	股票和其他权益	—	—
其他固定资产	139.741	153.076	保险技术准备金(GFS)	—	—
培育资产	缺失	缺失	金融衍生产品	—	—
无形固定资产	缺失	缺失	其他应付账款	125.062	184.912
库存	485.898	555.079	负债总额	452.627	563.577
战略性储备	—	—	净值	2494.744	2615.963
其他库存	485.898	555.079			
原料和供应品	218.225	248.437			
在制品	187.089	164.395			
制成品	80.584	142.247			
用于再出售的商品(GFS)	缺失	缺失			
贵重物品	缺失	缺失			

续表

资产	年初数	年末数	负债/净值	年初数	年末数
非生产资产	缺失	缺失			
土地					
地下资产					
其他自然资产					
无形非生产资产					
金融资产	795.795	898.282			
货币和存款	243.033	291.333			
非股票证券	40.215	45.115			
贷款	222.25	264.25			
股票和其他权益	—	—			
保险技术准备金	—	—			
金融衍生产品	—	—			
其他应收账款	290.297	297.584			
货币黄金和特别提款权	—	—			
资产总额	2947.371	3179.54			

我国行政单位和事业单位资产负债表的内容并不一致，但均比IPSAS财务状况表的内容要简单许多。这主要是因为我国行政事业单位的经济活动内容目前来说并未达到发达国家的复杂程度。因此，IPSAS财务状况表基本上能够覆盖我国行政事业单位的业务活动。其中，有一些特殊的地方需要说明，一是IPSAS财务状况表“负债”中的“应付款项”包括我国现行行政单位会计资产负债表中的“应缴预算款”“应缴财政专户款”“应付工资——离退休费”“应付地方/部门津贴补贴”“应付其他个人收入”，事业单位会计资产负债表中的“应缴预算款”“应缴财政专户款”“长期应付款项”“应交税金”“其他应付款”等；二是事业单位会计“负债”中的“代管款项”，IPSAS和GFS都不承认其是本单位的资产或负债，不列入试编的资产负债表中。

第四，汇总。在汇总行政单位和事业单位数据时，本级会计报表与所属单位会计报表之间的重复数字，即本单位报表内“拨出经费”与所属单位报表内的“拨入经费”账户所列数字相互抵消。其余账户都根据本级与所属单位的报表数据直接相加汇总。试编的结果如表 7-2 所示。

2. 政府运营表

政府运营表结构上分为以下三个部分。

1)影响净值的收入和开支交易

试编试点乡 GFS 收入开支表的步骤如下。

⑴按照 IPSAS 的规则，以权责发生制为基础，利用现有的会计账户数据，重新编制所有的政府会计账户数据。下同。

⑵行政事业单位会计中已有收入支出总表，因此在试编 GFS 收入开支表时，一部分数据直接从预算收入与支出项目中获取，预算外支出和需要进一步分析的数据从会计账户中获取并按 GFS 要求进行转换。行政事业单位的债务收入不记入运营表中的“收入”，而是记入运营表第三部分的金融和负债交易。

⑶有关资本交易项目的数据需要从预算会计收入支出数据中单独剔除，计入非金融资产交易表中。

⑷说明：“其他收入”包括管理费、行政收费、非生产性和附带性销售等，“赠与”包括拨入经费、税收返还、专项补助收入、其他补助等；“开支”中的“固定资本消耗”为前文估算数据(下同)；“雇员报酬”包括基本工资、补助工资和其他工资，以及对政府社会保障计划的缴款；“商品和服务的使用”主要包括公务费、修缮费和其他费用；对其他各级政府的经常性转移，如体制上解费用，记录在“赠与”下；对企业的经常性转移，记录在“补贴”下；对非营利机构和家庭的经常性转移，如支援农村生产支出等各类补助、对家庭的抚恤与社会福利救济、人民助学金、职工福利费和行政事业部门退休人员经费等，记录在“社会福利”下。

预算外收入主要指行政管理型收费，包括行政事业收入、乡自筹资金和其他杂项收入等，均记录到“其他收入”对应项下；预算外支出主要用于一般购买商品和劳务、上解上级支出以及一些资本性支出，用于购买商品和劳务的支出记入“商品和服务的使用”，上解上级支出是一项转移支付，记入“赠与”，资本性支出记入“非金融资产的获得”。

(5) 特殊调整的项目如下。

(a) 试点乡是省级扶贫乡[①]，获得了一些免息或低息的扶贫贷款。实际支付利息记录在“开支——利息”项下，市场利率减合同利率的利息差记录在“收入——赠与”项下（试编时贷款利率假定为 7.8%）。

(b) 扶贫项目中还有一些由省扶贫办公室（现为省乡村振兴局）免费提供使用的农耕设备等，将其作为“经营租赁”处理，免除的租赁费用视同上级政府对其进行的赠与。以市场价格虚拟估算一个经营租赁费用，记录在“开支”项下的“商品和服务的使用”中；同时在“收入”项下的“赠与”记录一笔相同大小的金额。

(c) 一些扶贫项目会免费或低价提供化肥、农药、种子、小型农业器具等，这种情况下，实际支付费用记录在“开支——商品和服务的使用”项下，市场价格减实际支付之差记录在“收入——赠与”项下。

(d) 当年由扶贫单位捐资筹建一所希望小学，记录为“收入——赠与”，同时记录为“非金融资产的获得”。

2) 非金融资产交易

现有的政府会计没有现成的报表反映非金融资产交易，所以必须从按照 IPSAS 重新记录的会计账户中获取数据。行政事业单位会计收入和开支中有关资本性的项目，都需要单独剔除出来，记录在非金融资产交易中，显示为非金融资产的获得或处置。

3) 金融资产和负债交易

同理，金融资产和负债交易也只能从重新记录的政府会计账户中获取数据。由于试点乡政府级别较低，规模不大，且没有独立核算的国有企业，因此其持有的金融资产和负债的品种并不多，金融资产和负债交易集中在货币和存款、非股票证券（主要是国债）、贷款和其他应收/应付款。

根据以上三部分的内容，可以编制试点乡 GFS 政府运营表，如表 7-3 所示。

① 试编数据为 2016 年数据，该试点乡于 2020 年脱贫。

表 7-3 试点乡 GFS 政府运营表试编 单位：万元

项目	金额
Ⅰ影响净值的交易	
收入	2942.8
税收收入	955.906
社会缴款	58.583
赠与	1658.839
其他收入	269.472
开支	2884.413
雇员报酬	435.351
商品和服务的使用	514.493
固定资本消耗	43.988
利息	26.88
补贴	383.579
赠与	1250.347
社会福利	157.353
其他开支	72.422
净运行余额 = 收入 – 开支	58.387
总运行余额 = 收入 – 开支 + 固定资本消耗	102.375
Ⅱ非金融资产交易	
获得的非金融资产净额 = 获得 – 处置 – 固定资本消耗	103.187
净贷款/借款 = 净运行余额 – 获得的非金融资产净额 = 获得的金融资产净额 – 产生的金融负债净额	–44.8
Ⅲ金融资产和负债交易（融资）	
获得的金融资产净额	128.1
产生的金融负债净额	172.9

3. 其他经济流量表

目前，我国行政事业单位不核算固定资产折旧，也不需要核算运行成本和盈余，因而也并不按照 IPSAS 的要求每年对资产进行重估价，核算其持有损益。因此，在试编其他经济流量表中持有收益内容时，以年底的同类产品市场价格对其进行重估价，衡量相对于年初资产净值的持有损益。结果如表 7-4 所示。

表 7-4　试点乡 GFS 其他经济流量表试编　　　　单位：万元

项目	金额
其他经济流量导致的净值变化	−34.468
I 持有损益导致的净值变化	49.539
非金融资产	49.539
固定资产	34.965
存货	14.574
贵重物品	缺失
非生产资产	缺失
金融资产	0
货币和存款	0
非股票证券	0
贷款	0
股票和其他权益	—
保险技术准备金	—
金融衍生工具	—
其他应收账款	0
金融负债	0
货币和存款	0
非股票证券	0
贷款	0
股票和其他权益	—
保险技术准备金	—
金融衍生工具	—
其他应收账款	0

续表

项目	金额
Ⅱ其他数量变化导致的净值变化	–84.007
非金融资产	–23.044
固定资产	–13.328
存货	–9.716
贵重物品	缺失
非生产资产	缺失
金融资产	–25.613
货币和存款	0
非股票证券	0
贷款	–14
股票和其他权益	—
保险技术准备金	—
金融衍生工具	—
其他应收账款	–11.613
金融负债	–35.35
货币和存款	0
非股票证券	0
贷款	–28
股票和其他权益	—
保险技术准备金	—
金融衍生工具	—
其他应收账款	–7.35

4. 现金来源和使用表

现金来源和使用表的编制相对要简便一些。该表基于收付实现制基础上，利用现有的数据即可编制，不牵涉会计基础的转换问题。但是，需要对该乡现有的现金收支数据进行重新分类，得到现金来源和使用，见表 7-5。

表 7-5 试点乡 GFS 现金来源和使用表试编 单位：万元

项目	金额
Ⅰ运营活动带来的现金流量	
运营活动带来的现金收入	2873.773
税收	837.809
社会缴款	55.748
赠与	1756.839
其他收入	223.377
运营活动带来的现金支出	2774.436
雇员报酬	287.917
购买商品和服务	412.51
利息	11.97
补贴	362.061
赠与	1418.347
社会福利	175.553
其他支付	106.078
运营活动带来的现金净流入	99.337
Ⅱ非金融资产投资产生的现金流量	
购买非金融资产	230.818
固定资产	230.818
战略性储备	—
贵重物品	缺失
非生产资产	缺失
出售非金融资产	92.848
固定资产	92.848
战略性储备	—
贵重物品	缺失
非生产资产	缺失
非金融资产投资带来的现金净流出	137.97

续表

项目	金额
现金盈余/赤字 = 运营活动带来的现金净流入 – 非金融投资带来的现金净流出	–38.633
Ⅲ融资活动带来的现金流量	
获得的非现金金融资产净额	0
产生的金融负债净额	73.43
融资活动带来的现金净流入	163.709
现金存量的净变化 = 现金盈余/赤字 + 融资活动带来的现金净流入	125.076

第 8 章

政策建议与研究展望

随着社会经济的飞速发展，非市场服务的重要性不断凸显，对国民经济的贡献不断增大。如何客观地对非市场服务进行测度和评价，已然成为理论和实践研究中的一大热点同时也是难点问题。前七章对非市场服务测度理论、方法，国际经验，不同类型非市场服务产出的测度及绩效评价进行了深入研究，基于此，本章将对我国非市场服务测度与绩效评价的具体实践提出几点建议，并进一步思考在非市场服务测度与绩效评价上有待研究的几个方面。

8.1　我国非市场服务测度与绩效评价实践的政策建议

8.1.1　结合本国国情，借鉴国际经验

在开展我国非市场服务测度与绩效评价的理论和实践探索的过程中，要注意在充分借鉴非市场服务测度与绩效评价国际经验的同时，积极寻找适合我国国情的方式和方法。

从国民核算体系出现至今，市场原则在各期核算文本中都非常强调与重视。为使市场性货物与服务的产出核算与市场化生产保持一致，SNA1993 对非市场服务产出采用以投入代产出的方法进行核算。如果仅从国民核算的统一性和一致性考察，这种方法并无不妥之处，因为非市场服务产出在核算过程中存在着资料搜集上的困难。然而，在经济分析与经济管理方面，运用以

投入代产出核算方法所计算的资料，将会产生众多的问题，例如，一个经济组织一定时期的经济活动一定不产生“营业盈余”；同样，它的劳动生产率的增长率也是保持不变的；使用“过度”的社会资源将会得到肯定和社会认同(使用的资源越多其总产出越大)；社会总供给与社会总需求永远平衡；等等。这些问题都是以投入代产出核算方法本身造成的。国民经济核算方法的选择与确定，除要考虑方法体系的一致性外，最重要的是要考虑核算资料能否满足实际部门管理和分析的需要。显然，通过分析以投入代产出核算方法的弊端，可以得出如下结论：以投入代产出方法并不适合非市场服务部门的产出核算。

非市场服务测度现行的方法研究主要集中在欧盟发达国家，且以教育、医疗和社会服务领域研究为主。虽然这些研究多属于较为零散的个别方法研究，不属于方法的整体研究，但是现有方法研究已经极大地推动了非市场服务产出测度的发展，为我国学者开展非市场服务测度的理论和实践研究提供了极大的启示。然而，各国国情不同，在借鉴国际经验时，切忌照搬照套，应结合我国具体国情，积极探索能够真实反映我国非市场服务产出规模和效率的测度方法。

8.1.2 根据不同类型服务，开展针对性研究

非市场服务由各非市场服务部门生产，并且以没有显著经济意义的价格或免费提供给其他机构单位，主要由教育、医疗卫生和其他一般政府服务构成。它们皆具有非市场性、公共性、非营利性以及外部性的特点。但是不同类型的非市场服务的特点不尽相同，产出测算和绩效评价方法必然存在差别，因此，在开展非市场服务测度与绩效评价研究时，要结合各种服务的特点，进行针对性研究，以达到客观测度和评价的目的。

1. 教育非市场服务

教育活动的产出分为两部分，一是教学过程所提供的教育服务产出，二是与教学活动有关的科研成果产出。前一类产出属于教学过程直接成果的体现，不应包括教学活动过程结束以后由于受教育而出现的其他活动过程的“产出”，也不应包括非教学活动过程所产生的“产出”。教育活动除包括教学活动之外，还包括与教学活动有关的科研活动，它的产出成果形式是书、著作、

课题等科研成果。

对于影响教育服务产出的因素，可以从教育投入入手来理解。此时的“教育投入”是广义的。从教育生产系统来考虑，本书所讨论的各类影响因素可分为学校投入(因素)和非学校投入(因素)，或者可分为教育生产系统可控性投入(因素)和非可控性投入(因素)。如学生的初次入学人数，学生的性别、种族、年龄，财政税收的支持规模，国家的教育政策等都是教育活动过程无法控制的变量。教学负担、每个教师的学科内容的教学任务平均数、班级规模、课程教学单元数量、教师的经验与培训、教师的工资、设备的可用性、生活费用、图书馆设备等变量是可由教育生产系统自身控制的。不管是可控投入(因素)，还是非可控投入(因素)，都将对教育服务产出的数量和质量产生影响。在讨论教育服务产出核算时，特别是在考虑教育服务产出质量调整时，考虑的因素往往只是教育生产系统本身可控投入(因素)的影响，这一点应该在此指出。

教学服务产出是教育服务产出的主要内容，因此教学服务产出的核算方法是教学服务产出核算的核心。本书分别介绍分析了现行国民经济核算体系中的教学产出核算法和教育经济学对教学产出的核算方法，通过分析指出了以上两种核算方法的理论缺陷、方法错误以及操作可行性的限制，提出以“学生人数×课时数”作为教学服务产出衡量指标的核算方法。其核算步骤为：首先，确定教育服务产出的物量指标；其次，给出合理的“市场交易价格”；再次，计算一定时期的教学服务产出(价值指标)；最后，对报告期的价值指标——教学服务产出进行价格减缩。这里要指出的是，教育经济学的教学服务产出核算所建立的生产函数值得我们重视。当然，这是一种产出核算的好方法。

不同教学单位的教学服务产出在互相对比时存在质量调整问题。在传统的核算过程中，一般不对产出进行质量调整。因为，传统的货物和服务的质量差异在其市场价格中已经得到了体现。而对教育这一特殊的非市场服务，用“市场交易价格”很难消除不同单位以及不同服务之间的质量差异。首先，教学服务是集团消费的准公共品，其拥挤成本的存在是无法消除的；其次，我国教学服务的价格在目前主要还是由国家宏观控制的，各教学单位的“服务价格”差别不大，不足以体现教学质量的差异。

教学服务质量调整是个复杂的问题，其研究方法众多，考虑问题的出发点也各不相同。本书分别从教学服务的消费方与供给方，以及基本教学单位内部的对比与整个区域(或国家)所有办学单位服务产出的合并角度来提出质量调整问题。同时，分别给出了教学服务质量调整的公式和计算步骤。由于使用产出指标法进行非市场核算仅处于起步阶段，因此其在理论研究上还不成熟，核算基础也未建立。但是，产出指标法有利于测定劳动生产率变化和分析考核相应经济效率变动。同样，本书也发现，用产出指标法核算非市场服务时，还存在一些缺陷，有待进一步研究和完善。

2. 医疗非市场服务

以个体服务为主体的医疗卫生活动，按一般理解其提供的服务成果应是人们所获得的“健康”。然而，通过分析医疗卫生理论中的所有“健康”观，不难发现，作为国民核算的主体与对象，“健康”不宜作为医疗卫生活动的服务产出形式。

医疗卫生服务的提供可以通过市场“交易”来实现。然而，虽然医疗卫生市场具备了一般市场的所有要素，但其自身的特征，如受地理位置的限制、市场经济主体特性、垄断性(医患间的信息不对称)、垄断与诱导需求造成的低效率和医疗卫生价格形成的特点等，导致医疗卫生市场失灵。医疗卫生服务本身的特征也进一步说明了医疗卫生服务不同于一般市场服务。

医疗卫生服务可分为公共医疗卫生服务、基本医疗卫生服务和特殊医疗卫生服务三大类。公共医疗卫生服务是纯公共品，完全应由政府组织生产提供，因此，在核算时可单独列出，与一般政府服务等同核算。基本医疗卫生服务是准公共品，可采用私人生产与政府补贴的方式进行提供。特殊医疗卫生服务是私人品，可由私人生产。基本医疗卫生服务和特殊医疗卫生服务的核算可合并采用产出指标法进行。

医疗卫生服务的内容非常广泛，它既包括生理医疗卫生服务，又包括心理医疗卫生服务，同时还包括社会医疗卫生服务。医疗卫生服务部门生产提供的医疗卫生服务成果界定，应从以下两个方面入手，即医疗卫生服务的外延和医疗卫生服务的内涵界定。

医疗卫生服务生产过程是指医疗卫生服务部门为了人们的健康所进行的

医疗卫生服务的生产与提供活动的总和。它包括个人的生理身体治疗、心理治疗以及整个社会卫生防疫保健等各种活动。除上述活动以外的其他与医疗卫生服务生产有关的活动不属于医疗卫生服务产出的核算内容。同样，为医疗卫生服务的生产和提供所做准备的医疗卫生人员的教育或培训、药品的生产与开发等活动也不应包括在医疗卫生服务活动中。

完整治疗法的提出相对原有的基于医疗指标或治疗项目的医疗投入产出管理毫无疑问是一种进步。随着对病例组合的研究逐渐深入和病例组合在发达国家的迅速推广，病例组合的研究对象从最初的住院病人进一步扩展到门诊病人、急诊病人、家庭病人、精神病人、康复病人和社区等。同发达国家相比，我国对病例组合的研究才刚刚起步，到目前为止还没有将病例组合的思想应用到实践中，但是已经成为医疗卫生服务发展研究中的一个重要课题。可以预见，在不远的将来，随着我国医疗保险制度改革的逐渐深入，相关政策与配套措施会更加完善，完整治疗法会更具有可操作性，病例组合方案将在产出核算领域、控制医疗费用过快上涨、评估医疗服务效率方面发挥重要作用，并且不断发展和充实。

3. 其他一般政府非市场服务

一般政府提供的服务都是公共品。无论是行政管理服务、国防安全服务还是社会保障服务等，在消费上都具有非竞争性和非排他性(社会保障服务除具有这些特性外，还具有福利性)。一般政府服务的对象是社会全体成员。这些公共服务具有效应的不可分割性，其产生的社会效益具有长期性和间接性特征。在进行核算时，由于一般政府服务的这些特性，核算工作者很难取得精确的核算资料(如业务量、价格等)。一般政府活动的范围较广，但这里我们主要讨论行政管理、国防安全、社会保障等部门活动所提供的服务。教育及医疗卫生服务核算已在前面单独讨论。

产出指标法的运用前提是能寻找到相关的活动产出指标。一般政府活动因其服务无相应的相关产出指标而无法使用产出指标法，同时，寻找一个理想的生产函数目前也只是理论上的探索，故较为实际的办法是确定一个适当的生产率。目前，在投入额的基础上确定一个合适的增长率，以此计算一般政府的服务产出的核算方法是行之有效的，而减缩指数法又是众多增长率确定方法的首选。

公共服务部门(行政管理、国防安全、社会保障及其他政府部门)采用调整后的减缩指数法，首先确定各子类部门的劳动生产率增长率，据以计算相应的服务总产出指标和增加值指标。

8.1.3 积极与国际规范接轨，建立信息披露机制

在非市场服务产出测度的思路上，我国应积极与国际接轨，探索在 GFS 国际规范的框架下对非市场服务的信息披露机制。

第 7 章详细介绍了最接近非市场服务部门核算范畴的核算体系——GFS 的核算框架，并对非市场服务核算与 GFS2014 的核算范畴进行了对比研究，明确了两者的核算界限，提出可以利用 GFS2014 的核算框架记录和反映非市场服务的信息，从而规避或弥补非市场服务核算集中代表性思路中存在的限制和不足。这为非市场服务产出测度的实践提供了一个新的方向。我们应当在实践中积极探索在 GFS 的核算框架下记录和反映非市场服务信息，并建立合理的信息披露机制，以促进非市场服务的高效运行。

8.2 非市场服务测度与绩效评价的研究展望

8.2.1 与市场产出测度的衔接问题

非市场服务的大部分是非交易性的活动，这些活动无法有效界定其交易单位，也就无法像市场活动那样通过会计记账进入国民经济核算体系。按照目前的方法对非市场服务产出进行估算，估算的是教育、医疗或一般政府服务产出的总量值。但这些总量值与国民经济核算体系中的总量值是存在区别的。国民经济核算体系中计算的总量值，可以被称为汇总值，是由各子部门汇总得来，而按现行方法所估算的非市场服务的总量值不通过汇总得来，而是根据相应的方法紧缩调整得到的。基于这种差别，我们把通过这种方法得到的产出值称为调整后的估计值。这种估算无法直接与市场产出测算进行有

效连接，也就是无法与国民经济核算体系进行有效连接。这是目前非市场服务产出核算方法存在的主要缺陷之一，也是有待进一步研究的一大重要课题，即进一步探讨非市场服务产出测度与市场活动产出测度在理论框架上的衔接与协调。

8.2.2　在 GFS 框架下的非市场服务测度相关问题

目前关于非市场服务核算方法的代表性思路，都因存在的各种问题和困难，仍未在全世界范围内达成共识。在已有的、比较成熟的几大宏观经济核算体系中，GFS 是最接近非市场服务部门核算范畴的核算体系。因此，可以尝试利用 GFS2014 的核算框架记录和反映非市场服务的信息，这可以看作核算非市场服务的另一种思路，即在 GFS 框架下对非市场服务的核算方法、信息披露机制进行研究，甚至进行经济分析。

8.2.3　非市场服务绩效评价方法上的创新问题

我国现行非市场服务绩效评价方法仍存在一些缺陷，例如，不能合理地将定性评估与定量评估有机结合；绩效评估主观性太强，缺乏对具体工作内容和实际效果上的考量，容易影响评估结果的真实性和客观性等。而如今已然进入大数据时代，在大数据技术的助力下，一方面，在进行非市场服务产出绩效评价时可以进行多来源、非结构化数据的定量分析，有效地将定性分析和定量分析结合起来。可获取的数据能够涵盖更广的范围，开阔评估者的视野，拓展评估的内容。另一方面，将大数据技术与非市场服务产出绩效评估工作相结合，利用多元数据和精准分析可以消除各种人为因素的干扰与反馈信息的失真，提高评估结果的真实性和客观性，这对于创新评估方法是十分有效的。因此，在大数据背景下，如何对非市场服务绩效测度的方法进行创新，有待进一步深入研究。

参考文献

白雪洁, 房伟. 2010. 中国义务教育效率的省际差异及投入拥挤研究. 当代财经, (3): 32-39.

财政部会计司. 2005. 政府会计研究报告. 大连: 东北财经大学出版社.

财政部会计司. 2005. 欧洲政府会计与预算改革. 大连: 东北财经大学出版社.

财政部会计准则委员会. 2005. 政府绩效评价与政府会计. 大连: 大连出版社.

褚宏启. 2008. 教育公平与教育效率: 教育改革与发展的双重目标. 教育研究, (6): 7-13.

冯艳, 孙欣. 2012. 基于 CCR 模型和超效率模型的辽宁省高等教育效率测评. 辽宁师范大学学报(自然科学版), 35(3): 327-332.

冯志鹏. 2009. 地方政府绩效评价指标体系及综合评价方法研究——以江西省各市政府为例. 南昌: 江西财经大学.

高培勇. 2004. 公共经济学. 北京: 中国人民大学出版社.

葛守中. 2000. 中国政府财政统计核算体系(GFS)通论. 北京: 中国财政经济出版社.

葛守中. 2004. SNA、GFS 与 MFS 比较研究. 统计研究, (7): 21-26.

郭俞宏, 薛海平. 2011a. 我国义务教育生产效率实证分析: 基于 DEA 方法. 上海教育科研, (3): 24-27.

郭俞宏, 薛海平. 2011b. 我国义务教育生产效率及其影响因素研究. 教育发展研究, 31(3): 19-23.

国际会计师联合会. 2004. 国际公共部门会计文告手册(2003). 大连: 东北财经大学出版社.

龚锋. 2008. 地方公共安全服务供给效率评估——基于四阶段 DEA 和 Bootstrapped DEA 的实证研究. 管理世界, (4): 80-90.

贺铿. 2005. 对《非市场服务产出核算理论与方法》评介. 统计研究, (4): 78-79.

赫拉利 Y N. 2017. 未来简史. 林俊宏译. 北京: 中信出版集团.

侯强. 2017. 基于超效率 DEA 模型的区域高等教育投入产出效率研究. 经营与管理, (1): 145-147.

侯文, 任苒, 宁岩. 2001. 数据包络分析在医院效率评价中的应用. 中国卫生统计, (5): 11-12.

胡皓. 2011. 服务产出核算若干问题研究. 广州: 暨南大学.

胡皓. 2012. 从产出角度核算政府教育服务产出的实证研究. 暨南学报(哲学社会科学版), (9): 79-88, 162.

胡皓. 2016. 对政府机构部门非市场服务产出核算的新思考. 暨南学报(哲学社会科学版), (7): 111-119, 132.

胡皓. 2017. 政府服务产出核算的间接调整法研究.统计与决策, (9): 34-37.

胡学锋, 曾静雯. 2010. 非市场教育服务产出的核算方法探讨. 统计与决策, (18): 10-12.
胡雪梅. 2015. 中国国民经济核算体系发展现状及改进建议. 首都经济贸易大学学报, (5): 94-98.
黄河. 2013. 我国地方政府行政管理现状及对策分析. 中国管理信息化, 16(14): 105-106.
蒋萍. 2001. 政府部门非市场服务产出核算的有关问题. 统计研究, (5): 9-16.
蒋萍. 2003. 非市场服务生产、非市场服务交易与非市场服务产出.统计研究, (8) : 31-37.
蒋萍. 2009. 未观测经济概念框架与测算思路. 统计研究, (3): 70-75.
蒋萍, 等. 2005. 非市场服务产出核算. 北京: 中国统计出版社.
蒋萍, 金钰. 2003. 荷兰教育产出测算对我们的启示. 当代财经, (12): 124-125.
金钰. 2002. 非市场服务产出核算研究. 大连: 东北财经大学.
金钰. 2003. 非市场服务产出核算理论问题研究.统计研究, (5): 49-52.
李宝瑜. 2003. 由 SARS 引发的对非市场教育服务产出核算的思考. 统计研究, (10): 31-33.
李德顺. 2007. 价值论. 北京: 人民大学出版社.
李海东. 2005. 略论市场非营利机构的非市场产出核算. 当代财经, (10): 123-125.
李会明. 2001. 非市场失灵理论与中国市场经济实践. 改革, (6): 102-107.
李慧. 2000. 教育公平与教育效率关系再探. 教育与经济, (3): 21-23.
李江帆. 1996. 马克思关于非实物使用价值充当价值承担者的思想探讨. 当代经济研究, (6): 7-12.
李杰, 姜潮, 刘宗航, 等. 2003. 在 DEA 模型中应用病例组合指数评价医院服务效率. 中国卫生统计, (5): 266-268.
李玲, 陶蕾. 2015. 我国义务教育资源配置效率评价及分析——基于 DEA-Tobit 模型. 中国教育学刊, (4): 53-58.
李文彬, 郑方辉. 2010. 公共部门绩效评价. 武汉: 武汉大学出版社.
李文长. 2011. 高校资源配置模式与绩效. 北京: 北京师范大学出版社.
联合国, 等. 1995. 国民经济核算体系 1993. 国家统计局国民经济核算司译. 北京: 中国统计出版社.
刘凤瑜. 2006. 服务生产力及其评价体系. 天津: 南开大学出版社.
刘军. 2007. 美国国民经济核算研究的新进展: 非市场核算. 山东经济, (3): 61-63.
刘军. 2006. 超越市场: 美国非市场核算的设计. 统计教育, (8): 8-9.
刘军. 2008. 超越 SNA: 非市场核算的初步研究. 山东经济, (4): 26-31.
刘淑海. 2014. 一般政府服务产出核算若干问题研究. 广州: 广东财经大学.
刘笑霞. 2011. 我国政府绩效评价理论框架之构建——基于公共受托责任理论的分析. 厦门: 厦门大学出版社.
刘源, 张建功. 2017. 我国各地研究生教育绩效研究. 研究生教育研究, (5): 30-35.
楼继伟. 2000. 新中国 50 年财政统计. 北京: 经济科学出版社.
罗良清. 2003a. 非市场服务产出核算问题研究. 北京: 中国统计出版社.
罗良清. 2003b. 医疗卫生业的产出核算. 中国统计, (5): 45-46.
马国贤. 2005. 政府绩效管理. 上海: 复旦大学出版社.

诺德豪斯 W. 2009. 用于非市场核算的国民经济核算原理. 刘军译. 山东经济, (3):123-129.
亓寿伟, 俞杰, 陈雅文. 2016. 中国基础教育支出效率及制度因素的影响——基于局部前沿效率方法的分析. 财政研究, (6): 103-113.
钱伯海, 张文璋. 2002. 关于正确认识综合性生产的理论思考. 经济理论与经济管理, (12): 11-13.
邱东. 2012. 宏观测度的边界悖律及其意义. 统计研究, (8): 83-90.
屈耀辉. 2003. 改进现行政府部门产出核算方法的新思路. 财经研究, (1): 69-75.
任苒, 侯文, 宁岩, 等. 2001. 中国贫困农村合作医疗试点地区县乡卫生机构服务效率分析. 中国卫生经济, 20(2): 15-19.
上海工程技术大学课题组. 2013. 上海教育绩效评价制度研究. 科学发展, (11): 44-60.
宋旭光. 2005. 政府绩效评估的核算视角. 改革, (10): 109-113.
陶春海. 2006. 医疗卫生服务产出核算新探. 统计与预测, (4): 25-28.
陶春海. 2010. 中国医疗服务生产效率评价研究——基于 DEA 和 SFA 方法的组合研究. 南昌: 江西财经大学.
陶春海, 刘小瑜. 2009. 中国卫生总费用核算体系研究. 统计与信息论坛, (1): 17-22.
田国强, 陈旭东. 2018. 制度的本质、变迁与选择——赫维茨制度经济思想诠释及其现实意义. 学术月刊, (1): 63-77.
王佳伟. 2015. 中国高校教育资源配置效率的影响因素研究. 大连: 大连理工大学.
王惊涛. 2010. 基于 DEA 的高等教育投入产出效率评价方法及应用研究. 芜湖: 安徽工程大学.
王静. 2007. 教育非市场产出核算理论问题研究. 统计与决策, (17): 62-64.
王善迈. 1996. 教育投入与产出研究. 石家庄: 河北教育出版社: 188-192.
王伟. 2017. 职业教育资源配置效率及其影响因素的空间计量分析. 现代教育管理, (2): 97-103.
王亚菲. 2002. 医疗卫生非市场服务产出核算方法初探. 上海统计, (2): 32-34.
王亚菲, 王可. 2002. 非市场服务产出核算的新思路——产出指标法. 统计与信息论坛, (3): 39-41, 56.
王雍君. 2005. 从投入预算到产出预算. 河北经贸大学学报, (3): 34-38.
魏梅. 2012. 我国高等教育效率增长率区域差异及其影响因素分析——基于空间计量模型的实证研究. 清华大学教育研究, 33(4): 97-102.
温涛, 宋乃庆, 王煜宇. 2009. 中国西部农村教育与经济协调发展问题研究. 重庆: 西南师范大学出版社.
吴莹. 2010. 从“教育效率优先”到“更加注重教育公平”——基于 30 年来中国基础教育改革的政策视域. 教育探索, (11): 22-24.
吴优. 2002. 挪威的固定资本存量和固定资本消耗核算. 统计研究, (6): 50-53.
解百臣, 曲茜茜, 邓英芝. 2011. 基于 SBM 交叉效率的普通高中教育效率评价研究. 现代远程教育研究, (5): 79-83, 88.
徐强. 2001. 非市场服务产出核算研究. 上海统计, (8): 12-14.
徐晓. 2014. 地方中等职业教育支出效率评价——基于 DEA 二次相对效益模型. 职业技术教育, 35(34): 43-47.

许丽英, 袁桂林. 2006. 教育效率的社会学分析. 中国教育学刊, (5): 1-4.
许宪春. 2004. 中国服务业核算及其存在的问题研究. 统计研究, (7): 3-14.
许宪春. 2016. 论中国国民经济核算体系 2015 年的修订. 中国社会科学, (1): 38-59, 204.
杨斌. 2017. 基于 DEA 和 Malmquist 指数的我国义务教育供给效率研究. 南昌: 江西财经大学.
杨湛, 陈觉民, 杨谦, 等. 2005. 医疗服务及其基本属性探讨. 现代医院管理, (1): 6-8.
袁年兴. 2013. 论公共服务的“第三种范式”——超越“新公共管理”和“新公共服务”.甘肃社会科学, （2）: 219-223.
苑健. 2014. 高等教育绩效评估的困境及展望. 江苏高教, (1): 58-60, 97.
岳希明, 张曙光. 2002. 我国服务业增加值的核算问题. 经济研究, (12):51-59, 91.
张爱英. 2014. 中国基础教育效率及其影响因素研究. 经济问题, (12): 59-62.
张岱年. 1996. 张岱年全集. 2 卷. 石家庄: 河北人民出版社.
张红. 2012. 反思中国教育政策价值取向的两种关系: 教育公平与教育效率. 经济研究导刊, (11): 221-222.
张宏. 2015. 提升区域高等教育投入产出效率的对策研究——基于DEA方法和TOBIT模型分析. 教育评论, (10): 80-83.
张红艳. 2016. 教育绩效概念界定及其测量的实现——以新疆中小学少数民族双语教育绩效为例. 西北民族大学学报(哲学社会科学版), (6): 163-170.
郑小璐. 2014. 教育服务非市场产出核算方法改进与完善. 广州: 广东财经大学.
周爱华. 2009. 对非市场服务产出核算的现状和依据研究. 湖南工程学院学报(社会科学版), (1): 14-19.
周爱华. 2010. 非市场服务产出核算方法新探: 消费者效用核算. 山东工商学院学报, (3): 85-89.
中华人民共和国国家统计局. 2003. 中国国民经济核算体系 2002. 北京: 中国统计出版社.
中华人民共和国国家统计局. 2017. 中国国民经济核算体系 2016. 北京: 中国统计出版社.
朱惠倩. 2009. 高等教育绩效评价研究. 南昌: 华东交通大学.
Abbott M, Doucouliagos C. 2003. The efficiency of Australian universities: a data envelopment analysis . Economics of Education Review, 22(1): 89-97.
Abraham K G, Mackie C D. 2005. Beyond the Market: Designing Nonmarket for the United States . Washington D C: National Academies Press.
Bradley S, Johnes G, Millington J. 2001. The effect of competition on the efficiency of secondary schools in England . European Journal of Operational Research, 135(3): 545-568.
Breu T M, Raab R L. 1994. Efficiency and perceived quality of the nation’s “top 25” National Universities and National Liberal Arts Colleges: an application of data envelopment analysis to higher education. Socio-Economic Planning Sciences, (1): 33-45.
Chen L R, Grant D J W. 1998. Extension of clausius-Clapeyron equation to predict hydrate stability at different temperatures. Pharmaceutical Development and Technology, 3(4): 487-494.
Cobb C, Halstead T, Rows J. 1995. If the GDP is up: why is America down?. The Atlantic Monthly, (4): 59-78.
Daly H E. 1990. Toward some operational principles of sustainable development. Ecological

Economics, 2(1): 1-6.

Daly H E, Cobb J B.1990. For the Common Good: Redirecting the Economy toward Community, the Environment, and A Susyainable Future. Boston: Beacon Press.

Delannoy J, Giaux G, Dittmar A, et al. 1990. Measurements of effective thermal conductivity during hyperthermia: a comparison of experimental and clinical results. International Journal of Hyperthermia, 6(1): 143-154.

Deveci N, Heurlén K , Sørensen H S. 2008. Non-market health care service in Denmark—empirical studies of A, B and C methods. The 30th General Conference of The International Association for Research in Income and Wealth.

Eisner R.1970. Measurement and analysis of national income. London: National Bureau of Economic Research.

Fraumeni B M. 2005. Nonmarket accounts: an essential element. Portland: University of Southern Maine.

Griliches Z. 1994. Productivity, R&D, and the data constraint. American Economic Review, 84(1): 1-23.

Hoffer E. 1976. Viewpoint 1: new schools. Change: the Magazine of Higher Learning, (8): 4-7.

Hui S K. 2009. The analysis and forecast for common senior high school education of China based on grey theory. 2009 IEEE International Conference on Grey Systems and Intelligent Services.

Hurwicz L. 1972 . On informationally decentralized systems//Radner R, McGuire C B. Decision and Organization: A Volume in Honor of Jacob Marschak. Amsterdam: North-Holland.

International Monetary Fund. 2014. Government Finance Statistics Manual 2014. https://www.imf.org/external/Pubs/FT/GFS/Manual/2014/gfsfinal.pdf [2014-12-01].

Jorgenson D W, Landefeld J S, Nordhaus W D. 2006. A New Architecture for the U.S. National Accounts. Chicago: University of Chicago Press.

Kazemier B. 1997. Volume measurement of government output: the Dutch practice since revision 1987. OECD Meeting of National Accounts Experts.

Kendrick J W. 1961. Productivity Trends in the United States. Princeton: Princeton University Press.

Mutlu O. 1993. Comments on optimal due-date determination and sequencing of n jobs on a single machine. Journal of the Operational Research Society, 44(10): 10-62.

Nazarko J, Šaparauskas J. 2014. Application of DEA method in efficiency evaluation of public higher education institutions. Technological and Economic Development of Economy, (1): 25-44.

Nordhaus W D. 1999. Nature's Numbers: Expanding the National Economic Accounting to Include the Environment. Washington D C: National Academies Press.

Nordhaus W D. 2004. Schumpeterian profits in the American economy: theory and measurement. Cambridge: National Bureau of Economic Research.

Nordhaus W D, Tobin J. 1973. Is growth obsolete?// Moss M. The Measurement of Economic and Social Performance. Cambridge: National Bureau of Economic Research: 509-564.

Schreyer P. 2010. Towards measuring the volume output of education and health services: a handbook.

OECD Statistics Working Papers.

Sengupta J K, Sfeir R E, Phillips L. 1987. Efficiency in public schools: a case study in non-parametric measurement. International Journal of Systems Science, 18(4): 611-622.

Swan J H, Mahoney C, Hunter H. 1991. In-home physician visits and large medical groups. Home Health Care Services Quarterly, 12(3): 19-32.

Thanassoulis E, Kortelainen M, Johnes G, et al. 2011. Costs and efficiency of higher education institutions in England: a DEA analysis. Journal of the Operational Research Society, (7): 1282-1297.

Tomlinson C A. 1994. Gifted learners: the boomerang kids of middle school?. Roeper Review, 16(3): 177-182.

Toth R. 2009. Production efficiency in higher education. Proceedings of 4th International Cogress: Aspects and Visions of Applied Economics and Informatics, (3): 629-636.

Wolszczak-Derlacz J, Parteka A. 2011. Efficiency of European public higher education institutions: a two-stage multicountry approach. Scientometrics, 89(3): 887-917.

索 引

C

D

F

G

J

M

P

Q

R

S

T

W

X

Y

Z

后　记

关于非市场服务测度问题，我从博士求学期间就一直关注。多年以后，沉淀了很多想法，最终形成了本书的全部内容。由于时代和认知的巨大变化，书稿与博士论文相比，完全是另起炉灶，形成了全新的体系。

书稿完成之际，要衷心感谢江西财经大学讲席教授邱东、东北财经大学教授蒋萍、天津财经大学教授肖红叶、厦门大学教授曾五一、清华大学教授许宪春、浙江财经大学教授李金昌等在多次交流中给予我的宝贵意见和建议。感谢我的学生们，在授课过程中，我们通过讨论进一步明确和加深了对非市场服务测度问题的理解。感谢统计界的各位师长和朋友，秉持把统计学科建设得更好的共同信念，在核算和测度领域辛勤耕耘，为本书的推出奠定了良好的基础。

感谢我一直所在的江西财经大学统计学院，我已经在这里学习工作了 30 多个年头，这里的一草一木、一树一花，都成为我生命中的一部分。感谢学校、学院领导和老师们长久以来对我的支持和厚爱。

本书关于非市场服务测度问题的讨论还不够成熟，特别缺乏在实际中操作的实践经验，更多的是理论方面的研究。希望本书的推出能够激发更多的理论思考和实践应用，共同推动非市场服务测度问题的更深入研究。诚挚欢迎各位专家学者批评指正，正如邱东教授所言“学术批评从来是不需要通行证的”。

江西财经大学统计学院

罗良清

2021 年 3 月 10 日